U0038495

世界哲學家叢書

柏拉圖

傅佩榮——編著
傅偉勳、韋政通——主編

東大圖書公司

國家圖書館出版品預行編目資料

柏拉圖／傅佩榮編著.——二版二刷.——臺北市：東大，2020

面；　公分.——(世界哲學家叢書)

ISBN 978-957-19-3155-5 （平裝）

1. 柏拉圖(Plato, 427-347 B.C.) 2. 學術思想 3. 古希臘哲學

141.4　　107002554

世界哲學家叢書

柏拉圖

編著者　傅佩榮
發行人　劉仲傑
出版者　東大圖書股份有限公司
地　址　臺北市復興北路 386 號 (復北門市)
　　　　臺北市重慶南路一段 61 號 (重南門市)
電　話　(02)25006600
網　址　三民網路書店 https://www.sanmin.com.tw

出版日期　初版一刷 1998 年 6 月
　　　　　初版三刷 2008 年 8 月
　　　　　二版一刷 2019 年 1 月
　　　　　二版二刷 2020 年 10 月
書籍編號　E140830
ISBN　978-957-19-3155-5

東大圖書公司

《世界哲學家叢書》總序

本叢書的出版計畫原先出於三民書局董事長劉振強先生多年來的構想，曾先向政通提出，並希望我們兩人共同負責主編工作。一九八四年二月底，偉勳應邀訪問香港中文大學哲學系，三月中旬順道來臺，即與政通拜訪劉先生，在三民書局二樓辦公室商談有關叢書出版的初步計畫。我們十分贊同劉先生的構想，認為此套叢書（預計百冊以上）如能順利完成，當是學術文化出版事業的一大創舉與突破，也就當場答應劉先生的誠懇邀請，共同擔任叢書主編。兩人私下也為叢書的計畫討論多次，擬定了「撰稿細則」，以求各書可循的統一規格，尤其在內容上特別要求各書必須包括⑴原哲學思想家的生平；⑵時代背景與社會環境；⑶思想傳承與改造；⑷思想特徵及其獨創性；⑸歷史地位；⑹對後世的影響（包括歷代對他的評價），以及⑺思想的現代意義。

作為叢書主編，我們都了解到，以目前極有限的財源、人力與時間，要去完成多達三、四百冊的大規模而齊全的叢書，根本是不可能的事。光就人力一點來說，少數教授學者由於個人的某些困難（如筆債太多之類），不克參加；因此我們曾對較有餘力的簽約作者，暗示過繼續邀請他們多撰一兩本書的可能性。遺憾的是，此刻在政治上整個中國仍然處於「一分為二」的艱苦狀態，加上馬列教條的種種限制，我們不可能邀請大陸學者參與撰寫工作。不過到目前為止，我們已經獲得八十位以上海內外的學者精英全力支持，包括臺灣、香港、新加坡、澳洲、美國、西德與加拿大七個地區；難得的是，更包括了日本與大韓民國好多位名流學者加入叢書作者的陣容，增加不少叢書的國際光彩。韓國的國際退溪學會也在定期月刊《退溪學界消息》鄭重推薦叢書兩次，我們藉此機會表示謝意。

原則上，本叢書應該包括古今中外所有著名的哲學思想家，但是除了財源問題之外也有人才不足的實際困難。就西方哲學來說，一大半作者的專長與興趣都集中在現代哲學部門，反映著我們在近代哲學的專門人才不太充足。再就東方哲學而言，印度哲學部門很難找到適當的專家與作者；至於貫穿整個亞洲思想文化的佛教部門，在中、韓兩國的佛教思想家方面雖有十位左右的作者參加，日本佛教與印度佛教方面卻仍近乎空白。人才與作者最多的是在儒家思想家這個部門，包括中、韓、日三國的儒學發展在內，最能令人滿意。總之，我們尋找叢書作者所遭遇到的這些困難，對於我們有一學術研究的重要啟示（或不如說是警號）：我們在印度思想、日本佛教以及西方哲學方面至今仍無高度的研究成果，我們必須早日設法彌補這些方面的人才缺失，以便提高我們的學術水平。相比之下，鄰邦日本一百多年來已造就了東西方哲學幾乎每一部門的專家學者，足資借鏡，有待我們迎頭趕上。

以儒、道、佛三家為主的中國哲學，可以說是傳統中國思想與文化的本有根基，有待我們經過一番批判的繼承與創造的發展，重新提高它在世界哲學應有的地位。為了解決此一時代課題，我們實有必要重新比較中國哲學與（包括西方與日、韓、印等東方國家在內的）外國哲學的優劣長短，從中設法開闢一條合乎未來中國所需求的哲學理路。我們衷心盼望，本叢書將有助於讀者對此時代課題的深切關注與反思，且有助於中外哲學之間更進一步的交流與會通。

最後，我們應該強調，中國目前雖仍處於「一分為二」的政治局面，但是海峽兩岸的每一知識分子都應具有「文化中國」的共識共認，為了祖國傳統思想與文化的繼往開來承擔一分責任，這也是我們主編《世界哲學家叢書》的一大旨趣。

傅偉勳　韋政通

一九八六年五月四日

自　序

無論在任何脈絡中，只要看到或聽到「柏拉圖」的名字，我們就知道所談的必與人類理想有關，代表了心靈對真善美的追求，因而值得用心傾聽或仔細閱讀。默記幾段柏拉圖《對話錄》中著名的語句，並且適時予以引述，就足以證明一個人受過良好的教育了。

有了柏拉圖這樣的學生，蘇格拉底不必親自撰述，就可以留給後世豐富的哲思與生動的典型；有了柏拉圖這樣的老師，亞里斯多德可以自由探討真理，在巨人的肩膀上放言高論，進而共同奠定西方文化的基礎。如果沒有這三位師徒的努力成果，我們將無法想像希臘精神的面貌，而柏拉圖正是其中的關鍵人物。

柏拉圖的生平，正逢時代與心靈的動盪局面。以時代而言，希臘城邦的聯軍打敗了入侵的波斯大軍，隨後爆發了雅典與斯巴達爭奪城邦領導地位的伯羅奔尼撒戰爭，前後縣延二十七年之久。柏拉圖在此一戰爭的第四年誕生，由於戰場不在雅典，所以他的成長與教育未受影響。但是，特殊的家世背景依然使他深刻體察政治現實中人性的脆弱與無奈。再以心靈而言，柏拉圖原是才華洋溢的文藝青年，二十歲時見識了蘇格拉底「愛智」的精采表現，矢志終身做個愛智者，亦即後來所謂的哲學家。當時的思想界有兩大潮流：自然學派與辯士學派；前者醉心於解釋自然世界，忽略人生問題；後者認為人間價值皆為相對，沒有什麼客觀的原則與共同的理想。處於獨斷主義與懷疑主義的狂瀾中，蘇格拉底以輕鬆、機智的語調，展現了邏輯推理的極致與價值世界的恆定。柏拉圖繼志述事，構作一套「理型論」，成就了西方第一個完備的哲學系統。

「理型論」的要旨是：肯定理型為客觀而真實的存有。「理型」又是什麼？第一，它是「理性所對的典型」，因此既非感官或想像可以觸及，也不是世間所見的不完美個體。由此亦可知其中文譯名何以稱為理型。第二，它的應用範圍主要是在價值層面，如真、善、美、正義、勇敢、節制等；然後，為了普遍涵蓋的緣故，才推延到自然界的個體上。但是，通常質疑此說的人，首先想到的往往是「理型在哪裏？」或者「人、牛」之類的理型。若有類似的念頭，不妨轉而請教亞里斯多德。不過，人生的各種高尚價值，難道就沒有安頓之道嗎？

「理型論」的用意即在於此。柏拉圖《對話錄》之所以採取對話方式，目的是要突顯心靈的特色：既能互相開顯，也能向上嚮往。由對話進展到「辯證」，再不斷提升與超越，最後可以遨翔於價值充盈的境界。沒有這樣的上迴向，就不可能在下迴向投入現實世界時，依然保持熱忱與純潔。以此為前提，我們才能正確了解柏拉圖對藝術、教育與政治的論述。我們也才不致於排斥他對靈魂、愛情、快樂的見解。

有關柏拉圖的研究很多，這是不難想像的事。目前可以取得共識的，大概是認定《對話錄》中的二十六篇是真作。談到思想內容的詮釋，恐怕永遠免不了爭議。作為靈感的泉源，柏拉圖這種角色扮演得非常稱職。因此，如何提供一本平實而淺近的入門介紹，確實是一大挑戰。我在 1986 年接受傅偉勳先生邀請，答應為東大圖書公司寫《柏拉圖》時，固然是出於一時衝動，同時也因為自己剛剛譯完柯普斯登的《西洋哲學史》(一)，有一些資料可以參考。然而，這十二年來我的治學重點都在儒家，只是心中從來不曾忘記《柏拉圖》的稿約。現在，這本書總算編寫完成，我執意用「編著」一詞，是因為當初心中想的是入門介紹的書，所以取材時參考外文資料，費心於譯述之處極多。不過，對於本書之章節安排與全盤構思，不論好壞，仍應由我自行負責。從答應寫書到交稿，拖了十二年，實為始料未及。這不只是時間問題，還有能力問題。在學術界，沒有研究就沒有能力，這是我學到的教訓。

傅佩榮

柏拉圖

目次

第一章　生　平

柏拉圖 (Plato, 427–347 B.C.) 出身雅典的名門望族，一生未婚，享年八十；後人以 5 月 7 日為其誕辰，舉行慶典。他的家譜據說在父系方面可以上溯到古代雅典的君主寇德魯斯 (Codrus)；在母系方面則比較明確，可以推源到雅典立法者梭倫 (Solon)，屬於梭倫的兄弟德羅庇底斯 (Dropides) 這一系，傳衍至柏拉圖已經是第六代了。柏拉圖在家庭方面所受的影響，主要來自母系親戚。他的父親是亞里斯東 (Ariston)，母親是培里克提安 (Perictione)，二人婚後育有三子一女，就是阿第曼圖 (Adeimantus)、葛老康 (Glaucon)、柏拉圖與波多尼 (Potone)。父親過世後，母親改嫁披里蘭佩斯 (Pyrilampes)，又生一子，名為安提風 (Antiphone)。柏拉圖自青少年時期，就在繼父家中長大。

他的繼父披里蘭佩斯是雅典民主派領袖伯里克利斯 (Pericles) 的摯友，曾擔任雅典派往波斯與其他亞洲國家的使節。由此可知，柏拉圖既有貴族派的血緣關係，又有民主派的優越人脈。儘管這兩派互相對立，柏氏的從政欲望仍然比一般青年更容易得到實現的機會。

不巧的是，當時希臘各城邦之間發生了長達二十七年之久的伯羅奔尼撒戰爭 (the Peloponnesian War, 431–404 B.C.)，戰爭是由雅典與斯巴達爭奪霸權而起。由於這場戰爭是斷斷續續進行，並且不曾以雅典為戰場，因此雅典市民仍可維持日常生活。配合柏拉圖的年代來看，從他出生前四年到他二十三歲，雅典都處在對外作戰的狀態中。柏拉圖很可能參加過公元前 406 年的阿金努塞 (Arginusae) 之役。曾為雅典締造黃金時代的伯里克利斯在戰爭初期 (429 B.C.) 就去世了，使得城邦裏的民主派與貴族派的鬥爭浮上檯面，並且隨著戰爭的形勢而各有勝負、輪流執政。公元前 404 年雅典戰敗，承認斯巴達的盟主地位。柏拉圖雖然在戰爭中成長，但是並未錯過當時雅典青年所能接受的最好的教育；他熟悉文化的各種類型與成果，諸如悲劇、喜劇、詩篇、科學知識、社會思潮等，奠下了他日後撰寫《對話錄》的堅實基礎。

伯羅奔尼撒戰後，雅典內部隨即出現動亂，民主政體被廢，開始了「三十僭主」的專政時期。柏拉圖的母系親戚中有克里提亞斯（Critias，柏母的叔叔）與查米德斯（Charmides，柏母的哥哥），這二人在執政團中，手握大權，若要帶領柏氏進入政壇，可謂輕而易舉。但是柏氏憑著自己的觀察與判斷，而對政治保持戒心與距離，並未輕易涉足政壇。三十僭主專政時期只維持了八個月，代之而起的民主政體則因為缺少能幹負責的領袖，以致演變為討好群眾的局面。柏氏最敬愛的老師與朋友蘇格拉底於公元前 399 年，被人誣告二大罪狀，說他不信城邦神祇以及腐化青年。蘇氏接受五百人的大審，並被判處死刑。柏氏自此對民主政治的印象完全是負面的。有關柏氏這一段早期經歷以及他稍後所定的終身志業，都可以在他的一封信中得到清楚的說明。

柏拉圖七十五歲前後，曾在一封信中回顧自己的早年經歷。這著名的《第七封信》，是柏拉圖寫給西拉古斯 (Syracus) 政治領袖狄昂 (Dion) 親友的信，其中提供了最佳的自傳資料。信上說：

在我年輕的時候,我的經驗與當時一般青年的經驗並無不同。我心中認為,只要我一有能力可以處理自己的事務,我就會立即投入公眾生活。但是沒有料到,政治形勢上出現了一連串關鍵性的變化。當時的政府不得民心,引發了革命。革命由五十一人帶頭發動……其中三十人組成一個最高的政治權力機構,可以為所欲為。三十人執政團中,有些是我的親戚與朋友,他們邀請我加入政府組織,好像我已經具有資格似的。我雖年輕,有這樣的遭遇並不覺得驚訝;我內心存想,他們在治理城邦時,會將它由不義之途導上合義之途,因而我特別留意他們的作為。事實上,我看到的卻是:這些人在短時間之內,就讓我們覺得過去那個被推翻的政府簡直像是黃金時代。特別提一件事,他們試圖派遣我那年長的朋友蘇格拉底——我可以毫不遲疑地稱他為時人中最正直的——與其他人一同追捕一個公民,將他強行押回並處以死刑。他們的目的顯然是要迫使蘇格拉底,不管他願意與否,去參與他們的政治活動;然而蘇氏拒絕服從,寧冒生命危險也不參加他們的卑劣行動。我看到這一類嚴重的不法案件越來越多,內心至為反感,決定不涉入他們的惡行。不久之後,三十人的權力組織被推翻,新政府也隨之瓦解。於是,我再度燃起希望,想要參與公眾事務,只是感覺沒有那麼急切了。在這段混亂的時期中,令人遺憾的事件繼續發生;有些人在革命過程中對敵人採取激烈的報復手段,也是不足為奇的事;不過大體而言,重獲政權的黨派已經表現相當的節制了。然而,不幸的是,某些當權派人士傳喚我們的老友蘇格拉底到法庭受審,指控他犯了最嚴重的罪行;那種罪行是他比任何人都更不可能去犯的。他被控的罪名是不敬城邦之神；法官團支持這項控訴，並判他死刑。這些當權派忘記了，在他們自己遭遇不幸而被放逐時，蘇氏曾拒絕參與逮捕一名被放逐者的行動。

於是，我認真思索了這一切，包括管理城邦事務的人的類型，以及各項法律與習俗；我對這一切思索的越多，隨著自己年齡閱歷的增加，我就越覺得正確處理城邦事務的工作是困難重重的。因為一個人若沒有朋友與忠心的同伴，是不可能採取任何行動的，而在我認識的人之中，不容易找到這樣的同志；這是由於我們的城邦不再依循祖先所訂的習俗與原則去生活；若要另外結識別的新朋友，不僅極為困難，而且收效甚微。除此之外，在立法與習俗上的腐化程度，已經演變到令人驚訝的地步了。然後，原先滿懷熱切渴望想要參與公眾事務的我，在省思這一切並且看到周遭事物一一瓦解時，終於覺得頭暈目眩了。不過，我仍繼續思索這些事情以及整個政府可以如何予以改善，同時我仍耐心等待可以採取政治行動的有利時機，直到最後認清了所有現存的各個城邦，我才作出結論：它們全都治得不好。它們的法律現狀幾乎是無可救藥了，除非出現鉅大的變革加上好運幫助，否則毫無希望可言。我於是不得不贊美真正的哲學，宣稱只有它能使人分辨在城邦中以及在個人生活中，什麼是正義。因而，一代一代的人不可能禁絕罪惡，除非是讓一批真正而純粹的哲學家擁有政治上的權力，不然就是讓擁有政治權力的人，藉著神明的恩賜而成為真正的哲學家。這是我初次抵達義大利與西西里島時，心中所持的信念。

以上這段資料反映了柏拉圖十八歲到四十歲之間的心路歷程。他一開始並未立志要做個哲學家，而是為了追尋一個理想的城邦，然後在追尋過程中發現了理型世界，由此建構起一套獨樹一幟、輝映千古的哲學系統。

蘇格拉底去世時，柏拉圖二十八歲。從二十八歲到四十歲的十二年期間，柏氏曾在雅典以外的地區旅遊，所到之處包括麥加拉 (Megara)、西勒尼 (Cyreneus)、義大利、埃及等地，途中結識了數學家、自然學家、畢達哥拉斯學派人士、宗教僧侶等，在學術探討與心靈啟發上都有豐富的收穫。不過，對他生平事蹟影響最大的則是在西西里島所結識的政治人物。柏氏一生曾有三次西西里島之旅，為他一生形成了幾道明顯的分界線。

柏拉圖第一次去西西里島的時候，大約是在四十歲返回雅典之前。他在義大利南部遊歷時，應邀前往西西里島上的城邦西拉古斯 (Syracus)。當時西拉古斯的君主是狄歐尼修一世 (Dionysius I)，他的妻弟狄昂 (Dion) 與柏拉圖一見如故，成為好友。然而，柏拉圖坦率直言他的政治理想，激怒了狄歐尼修一世，於是柏拉圖陷於若不被處死就須被販賣為奴的困境。據說柏氏因而淪為奴隸，再輾轉得友人協助回到雅典。

柏拉圖回到雅典的時候，年約四十，乃決心從事教育工作。他在雅典近郊紀念英雄阿卡得牧斯 (Academus) 的神殿附近，建立了「學院」(Academy)，這是歐洲第一所大學，其中涵蓋的研究領域除了哲學，還有各種輔助科學，如數學、天文學、自然學等，學院的成員還參加公開的繆斯神 (the Muses) 崇拜儀式，學院中的學生並不限於雅典一地，也有來自其他城邦者。學院入口處懸掛一句名言：「不懂幾何學者，請勿入我門。」在此，幾何學還蘊含了品行端莊的意思。柏拉圖強調的是以科學態度追求真理，目的在於培養政治家與統治者。學習的科目，以哲學總其成；但是先修學科包括數學、天文學、和聲學等，都要以客觀而不計利益的精神去學習。柏氏相信，公職生活的最佳訓練，不是為了使人能言善道或精明幹練，而是養成客觀的求真心態，進而成為有原則、有理想、有勇氣、有熱忱的政治家。他所創建的學院存續九百餘年，到公元 529 年才關閉。

柏拉圖辦學有成，聲名卓著，廣受各界景仰。公元前 367 年，柏氏六十歲時，第二次前往西西里島。當時狄歐尼修一世駕崩，狄昂乃邀請柏拉圖到西拉古斯負責教育繼位的狄歐尼修二世。柏拉圖心存「哲學家君王」的理想，自然竭盡所能，認真教導。可惜的是，二世不久即妬忌母舅狄昂的聲望，就找個罪名將他放逐出境。柏拉圖幾經周折才回到雅典，繼續學院中的教學生涯。六年之後，狄歐尼修二世再度邀請柏拉圖前往西拉古斯，是為柏氏的第三次西西里島之旅。柏拉圖此時希望草擬一部憲章以團結希臘各城邦，共同對抗迦太基人的威脅，無奈反對的意見太多，以致沒有結果。柏氏乃於公元前 360 年回到雅典，專心辦學，直到公元前 347 年八十歲時去世為止。

柏拉圖對西方文化與哲學的影響之大，可謂無出其右者。後人論及西方文化的，有一句名言：「談起希臘文化，轉頭必見柏拉圖。」至於西方哲學，則有懷德海所云：「西方二千多年的哲學，只不過是柏拉圖思想的一系列註解而已。」曾在柏拉圖學院中研習二十年的亞里斯多德 (Aristotle, 384–321 B.C.) 在憶及恩師時，不禁喟然贊曰：

這是一位出類拔萃的人，
他的名號使邪惡之徒緘口吞聲，
除他之外更無別人以言以行昭示眾生：
有德行者必有真幸福，
嗚呼，我輩凡人無可與他匹儔。

第二章　著　作

柏拉圖留給後人的著作以《對話錄》為主。《對話錄》之外，應該還有他在「學院」中前後四十年講課與演說的資料，不過這一部分未能留傳下來，頂多只是在弟子亞里斯多德的著作中隱約有些跡象。《對話錄》編為一書，是出自紀元初年泰拉西勒士 (Thrasyllus) 之手；當時認可的共有三十六篇，包括《書信集》算作一篇。歷經學者考證之後，排除了偽作，較為可信只有二十六篇以及《書信集》中的七、八二封。

以二十六篇對話錄來說，大致可以依著作年代分為四個時期。我們先列出一張簡表，再譯出《柏拉圖對話錄合集》(Bollingen Foundation, New York, 1961) 中對每一篇的簡介，如此可以得到全面概觀的理解。簡表與簡介的序號是一致的。

第一期：蘇格拉底影響的時期

此期共有八篇對話錄以及《理想國篇》的卷一。由於《理想國篇》共有十卷，其他各卷完成於第三期，所以簡介列於第三期中。第一期包括：

1.《自訴篇》(*Apology*)

2.《克利多篇》(*Crito*)

3.《歐息弗洛篇》(*Euthyphro*)

4.《拉克斯篇》(*Laches*)

5.《依昂篇》(*Ion*)

6.《普羅塔哥拉篇》(*Protagoras*)

7.《查米德斯篇》(*Charmides*)

8.《利西斯篇》(*Lysis*)

第二期：轉變的過渡時期

前面這兩期大部分寫於柏拉圖第一次西西里島之旅以前，也就是在他稍後返國創建「學院」以前。本期包括六篇：

9.《高爾加斯篇》(*Gorgias*)

10.《美諾篇》(*Meno*)

11.《歐息德木斯篇》(*Euthydemus*)

12. 《西比亞斯短篇》（又稱 《西比亞斯第二篇》） (*Lesser Hippias; Hippias II*)

13.《克拉提路斯篇》(*Cratylus*)

14.《美內贊努斯篇》(*Menexenus*)

第三期：思想成熟時期

此期作品大致寫於柏氏第二次西西里島之旅以前，亦即在他四十歲到六十歲之間。包括以下四篇：

15.《饗宴篇》(*Symposium*)

16.《費多篇》(*Phaedo*)

17.《理想國篇》(*Republic*)；本篇共十卷，其中只有第一卷是早期所寫，其餘皆可畫歸此期所作。

18.《費得魯斯篇》(*Phaedrus*)

第四期：完成體系時期

此期作品成於柏氏晚年，重點在於釐清、辯護原有的見解，並且作了一些必要的修整與潤飾。此期共有八篇，而《書信集》中的七、八二封亦屬此期所寫。

19.《泰提特斯篇》(*Theaetetus*)

20.《巴曼尼得斯篇》(*Parmenides*)

21.《辯士篇》(*Sophist*)

22.《政治家篇》(*Statesman*)

23.《菲勒布斯篇》(*Philebus*)

24.《迪美吾斯篇》(*Timaeus*)

25.《克里提亞斯篇》(*Critias*)

26.《法律篇》(Laws)

接著，我們要按照順序一一簡介各篇大意。

1.《自訴篇》(*Apology*)

柏拉圖《對話錄》中，描寫蘇格拉底生平的最後際遇，如受審、入獄、臨刑等重大事件的，共有三篇，就是《自訴篇》、《克利多篇》與《費多篇》。

蘇格拉底七十歲時，被控以下述罪名：「腐化年輕人的心靈；同時，不信城邦所尊奉的神祇，卻以自己發明的新神來取代。」面對這項嚴重的指控，蘇氏在法庭上為自己辯護，詳細說明平生行事原則，以及他之所以遭人誣謗的緣由。

然而，五百人的大審判團最後還是判了他死刑。蘇格拉底聆判之後，心情平靜，似乎並不覺得十分意外。他是神的僕人，完全服從神旨；對於人間世的一切，他總是以嘲諷的眼光淡然視之。他一生努力的目標，就是要在眾人心中點燃「善」的火花；但是當他失敗時，當他面對盲目的頑固心態、愚昧的狂妄作風、狹隘的唯我主義時，當他引起別人的強烈憎惡時，他會深深覺得遺憾，同時又帶著幾許悲憫之情，好像在自我解嘲：「我們真是無知的小孩！」蘇格拉底從不怨天尤人。要了解他的為人風格，首先要讀的就是《自訴篇》。

2.《克利多篇》(*Crito*)

蘇格拉底被定罪之後，大約一個月才行刑。這項拖延並非依據雅典法律，事實真相是：在蘇氏受審的前一天，雅典開始一年一度的「聖船」儀式，按規定在聖船往返的期間不能處死任何犯人。這次的儀式比往年費時更久，因此蘇氏的朋友們可以從容為他安排逃獄計畫，幫助他離開雅典。

返航的聖船已經遙遙在望，蘇格拉底的多年摯友克利多 (Crito) 大清早就趕來獄中，向蘇氏說明逃獄計畫，並且催促蘇氏接受朋友們的好意。獄卒那一關，很容易打點。蘇氏自己的錢財就夠賄賂之用了，何況還有許多人願意解囊相助。雅典並不是唯一能讓蘇氏快樂生活的地方。他在任何地方都可以交到朋友。

面對這樣的提議，蘇格拉底一如往昔，開始反問克利多：一個人是否有權以惡行來抵抗惡行？就算他的死刑判決是不義之事，他是否有權非法逃獄？如果公民可以罔顧法律，城邦又怎能安然存在？個人必須遵從國家的命令，除非他能改變國家對法律的正確觀點。

蘇氏為法律擬想理由：「如果你離開城邦，就是以惡行報復惡行，破壞了你與法律的協議與盟約，傷害了你最不應該傷害的人——你自己、你的朋友們、你的國家與法律。」蘇氏接著向克利多說：「這是我所聽到法律這一面的理由，聲音大極了，使我無法聽到另一面的理由。不過，如果你認為可以提醒我什麼，請直言無妨。」

「蘇格拉底，我沒有話說。」

「那麼，克利多，我們就照著這樣做吧，因為神已經指示了途徑。」

3.《歐息弗洛篇》(*Euthyphro*)

蘇格拉底在法院門口遇到歐息弗洛 (Euthyphro)。歐息弗洛好奇地問他：「你不在公園 (Lyceum) 與人聊天，來這裏做什麼？」蘇氏回答說：我被控以嚴重的罪名，就是腐化雅典的年輕人；指控者還說他知道事情原委以及我的作法。接著蘇氏又問：「歐息弗洛，你又為何來此？」後者的答覆是：「要控訴自己的父親犯了謀殺罪。」蘇氏的震驚表情並未使歐息弗洛覺得不安。歐氏是個神學家，以解釋宗教問題為業；他告訴蘇格拉底：憑他對善惡是非的特殊識見，他知道自己的行為合乎真正的「敬」(piety)〔指對神之虔誠及適當的態度〕。當蘇格拉底問他「敬是什麼？」，答覆卻是天下所有自命正統的人所說的，亦即「如我現在所做的，即是敬。」他的誠懇就像他的狂妄一樣明顯。他真的相信他應該控訴他的父親；他的父親其實並未謀殺人，只是因過失而致人於死。

接下去的交談，主要環繞在設法界說「敬」，但是最後並無結論。蘇格拉底在談話過程中，作了一個重要的區分：並非因為神祇贊同，所以一事為善；而是因為一事為善，所以神祇贊同。

然而，這篇對話錄的真正要旨，卻在描述蘇格拉底受審之前的活動。蘇氏無疑知道自己即將面臨的危險，但是柏拉圖在本文中使他完全無視於自己的處境，卻還能幽默地、反諷地、敏銳地與人交談。到了結尾部分，蘇氏聲稱只要歐息弗洛肯開導他真正的敬是什麼，他就要在法庭上告訴指控者，說他已經拜了一位大神學家為師，準備度一種更善的生活。不過，歐息弗洛此時已經沒有心情去界說任何東西，只好結束談話：「改天再說吧，蘇格拉底。」然後匆匆離去。

4.《拉克斯篇》(*Laches*)

本篇對話錄與《利西斯篇》合而觀之，就可以清楚看出蘇格拉底的教學方法。他在這兩篇對話錄中，討論現場諸人都十分熟悉的人格品質，而結論卻是一樣。他們終於明白：雖然他們向來以這種品質為理所當然之事，但是卻又說不出它到底是什麼，因為他們並未真正認識它。《拉克斯篇》討論的品質是「勇敢」，結論令人更覺驚訝，因為參加討論的拉克斯 (Laches) 與尼夏斯 (Nicias) 是傑出的將軍，同時拉克斯還描述了蘇格拉底在戰場上的英勇事蹟。這三人都是明顯可見的勇敢楷模，但是蘇格拉底不為所動，繼續申論：既然他們三人（連他自己在內）都不能定義勇敢，他們就沒有關於勇敢的真知識。不知何謂勇敢而有勇敢行為，只是無知低劣之輩的表現。不知何謂品德而有合德行為，是無關緊要的——因為「未經省察的生活，是不值得活的。」蘇氏說，最好大家重新入學，以便真正受到教育。他自己將會這麼做。

在所有的對話錄中，這一篇大概是最容易讀的。其中的論證清晰可解，人物鮮活生動，同時蘇格拉底也比在任何地方都顯得更為親切可喜。

5.《依昂篇》(*Ion*)

柏拉圖在這篇短短的對話錄中，表現了自得其樂的意興。內容記載蘇格拉底與依昂的談話。依昂的職業是在特殊的節慶場合裏朗誦荷馬的傑作；他相信自己是全希臘同行中最偉大的藝術家。這種既憨直又徹底的自滿心態，與蘇格拉底謙和退讓的反諷作風，相映成趣。依昂對於蘇氏的無情批駁，毫無招架之力。但是蘇氏依然和顏悅色對待他，使他在終場時覺得像在開場時一般的充滿自信。

這篇對談還不能算是討論，其真正旨意是蘇格拉底有關藝術的說法。向來在雅典所謂的藝術（涵蓋技術，或稱技藝），都是強調情感與理智並重的，其中展現了能力之均衡運作。這是希臘技藝的獨特表徵，亦即表現為知性的技藝。在本篇對話錄中，蘇格拉底主張這種均衡是不可能達成的。他說，技藝並不依賴情感，因為它屬於知識領域。「每一種技藝都由神明賦予能力，以便認知某一特定行業」，如醫生或雕刻家之所為，但是詩作卻非技藝；它並非像技藝那般，需要一些規則來指引。它是靈感，而非知識。詩人及其闡釋者（如依昂）並非「意識清醒的」；換言之，詩人「是一種輕巧的帶翼之物，充滿聖潔氣氛；除非獲得靈感啟發，否則無法寫作；達到忘我境界，不復再有理性的運作」。

這篇對話錄本身就是證據，證明了那種使「伯里克利斯時代」(the Periclean Age) 得以出現之因素——亦即在對立物之間保持均衡——日漸消逝，並且衰頹到令人憂心的地步，以致雅典的哲人智士必須努力挽救城邦中的失序現象。雅典日益擺脫心靈與理性的指導，陷入情感與盲動的漩渦中了。

6.《普羅塔哥拉篇》(*Protagoras*)

讀者的興趣若只在於柏拉圖的哲學，則不妨略過本篇對話錄的前半段，其實是前四分之三的部分，而直接跳到蘇格拉底關於苦樂所作的討論。我們在此聽到柏拉圖學說的熟悉主張：沒有人是故意犯錯行惡的，亦即明知故犯；結論則是（這不僅是柏拉圖學派的看法，根本上也是希臘人的看法）：德行與智慧是合一的，同時，邪惡的根源在於無知。

然而，對一般讀者來說，本篇是所有對話錄中最能展示希臘生活的，尤其展示了雅典人對於純屬知性之物的深度關懷。一位熱切的青年在黎明之前喚醒蘇格拉底，懇求他陪他去見剛剛抵達雅典的偉大教師普羅塔哥拉 (Protagoras)。當他們進入這位智者所住的屋舍時，看到一大群心意相近的青年都來了。大家都想向他請教，最後協議請他勉為其難，與蘇格拉底進行一場辯論。不過，結果並非像我們所預期的：普羅塔哥拉徹底失敗。事實上，他有好幾次占了上風，而蘇格拉底則偶爾顯得力不從心，甚至有吹毛求疵、令人厭煩的表現。

本篇對話錄是一齣小小的喜劇。柏拉圖以此自娛，嘲笑每一個人，包括他所敬愛的老師；他以十分婉轉的方式揭穿老普羅塔哥拉無害的虛榮心，隱約指陳一位卓越的教師如何熱衷於細微的語詞分辨，同時還認真地借他人之口勸告蘇格拉底說話不僅要簡短精確，也要文雅優美。最後我們看到雅典人的和悅表現：他們儘管激烈論辯，但是互相欣賞尊重；他們喜愛公平競爭，絕不預存成見；等到決定要進行一場討論時，大家都興奮異常，因為「有機會聆聽智者的言語了」。

7.《查米德斯篇》(*Charmides*)

在《查米德斯篇》裏，就像在《利西斯篇》(*Lysis*) 與《拉克斯篇》(*Laches*) 一樣，蘇格拉底的目標並不在於說服聽者接受他的信念，而只是要喚醒每一個人自己去思考。這幾篇對話錄的特色是：

蘇氏很快就讓眾人承認無法免於無知，同時他也自承無知而使眾人完全解除爭勝之心。

然而《查米德斯篇》涉及的一個難題，則是另外兩篇對話錄所沒有的。《拉克斯篇》所談的是今人所謂的勇敢，《利西斯篇》所談的是今人所謂的友誼；但是《查米德斯篇》所談的「節制」(sophrosyne)，就找不到適當的現代詞彙來表達。希臘人以「節制」為最重要的理想，其精神展現為兩句著名的戴爾菲 (Delphic) 神諭：「認識你自己」與「凡事皆勿過度」。傲慢與自負是希臘人最憎惡的性格；節制則與此針鋒相對。它的涵義是：接受高貴品德為人性設下的限制，約束盲目追求自由與放縱之衝動，服從依和諧與比例而定的內在法則。

就其論證形式而言，本篇對話錄比不上《利西斯篇》與《拉克斯篇》。蘇格拉底無疑是一位辯論高手，能以反覆詰問來挑激讀者，細心爬梳各項定義並予以駁斥，但是最後留給讀者的卻乏善可陳。讀者幾乎不得不同意蘇格拉底的結論：「我根本無法弄清楚什麼是節制。」

8.《利西斯篇》(*Lysis*)

本篇的特色不在於討論的題材，而在於討論進行的方式。蘇格拉底詢問兩個年輕人：什麼是友誼？這兩人是好朋友，認為自己當然知道答案。但是，他們越說明，就越不覺得自己真正知道。他們隨著蘇格拉底的指引，看出自己的每一種說法都無法令人滿意。然而，蘇格拉底的目標卻絕不是要幫他們解決困難。他聲稱自己並未知道更多。最後他說：他與互為朋友的兩位年輕人竟然都不知道何謂友誼，這實在是一件可笑的事。

這種教學方法是蘇格拉底所獨有的，足以使他名列人類的偉大教師之中。別的教師所關心的，是為利西斯 (Lysis) 與他的朋友提供一種較高層次的友誼想法，指出一個更高尚的觀念，使他們在心中樹立常存的高貴典型。這些蘇格拉底當然也樂於去做；他之所以不做的理由，是他不相信會有什麼成效。他所堅信的是：真理不能得自教導，只能得自尋找。他與年輕人交談的唯一動機，是促使他們運用自己的心思。他的最大幫助，是喚醒他們去思考。如此，他們最後也許會轉回自己的內在世界，省察自己——「未經省察的生活，是不值得活的」——然後學會認識自己。唯有如此，他們才能發現內心有善的火花，可以自行點燃成炬。在所有對話錄中，《利西斯篇》在闡明蘇格拉底的方法上，最為成功。

9.《高爾加斯篇》(*Gorgias*)

本篇對話錄中，蘇格拉底展示不同的形象。除了兩段過場介紹之外，他不再像往常一樣地坦承自己無知。他從未說過：他是因為自己不知道而不能教導別人。在本篇中，他確實知道，他也急於教導別人，有時情急熱切如傳道之人。這種情形在本篇前半部並未出現。前半部記述年老的高爾加斯 (Gorgias) 原是著名的修詞學教師，他如何設法說明什麼是人類的至高的善 ，同時他的弟子波魯斯 (Polus) 如何極力支持這種論證。波魯斯一開始就肯定至高的善是權力或能力，因此可以為所欲為的專制君主是真正快樂的人。然後蘇格拉底一步步帶著他推到下述結論：專制君主不但談不上快樂，反而要比那些受他迫害的人更悲慘，因為犯錯行惡即是不幸；相較之下，承受別人的惡行，反而不算什麼。不僅如此，以權勢之人為例，犯錯而未受懲罰，又要比犯錯受罰者更為可悲。這些說法使波魯斯由訝異而沮喪，但是對於推論過程又無可奈何。

這時出現了第三者，卡里克勒斯 (Callicles) 進場。他詢問：蘇格拉底只是開玩笑吧？如果不是開玩笑，他就會把人類的生活弄得本末倒置。他裝作在尋找真理，而事實上卻接受了宗教（卡里克勒斯稱之為哲學，意思卻是今人所謂的宗教）。他繼續說：一點點宗教是很好的，對年輕人也不錯，但是如果執迷不悟的話，就會毀掉一個人。沒有人可以藉此獲得財富與尊榮。相反的，別人欺負他時，他不會自衛。別人打他耳光，他也不在乎。聽到這裏，蘇格拉底情緒熱切，開始回應。他答覆卡里克勒斯時，心中想的是一切人。「看看我們所討論的主題——智力再低的人也會認真注意這個主題的——就是：人應該度一種什麼樣的生活。」

卡里克勒斯扼要而清楚地敘述了他的立場。快樂的人是讓他的激情與欲望發展到極限，同時又有能力予以滿足的人。這種生活方式，全依本性為準，而不理會約定俗成。人們贊美自制之類的行為，純粹是出自懦弱與無力，因為他們沒有能力去取得他們所要的。蘇格拉底在回答時，重複他對波魯斯所說的話。犯錯行惡是一個人所能遭遇的最大不幸。承受別人的惡行，相較之下，微不足道。

本篇後面所記的，算不上是個辯論。談話雙方沒有共同的立足點去繼續爭論。他們的看法相去太遠了。最後卡里克勒斯閉上嘴巴，保持緘默，儘管蘇格拉底想要說服他、感化他的意願越來越明顯。在本篇結尾部分，蘇格拉底已經不跟他推理了，而簡直是在開導他、教訓他。他必須帶領他看清楚：善與安全是完全不同的。他請求他不要介意，如果有人侮辱他或毆打他。「看在老天的份上，讓他做吧！同時要保持歡愉之心。」（此無異於「把另一邊臉頰也轉向他」。）你可以承受因行義而招致的痛苦，但是你絕不能承受自己所作的惡事。

讀者在此會想起費多 (Phaedo) 在蘇格拉底飲下毒酒之前所說的：「我一點都不覺得要為他難過，他看起來十分快樂。」

10.《美諾篇》(*Meno*)

美諾 (Meno) 提出問題：德行能由傳授而得嗎？蘇格拉底說他辦不到，因為他不知道什麼是德行。美諾於是列出幾種德行特質，蘇格拉底很快就抓住把柄，指出這好像人們開玩笑時，說一個人打破了東西，只是使單一變成殊多而已。美諾能否就整體來說明什麼是德行，而不要把它分裂為正義、節制之類的名目？美諾最後得到一個結論：德行是人們對善的願望。但是，蘇氏說：每個人都願望善，從來不曾有人去願望惡的。「因為，除了願望惡事並得到惡事之外，還有什麼是不幸的呢？」

兩人同意一起認真探索德行的根本性質。蘇格拉底認為此事可行，因為像詩人與祭司這些受神啟發的人都相信：我們誕生於世時，既非遺忘一切，也非全然空白，而是「人的靈魂是不朽的。有時走到盡頭，有時會再重生，但是絕不會趨於幻滅」。只要我們努力用心，就能憶起靈魂在歷歷前世所知之物。為了證明這一點，他還從美諾的奴隸中，找出一個完全不曾受過教育的小孩，讓他在沒有任何協助的情況下，自己推論出有關四方形與三角形的一些事實。蘇氏說，他可以那麼做，是因為他的靈魂在生前所知的真理仍然存在，並且在努力用心時就能回憶起來。美諾與他都能像這個奴隸一樣，回憶起他們在前世所曾有過的知識。

本篇對話錄的最後一部分，是蘇氏指證德行在任何地方皆為不可傳授，因此它不是可以教導的知識。美諾不得不接受這個論點。

他們沒有進一步去界說德行。蘇格拉底的結論是：如果有人不僅行事合德，而且知道何謂德行，還能傳授別人，那麼他在眾人之中就像實體在幻影之中一樣。

本篇快結束時，安尼杜斯 (Anytus) 加入談話。一般認為，他就是在蘇格拉底受審時提議判處死刑的那個安尼杜斯；他在辯論中所持的立場與後來的作法倒是若合符節的。

11.《歐息德木斯篇》(*Euthydemus*)

本篇大概是所有對話錄中，使我們對蘇格拉底與柏拉圖的雅典感覺最為遙遠的一篇。當時，語言本身開始扮演重要角色，同時推理也大都以口語方式進行。雙關語或歧義詞可以決定一場嚴肅討論的勝負。本篇記載蘇格拉底遇到歐息德木斯 (Euthydemus) 兄弟。這兄弟二人都是所謂的雄辯家或語言鬥士，蘇氏聲稱自己只是他們的學生。我們在引文中一再見到耍弄口語詭計的例子，讓人不勝其煩。例如，蘇格拉底詢問狄奧尼索特 (Dionysodorus) 所用的一個語詞的含意，結果卻被反問：「當事物有含意時，這些有含意的事物裏面有靈魂嗎？或者，無靈魂的事物也有含意嗎？」蘇格拉底回答：「有靈魂的事物才有含意。」然後對方順利地駁斥他：「你知道任何有靈魂的語詞嗎？」蘇氏回答之後，對方又說：「那麼此刻你為何詢問我：我的語詞有什麼含意？」圍觀的聽眾都認為這是致命的一擊。

當然，柏拉圖的本意是要嘲諷這一類的談話，但是他也想藉此指出把觀念納入言語是如何困難。一位俄國詩人參考各種現代字典之後說：「思想一說出來，就成為謊言。」柏拉圖一定也想過這類情形；他不僅在探索真理，同時也在努力找尋一個表達真理的方法。當時的風氣是使用語詞而不顧慮其含意，因此柏拉圖不得不發明他自己的語言，而他的語言成為往後一切哲學所遵行的典範。《歐息德木斯篇》相當生動地顯示柏拉圖所必須對抗的思潮。

12.《西比亞斯短篇》(*Lesser Hippias*)

本篇對話錄之所以畫歸柏拉圖名下，是因為自亞里斯多德的時代以來即是如此認為。它的品質比不上其他各篇。內容敘述蘇格拉底與辯士西比亞斯 (Hippias) 之間的爭論。西比亞斯自稱從未發現任何人在任何方面勝過他。然後話題轉到故意犯錯與非故意犯錯之比較；西比亞斯主張非故意犯錯要優於故意犯錯，蘇格拉底則持相反立場。蘇氏的理由如下：一個故意倒下的摔角選手，要優於一個被迫倒下的摔角選手；由於聽覺太差而唱歌離譜，遠遠比不上故意唱錯；因此故意犯錯要優於非故意犯錯。如此一來，結論變成：善者是那明明知道卻故意犯錯的人。

西比亞斯對此仍欲抗辯；蘇格拉底說他深覺同情，但是自己不過是個平凡且無知的人，同時如果最明智的辯士不能為他指點真理的話，前途未免堪慮云云。

13.《克拉提路斯篇》(*Cratylus*)

本篇對話錄談到語言的起源，這在當時還是新穎的題材。蘇格拉底的說法包括許多稀奇古怪的猜測，偶爾也有一二洞識，直指事實真相。他不贊成的一種意見是：以為人類的語言來自上帝所授。他說那不是一個理由，只是沒有理由之下的一個藉口而已。那就像悲劇詩人在遭遇困難時，求援於「解圍的神明」(deus ex machina) 一樣。

本篇的主要部分是有關希臘語詞的衍生過程所作的猜測。這些猜測當然只對那些能夠閱讀希臘文的人才有意義，但是就像所有的猜測一樣，最後仍不免使人覺得枯燥乏味。大多數讀者會略過本篇不讀，但這是非常可惜的，因為在冗長無趣的閱讀之後所展現的蘇氏形象是清新可喜的。他擅長於嘲弄人類心靈永無止盡的能力，亦即就原本虛無之物設想許多繁雜的論證，並且「一再地從它所進去的門走出來」。他的評語是：「研究了半天，我發覺自己要比開始學習之前更迷惑了。」

到了結尾部分，戲謔與反諷才被拋開。他說，所有口語上的巧妙運用與細微變化都無法幫助我們找到真理。善與美不僅存在，而且恆在，但是我們藉以表達它們的語詞則永遠無法恰如其分。他吩咐克拉提路斯 (Cratylus)：「好好想一想；等你找到真理時，請來告訴我。」

14.《美內贊努斯篇》(*Menexenus*)

本篇對話錄與其他各篇相形之下，屬於不同類型。它並非一段對話，而是蘇格拉底的一篇講詞，明白表示要回顧雅典的歷史，尤其是馬拉松之役以來的時日。本篇作者真偽問題，曾受到專家質疑，但是今天較少有人繼續追究。假使它是柏拉圖所作，問題就變成為什麼柏拉圖要寫這一篇？我們找不到大家認可的現成答案。原因當然不是他對本篇的題材感到興趣，亦即毫無保留地贊美雅典。蘇格拉底聲稱雅典擁有一連串不曾破例的光榮事蹟。她不曾被任何國家征服。在詳細描述伯羅奔尼撒戰爭時，蘇氏也不願暗示斯巴達人是戰勝者。

然而，暫且不管它是否為柏拉圖所作，只要它能表現睿智、幽默，或蘇格拉底的特質，就還有可讀之處；問題是其中不但充滿錯誤的史實，還夾雜不少陳腐的格言。本文開頭頗為有趣，蘇格拉底

談到阿斯帕希亞 (Aspasia) 曾經教他一段講詞，內容是喪禮悼詞；但是隨後則是一大堆枯燥乏味的東西，與柏拉圖的行文風格迥異。

主張本篇為柏氏手筆的人，認為這是柏氏對雅典人的自豪心理所作的反諷。但是這種反諷似乎過於不著形跡了，以致我們只在開頭幾句與末尾幾句聽到蘇格拉底的一些真心話。

15.《饗宴篇》(*Symposium*)

《饗宴篇》與《理想國篇》是柏拉圖《對話錄》中最傑出的兩篇，成就在伯仲之間。《饗宴篇》的特色是記述了最為生動的故事，同時為蘇格拉底留下了最精采及最細緻的描繪。其中還以最高雅的手法表達了柏拉圖最深刻的信念，亦即：不可見的事物才是恆在的，並且是永遠重要的。

要閱讀本篇，實在毋須任何引論或任何說明。全文清楚易解：其內容並非逐步推演的論證，而是在晚宴席上所作的一系列演講。這些演講並無相互關連，只是都以愛為主題，就低級、高級、最高級等各種程度的愛來發表各人意見。當然，集大成的演講是由蘇格拉底發表的。接著則是晚宴主人阿卡東 (Agathon) 的談話；這位詩人的話語使讀者想起大約四百年之後才寫的《哥林多前書》(*First Corinthians*) 第十三章裏，保祿 (Paul) 對愛所作的無與倫比的贊美。

正如保祿在《哥林多前書》所談的，阿卡東也談到人類的愛。蘇格拉底的演講則從人類談到神明，非常近似後來若望 (John) 之所為（我們若彼此相愛，則上帝在我們之中）。蘇格拉底說，我們先是愛慕人們身上有形的美，然後進而去愛那不可見之物，亦即美的靈魂。接著繼續去愛美的思想與觀念，同時受真愛的影響而不斷超升。我們逐漸趨近無涯的美海，直到最後領悟美自身：它不存在於任何存有物，而是卓越獨存，亦即絕對的、純一的、永恆的。我們向它瞻望時，就變成上帝的朋友。帶領我們走上這一極境的則是愛。

柏拉圖很快就讓我們從雲端墜回凡間，因為阿昔別德斯(Alcibiades)插進來談話。阿昔別德斯在任何方面都沒有什麼高明成就，同時他在插進來說話時，還聲明自己喝得爛醉。然而，他對蘇格拉底所作的禮贊幾乎無人能及。他說：唯有蘇氏曾使他羞於自己所度的貧乏及瑣碎的生活，使他慚愧至極，有時竟以生活為不可忍受。他的結論是：就偉大與良善兩方面來看，蘇格拉底在前此一切人之中是最為出類拔萃的。對於這一番話，讀者看到蘇格拉底面帶微笑，以和悅而自得的神色靜靜聆聽。

16.《費多篇》(*Phaedo*)

費多 (Phaedo) 是蘇格拉底的忠實弟子，親眼目睹了蘇氏臨死的場面。他在蘇氏死後，向幾位朋友敘述蘇氏一生的最後言行。

蘇格拉底在傍晚時飲下毒酒；在此之前的白天，則一如平常與人交談，話題轉到靈魂是否不死。討論過一般所謂的證據之後，重心落在下述說法：「人之誕生於世，無異於一場睡眠與一次遺忘」；同時，學習的過程之一，是回憶起前世所得的知識。不過，這個論證最後也與其他證據一樣，無法自圓其說。接著，蘇格拉底提出一個新的觀點。靈魂之所以不死，是因為它能夠領悟及分享永恆之物，如真、善、美。人之所以能夠認識神，是因為在人之內的某物，與永恆之物同類，不受死亡的約束。現場眾人都接受這個觀點；蘇氏繼續聲稱神的正義只有在來世才能顯示，然後他描繪天堂與地獄的生動景象。不過最須注意的是，他吩咐聽者不要以他的描繪為事實陳述，但是「與此同類的情形則必定是真的」。

長談至此結束。蘇氏飲下毒酒，身體漸漸麻痺，並不覺得痛苦。蘇氏的臨終之言要比所有的論證都更能顯示他的信念。當他感覺毒性侵入心臟時，從容說道：「克利多，我們應該獻一隻雞給阿斯克勒標士 (Asclepius)。」根據希臘習俗，一個人由疾病復原之後，應該向醫神阿斯克勒標士獻祭。對蘇氏自己來說，他是正在復原，而非正在死去。他並不是走入死亡，而是走入生命，「更充實美滿的生命」。

17.《理想國篇》(*Republic*)

《理想國篇》是柏拉圖《對話錄》中最廣為人知，並且公認為最傑出的一篇。全篇的主要部分敘述了蘇格拉底對理想城邦的構畫。事情的緣由是兩位青年在聆聽蘇格拉底談起快樂的人是行義者而非不義者時，堅持要請蘇氏詳予說明。這兩人，葛老康 (Glaucon) 與阿第曼圖 (Adeimantus)，聲稱他們從未聽過任何人提出有力的理由，可以肯定行義者的優越性，因此他們懇請蘇格拉底一試。

接著是一段摘述，說明他們對整個論證的看法。

讓蘇格拉底去描繪一個完全行義的人與一個完全不義的人會分別遭遇什麼；只要他有辦法，讓他去證明前者會得到好處。但是他必須同意：不義者有能力隱瞞他的不義，否則愚不可及。不義者還可以靠著一意孤行、運用錢財、結黨營私，把黑的說成白的。

然後看看行義者：他氣質高貴、心神專注，他所要的不是表面的善，而是真正的善。他因為卓犖不群，而不受歡迎，被人誤解。他的行為總是完全合乎正義，但也經常受到別人的錯誤判斷。因此他難免要遭受許多折磨，很可能被關入監獄，施以鞭笞、拷打、甚至處死；最後他會發現自己應該做個表面的義人，而絕不能做個真正的義人。反之，一個表面看不出來而其實真正是不義的人，卻到處受人推崇。他不論從商或從政，都無往不利，因為他毋須為不義擔心。

你是否接著要問：來世怎麼辦？說不定根本沒有來世。即使有，我們也可以在事後悔過、祈禱，並獲得寬赦，說不定死後還不必受罰。我們所談的是實際問題，因此不必告訴我們正義是高尚的，不義是卑劣的。我們只想知道正義與不義究竟對人有什麼影響，以致可以使一個人成為極善，而另一人成為極惡。

蘇格拉底說他很高興有這個機會來表示意見，但是他建議在處理如此嚴肅的題材時，與其由兩個人所受的影響著手，不如由較簡單的東西著手，亦即由較巨大的東西著手，以便更清晰地審視行義者與不義者的差異。他說：「也許在較大的事物上，可以發現較多正義。我們先在城邦方面尋找正義的性質，然後再以之檢查個別的人。」他們同意如此，結果產生了人類所能想像的第一個以及至今仍是最偉大的烏托邦。這個烏托邦當然不由法律統治，因為法律不可避免地會引發不義之事；它的統治者是謹慎選出的年輕男女，經過長期訓練，最後變得既明智又良善的人。若想世界受到合宜的統治，必待君王都是哲學家，亦即必待他們自身都由善的理型所統治，因為善是神性的成全，它可以帶來正義，亦即人性的成全。

《理想國篇》構畫了一個可能存在的最好的城邦，為所有城邦與所有謀求大眾福利的政府官員立下了楷模，這楷模並不只是作為更好的表率，而是作為非得如此不可的判準。《理想國篇》也為人類生活設下典範。要使城邦走上正軌，人必須提升靈魂，注視普遍的光明。在這變遷不已的世界之外，有真理存在；只要人去尋覓，就會找到。正義的城邦也許永遠無法實現，但是一個人卻總是可以行事正義，並且唯有正義者能夠知道何謂正義。蘇格拉底本人就是最好的證據。他以生命體現這一真理，並且為了這一真理而犧牲。

《理想國篇》第九卷結束時，完美的城邦終於構畫成了；阿第曼圖卻說：「我想世間任何地方都不可能找到這樣的城邦。」

蘇格拉底答曰：「也許它有一個模型安置在天上，讓那願意瞻望的人去沈思。但是它現在就存在或者將來才存在，並沒有什麼差異。」人可以依據它的法則來安排自己的生活。

18.《費得魯斯篇》(*Phaedrus*)

本篇是柏拉圖《對話錄》中的精品之一，應該與《饗宴篇》同時閱讀。這兩篇合而觀之，說明了柏拉圖對愛的看法。本篇的形式是一段會談，而非一段論述或針對一個特定題材所作的系列問答。蘇格拉底與費得魯斯 (Phaedrus) 結伴走去鄉下，談著他們想到的任何事物；但是他們是雅典人，並且其中之一是蘇格拉底，所以他們（加上柏拉圖）對於如何在走路時愉快地打發時間，顯然與我們的看法大不相同。

他們首先談到的題材是愛。費得魯斯隨身帶著一篇他極其佩服的文章，但是在唸給蘇格拉底聽了之後，蘇氏卻表示反對的意見，因為那篇文章以為愛主要是一種形體上的欲望。蘇氏認為，愛是一種充滿美與善的動力，一種神聖的瘋狂，可以提升靈魂並使它走上真理之途。走向哲學的第一步，或尋找更高境界（即柏拉圖所云之「超越界」）的動力，來自人們對可見的形體之美的愛。

我們實在不可能領悟美對希臘人的含意。美是強大的力量，對希臘人的日常生活產生深遠的影響。據說，泰比斯 (Thebes) 最傑出的領袖曾經告訴他的同胞，除非他們把巴特農神殿 (Parthenon) 帶回泰比斯，否則斷無可能征服雅典。凡是希臘人，都會了解這句話。當然，泰比斯人也會因著神殿之美而變得更優秀、更勇敢、更聰明。在《理想國篇》裏，柏拉圖的「哲學家君王」必須既優美又明智。蘇格拉底為費得魯斯形容一個愛人的感受，遠非我們對詩的愛所能比擬。人若真正去愛，就會走上升進之途，最後在真理的無瑕之美中，愛亦得到滿全。

《費得魯斯篇》強調的是有形的美，但是柏拉圖的讀者都會記得：蘇格拉底這位眾人之中最受愛戴也最為可愛的人卻完全沒有這個條件。《對話錄》中屢次提及他的酒糟鼻、暴凸的雙眼等等。他的外形與容貌實在令人不敢恭維。他的眩目之美是內在的。

本篇對話錄的最後一部分談到：書籍與各種寫作要考慮別人可能接受的樣式，因此比不上純粹思想與專為求知所作的討論；閱讀比不上推理思索；修詞學也比不上辯證法。最好的書籍所能作的，也只是使我們想起我們所知之物。真正重要的寫作途徑只有一條，就是把正義、美與善鐫刻在人的靈魂上。

19.《泰提特斯篇》(*Theaetetus*)

本篇對話錄記述三個人討論何謂知識。其一是蘇格拉底；其二是泰奧多魯士 (Theodorus)，為前輩之中的傑出數學家；其三是泰氏門生泰提特斯 (Theaetetus)，一位可愛的青年，謙虛而有教養，領悟力敏銳。當蘇格拉底說他懷疑泰提特斯並非十分聰明時，後者坦白承認如此，接著表示他只是想要「知道」。蘇氏說：「那麼你真正走上哲學之途了，因為哲學始於驚奇」，他們即由此進行一連串的辯論。何謂智慧？去認知一樣東西，又是怎麼回事？

讀者如果記住蘇格拉底主張「德行即是知識」的話，就會明白這裏對知識性質的探討是如何的嚴肅了。明智的人就是良善的人。本篇題旨聽來像是基督所云：「凡是願意承行上帝旨意的人，應該知道真理。」對柏拉圖來說，蘇格拉底的生平與死亡，始終是他的真理之決定性證據。

不過，本篇對話錄並未給知識定下界說。我們只看到知識不是什麼。它不是感官知覺或真實意見，也不是真實意見加上合理說明。縱然如此，辯論中間的幾段題外話卻對這個問題頗有啟發。蘇格拉底認為他們三人都是自由人，不妨好整以暇，慢慢的談，扯些題外話；泰奧多魯士與泰提特斯同表贊成。當時蘇格拉底剛剛說起：「拿你所知道的事物為例。你能假定它們是你既知道又看到的其他事物，或者是你看到卻不知道的事物，或者你能把你既知道又看到的兩樣事物混淆。」聽到這些話，泰提特斯說：「我比以前更糊塗了。」因此當蘇氏想扯題外話時，泰奧多魯士聲言：「就我來說，我倒寧可聽聽你的題外話。」

但是這些題外話並不輕鬆。蘇格拉底以智慧之人的寧靜與俗務之人的操勞相對照。俗務之人總是汲汲營營，因為人生對他是一場賽跑，目標則是成功。他精明能幹，但是他的靈魂則狹小卑陋。由於害怕危險與失敗，他可以犧牲誠實、自尊與理想。不過他確信他知道何謂人生，並且可以過得不錯。至於智慧之人，雖然真有所知，外表看來卻相當可憐。他連日常談話都不在行，因為他什麼醜聞都不知道，無法以此取悅別人。當他聽到別人代代上溯，驕傲地細數祖先的財富與功名時，不覺啞然失笑。他對自己說：「這個傢伙怎麼不想想，他上溯到最後，在原始時代穴居野處，又哪有什麼紳士淑女？」不過，如果換個立場，讓智慧之人帶領俗務之人升到上層世界，去沈思何謂正義與不義，幸福與悲慘，等等，這時這個狹隘而精明的小人物就難免感到沮喪與茫然了。他只相信自己雙手能夠攫住的東西；不可見之物對他來說，是不存在的。他不知道何謂人生，不知道真正的生活是努力盡可能變得像上帝一樣。他不知道像他那種生活會有什麼確定的報應——並非監獄或死刑之類，而是他一定會變得越來越像他自己（那樣可鄙）。

本篇結束時，蘇格拉底告訴泰提特斯：這次辯論雖然沒有結果，但還是很有用處，因為他們學會了不要強不知以為知。

20.《巴曼尼得斯篇》(*Parmenides*)

本篇對讀者來說，極為難解。第一流的柏拉圖學者關於本篇的意義也各執一詞。一般人簡直無從去發現任何意義。辯論用了許許多多的語詞，看來好像有意義，結果並未帶給心靈任何東西。這種例子散見各處，譬如：「當一變得年老些時，它符合現存者，因而亦比自身年少些。但是現存者從頭至尾都與一同在。因此，一在任何時候都是比它自身年老又比它自身年少，它變得比它自身年老又比它自身年少。」

巴曼尼得斯 (Parmenides) 是比蘇格拉底年長一輩的大思想家；蘇格拉底年輕時遇到他，在他面前頗為恭敬。蘇氏後來說他「可敬可畏」，而且回憶說：「我在年輕時有幸認識年老的他，覺得他的心靈豐富而深刻。」

在本篇對話錄中，蘇格拉底使這個心靈轉向我們所謂的柏拉圖理型，並予以批判；這的確是個奇怪的作法，因為他在結尾時顯然既未摒棄也未接納這些理型——留下讀者心存疑惑。從那時起，柏拉圖為何這麼做，一直是個討論的題材，到現在依然如此。不過，在某些人看來，柏拉圖原本就只能如此，亦即從不現身為他自己的觀點辯護，他在提出問題之後，總是小心避免摻入自己的欲望與先入為主的成見。他自然會想盡力去探知：他所建立的理論能否被人徹底摧毀。

《巴曼尼得斯篇》似乎沒有達成任何積極的看法。最後，這位大人物對他的聽眾說：「結論好像是：不管有沒有一個一，這個一與其他眾物都存在也都不存在，都顯示也都不顯示為存在。」

「的確如此。」蘇格拉底說，然後對話錄就結束了。這句話是贊成還是反對理型論，一直都是難以裁定的。

21.《辯士篇》(*Sophist*)

《巴曼尼得斯篇》、《菲勒布斯篇》、《辯士篇》與《政治家篇》可以列為一組，這四篇彼此相類，異於其他的對話錄。它們屬於柏拉圖的晚期作品，此外就是自成一個類型的《法律篇》。在《菲勒布斯篇》裏，正如前面提過的，柏拉圖宣布他正在走上一條新的途徑，他「正在鑄造不同型態的武器」，試圖改變他的論證方法。這些對話錄不再是幾個人之間的交談。它們是緊密的論證，很少有詳細的解說，其中只有《菲勒布斯篇》給予蘇格拉底一個主要角色。《辯士篇》與《政治家篇》讓蘇氏在場，但並未參加討論。《法律篇》甚至不提他的名字。

在《辯士篇》之後的《政治家篇》中，有一段突兀的話，談到「在討論辯士以及非有之存有時，給人一種沈悶的印象」。柏拉圖緊接著提出回應，意思是：「我知道它讓人感覺太冗長，我對此不能免責，甚至擔心它不僅沈悶，並且與主題無關。」我們在此遇到了柏拉圖的聽眾，這顯然是個具有批評精神的聽眾。他指摘柏拉圖說話「乏味」，而這是讓人最難忍受的苛責，因為沒有人可以為此辯護。

柏拉圖深受刺激，以致忽略了這個事實。他表現溫和的優越感，嘗試為自己辯護。「在這麼長的論證中，本來就不該認為它『適合』提供樂趣。論證不管過長或過短，只要能使聽者找到真實的理型，就不該再對它的長短表示任何不滿。誰若批評一個論證太長，就該設法證明他的埋怨有理，亦即提出一個較短的同時更有指證效力的論證。基於其他理由的責怪或稱贊，我們根本不必在乎，要好像不曾聽到一樣，繼續討論。」此時，柏拉圖站在凡人的層次。

只要稍稍翻閱《辯士篇》，就可以看出上述對柏拉圖的批評是有理由的。本篇充斥著下述語句，譬如：「不同之物被稱為不同，總是牽涉於另一物而言。如果存在與差異不是極其不同的東西，情況就不會如此。如果差異像存在一樣，分受兩種性格，有時就會有這種現象，就是：在不同之物這個類別中，某物之不同不必牽涉於另一物。」又如，「運動其實是一個不存在之物，又是一個存在之物。因此，『不存在之物』必須有可能存在，這不僅在運動是如此，在其他一切情況亦然。因為在此，差異之本性使它們個個都與存在不同，我們因而可以稱它們為『不存在』之物；另一方面，因為它們分受了存在，所以也可以稱它們為『存在』。」對於這一套說法，年輕的泰提特斯（他在《泰提特斯篇》已經顯示了耀眼的心智）的回答是：「毫無疑問。」

穿過這一層文字迷霧，最後浮現的是：柏拉圖瓦解了一個廣為流傳的觀念，亦即錯誤的敘述是不可能的；這個觀念直接威脅了推理的基礎。論證接著說：「沒有人能夠思考或訴說『不存在之物』，因為不存在之物從未具有任何種類的存有。」這種口語上的詭計會出現在真正思想的過程中，實在令人覺得不可思議，但是實情正是如此；並且這篇對話錄在使用各種心靈工具方面，標識著一個真實的進展，譬如，柏拉圖指出：當你說 A 不是 B 時，你並不是說 A 不是某物，亦即它是無物，而只是說它是「另一物」，與 B 不同。

為這個論證負責的辯士角色，顯然是故意刻畫的。辯士們多年來扮演希臘的職業教師，這一點在此並無明確的描繪。柏拉圖所做的，是把他不能苟同的觀念全部推到辯士們身上。他討厭整個辯士學派。在他看來，他們心靈膚淺、矯揉造作、注重外表、謀求私利；他們的所作所為，正是蘇格拉底被人誣告的罪名，就是：腐化年輕人的心靈。

22.《政治家篇》(*Statesman*)

《政治家篇》通常被列為柏拉圖最重要的對話錄之一，但是本篇第一部分為讀者帶來不少困擾，這不是因為其中的思想難以了解，而是因為行文常常引申過長。柏拉圖此時熱愛從事分類工作，就像他在《辯士篇》之所為，只是在那兒較為簡短。在《政治家篇》，有好幾頁討論的是區分與再區分，以求抵達究竟什麼是政治家的定義。陸地生物與海中生物作了區分，有角的異於無角的，四足的異於二足的，如此下去，一直到人類出現。政府區分為統治情願的臣民與統治不情願的臣民。但是柏拉圖並不以此為滿足。他還須說明政府是什麼。首先，他敘述一則神話故事，指出這個不完美的世界與神明世界有密切的關係；然後，他介紹一個實際的例子，因為，借他的話來說，「最偉大與最高貴之物是沒有外在的及可見的影象」——吾人所見之物都是處於時間生滅之中的——「所以我們必須學習為它們提出合理的解釋」。這一類富於啟發性的觀念在全篇對話錄中一再出現。

「紡織」被選來說明政治家在正確統治「自由的二足群體」時

的技藝。數頁之長的篇幅用來描寫紡織者的技藝如何與其他技藝不同。然後，紡織時，把羊毛分束為線，再把線織合為布；由此例證明了「多在一中，一在多中」。依相同的方式，人們各式各樣不同的活動也在政治家的引導下，組合為一個堅固而持久的統一體，就是好的城邦。

使人更感興趣的，是本篇的最後三分之一篇幅，其中討論政府的各種形式，以及法律在其中扮演的角色。最好的政府是沒有法律的。它由真正的政治家所領導，政治家的規則是有彈性的，可以隨著個別案例而調適。反之，依法律統治，則是僵硬而缺乏彈性的。兩者之間的差異很明顯，我們只要想像把這兩種方法用在任何技藝上（譬如，醫學）就知道了。如果依法律統治，那麼群眾聚會中的多數人就會決定給人治病時應該使用什麼方法，並且這些方法應該一無例外地遵行。若是發現誰敢詢問或探討這些方法，他就會被訴諸法庭，控以腐化青年的罪名，因為他想勸導青年以不合法的方式使用醫藥。如果我們在每一樣事情上都如此墨守成規，像科學、藝術、農耕、木匠等等，那麼結果將會如何？這些技藝都將消失，並且不可能重新出現，因為詢問或探討是受到禁止的。「結果將是：生活已經夠艱難了，現在更變得難以安排與難以忍受了。」

因此最佳的政府是不待法律而治的。政府領導的技藝就像繪畫一般。好的繪畫不能靠混合顏色的固定公式來造成，好的城邦也不能只靠法律來產生及維持。真正的政治家在統治時，自己知道如何公平處理一切事務，而法律卻可能成為不義之原因。然而，城邦畢竟不像蜂窩，其中沒有一個明顯可見的領袖。如果沒有真正的政治家出現，則法律統治是次佳的選擇。經驗在建構法律上，扮演顯著的角色。法律雖然缺少調適性，但是仍然優於沒有法律的政府形式。

不過，只有真正的政治家能夠正確地織起城邦之網，把眾多紛歧的人心帶入堅固而持久的統一體中。

23.《菲勒布斯篇》(*Philebus*)

本篇對話錄的主角是蘇格拉底與一個年輕人普洛塔克(Protarchus)。普洛塔克帶著幾個朋友走訪蘇格拉底，朋友中有名菲勒布斯者，他才剛剛與蘇格拉底討論了智慧與快樂究竟何者更善的問題。蘇氏主張前者，菲勒布斯主張後者。本篇對話錄開場時，菲勒布斯停止了辯論，普洛塔克接手進行。不過，嚴格說來，這裏並沒有真正的辯論。蘇氏一直在說；普洛塔克只是表示同意或者提個問題而已。

柏拉圖如果取消對話的形式，讓蘇格拉底發表一篇演講，或者根本不讓蘇格拉底出場，而把這個主題寫成一篇論文，那麼結果不會有什麼不同。這裏看不到機智的反諷、愉悅的自嘲或任何能使人想起早期對話錄中的生動的人物性格。柏拉圖晚年的寫作風格改變了。他藉蘇格拉底之口，對菲勒布斯說：他「必須採用與早期論證所用不同的武器，雖然其中有些可能是相同的」。這裏看不到他在《普羅塔哥拉篇》或《饗宴篇》中取悅自己的想法，看不到他對重要人物、哲學家、數學家、政治家的嘲諷寫照，也看不到他對青春洋溢的少年、綠草如茵的河畔以及清澈見底的溪流所作的描繪。在這最後幾篇對話錄中，他全神貫注於必須解決的問題。柏拉圖老了，不可能有太多時間左顧右盼。

在《菲勒布斯篇》裏，一再分析及對比智慧與快樂，而結論總是：心靈世界的品味優於感官世界的一切享受。某些快樂是無害的，也能成為良善生活的一部分，但是心靈比起任何快樂或一切快樂，則是千百倍地更接近至善的生活。蘇格拉底告訴我們，即使地球上的一切生物都宣稱快樂比較重要，我們也絕不停止追尋「善」，要以靈魂天賦之熱愛真理、為真理犧牲一切的能力與裝備去追尋。

24.《迪美吾斯篇》(*Timaeus*)

《迪美吾斯篇》千百年來對人類心靈產生廣泛而深刻的影響。它代表柏拉圖對宇宙創始過程所作的敘述，它還不只是一篇敘述，它也是一個解釋。對柏拉圖而言，宇宙是可理解的，因此關於它如何產生的問題，就可以交由探索的知性去發現。在《聖經・創世記》第一章寫著：「上帝說，有光，就有了光！」這不是柏拉圖處理這個問題的方法。他深入思索光是什麼，光又如何必須出現。《創世記》的篇章是一首詩；《迪美吾斯篇》的內容有大量的詩的成分，但是它的目標卻是科學。

柏拉圖讓自己認真思索物理學、天文學與生物學。他的心靈氣質向來與獨斷教條不能相容，但是在本篇對話錄中卻有些破例。他猶豫不決、一再質疑，這是早期作品中討論倫理問題時不曾出現的情形。他宣稱，他提出的敘述只具有或然性，最多具有概然性，若要達到這些問題的確定性，則唯一途徑是請教上帝，但是我們做不到這一點。不過，肯用心思探索這些問題，至少要比偷懶忽略、得過且過要好。柏拉圖說，不僅如此，從事這樣一種思索還能產生休閒解悶、更新情緒的效果，足以使疲憊的心靈得到喘息。「一個人不妨偶爾撇開對永恆事物的沈思，轉而考慮那些只具有概然性的萬物創生理論，由此可以得到消遣；他將因而獲得一種不會讓他後悔的樂趣，使他享受一段明智而溫和的娛樂。」

然而，柏拉圖的心靈，向來對敏銳與深刻表現無比的要求，現在找不到一個概然的解釋可以讓自己安心，只好轉向他也十分在行的領域，就是詩。他在《迪美吾斯篇》中說，真理是一種永恆的現在，不變不易，永遠無法表述。時間乃當下即是，過去不曾存在，未來也不會存在；它被描寫為過去或未來，只是一種模擬式的說法。它是「永恆之一個正在行動的影象」。在後來的世代中，許多詩人重複柏拉圖的說法。二千年後，華恆 (Vaughan) 寫著：

某夜，我見永恆，
如一純粹而無盡的光所形成的大環，
它明亮又無比平靜；
環繞在它之下的，是時間受星球所驅使，
度著時時、日日、年年，
如一龐大陰影在移動……

這種構思直接取自《迪美吾斯篇》。

我們閱讀本篇對話錄時，心中必須存著上述想法，因為其中大部分所論，在我們看來不再具有柏拉圖當初的意思，而在隨後的年代直至中世紀為止，都還能在其中發現科學真理與神話真理的結合，再啟發偉大的屬靈的真理。至少我們在開始閱讀時，不可避免地會視之為古人所傳的奇聞怪談之敘述。上帝是由不可勝數的三角形創造了宇宙，這一段過程有高度精確的描寫及對比。人類受造時，氣息納入人身的方式是極度複雜的，這一段過程也有精確而無微不至的描寫。毫無疑問的是，正如柏拉圖所云，直到這時他才鬆一口氣，並且以這種寫作態度來取悅自己，但是他也深深覺得這種說法相當合理，並且很可能真相即是如此；只是我們再也無法得到他這種感覺了。

可以確定的是，柏拉圖會以完全平靜的心情來面對吾人今日的懷疑主義。他應該會指出，科學不可能完全無誤地真實，因為它所探討的是時間中的、有限的、變遷無已的事物，而從來就不是永恆之物。不過，有形可見的世界是那永恆而真實的世界之一個複製品或影象。它是恆住不變之物的一個變遷不已的倒影；因此，雖然它不完美，我們卻仍可在它裏面發現真實者、造物者上帝或全善者。因此，真正重要的不是科學上的精確性，而是領悟一點「超越界」的曙光，這超越界是「人的靈魂一直努力追求的目標」。

在《迪美吾斯篇》結尾的部分，柏拉圖說，因年老而來臨的死亡，伴隨的是快樂而不是痛苦。他寫這句話時年紀很老了，接近人生的終點。無數的人曾經向他學習並且敬愛他，在世世代代中由他身上找到人生的啟發與引導，有幸享見「超越界」，認出終極真實者即是上帝、人類的造物者與父親。所有那些受過他高明教誨的人，都會一同歡欣，因為當死亡逼近時，他宣稱：他覺得他的靈魂「從束縛中解脫，現在可以快樂地飛走了」。亞里斯多德是最能了解他的人，對此寫著：柏拉圖證明了良善的人即是快樂的人。柏拉圖主義中的這一側面，過去一直沒有受到應有的重視。

25.《克里提亞斯篇》(*Critias*)

本篇材料不多，只有十幾頁而已，原本計畫列為一系列三篇對話錄中的第二篇。第一篇是《迪美吾斯篇》，其中描寫蘇格拉底在討論了理想國的建構之後，特別邀請三位在場人士下一次聚會時將要討論：這種理想國遇到大戰時應該如何回應。迪美吾斯代表這三位人士說：他們正準備這麼做，並且要請克里提亞斯敘述他祖父告訴他的故事，其中談到的正是數千年前雅典所曾遭遇過的最大挑戰。

他的祖父是從梭倫 (Solon) 那邊聽到這個故事，梭倫則是在前往埃及時聽到當地的祭司轉述的。古代雅典的死對頭是位於大海中的亞特蘭地斯島 (Atlantis) 上的強國。這個強國企圖征服地中海各國，不料卻敗於雅典這個小國之手。雅典占領該島之後不久，風浪大作以致海島陸沈，從此消逝無蹤。克里提亞斯敘述古代雅典這場光榮的戰績，藉此說明蘇格拉底的理想國在類似的情況下也會起而戰鬥。迪美吾斯在本篇開始時，談到宇宙的起源，然後在談到人類受造時，把話題交給了克里提亞斯。接著就是上面那一段故事與省思了。

嚴格說來，本篇算是《迪美吾斯篇》與《克里提亞斯篇》的共同引言，不過內容還是比較接近第二篇。在前一篇中，亞特蘭地斯的故事並不重要，而第二篇材料太少，都用在敘述這個有名的海島傳說了。在此，柏拉圖再度顯示輕鬆的心情，他所寫的近似一則童話故事，刻畫了人類所能想像的最奇妙的海島。至於這篇對話錄為什麼沒有完成，則找不到任何明確的理由。

26.《法律篇》(*Laws*)

《法律篇》是柏拉圖一生的最後作品，寫於他辭世之前數年。它不像其他的對話錄，最明顯的不同是蘇格拉底完全沒有現身。蘇氏在《辯士篇》、《政治家篇》與《迪美吾斯篇》扮演的角色已經無足輕重，但是至少他還出場並且主導對話。在《法律篇》中，沒有提及他的大名。

三位中年人，分別是克里特人、斯巴達人、雅典人；他們在克里特街頭散步時相遇，隨後談到好的法律與壞的法律。稍後，雅典人顯示博學多聞的才華，另外二人就請他說明在一個好的政治體制中，應該有什麼樣的法律。他們同意理想的城邦並非如此，亦即：理想的城邦應該完全沒有法律，因為凡是有法律統治之處，就總是有不義。不過，依法律統治仍是次佳的選擇。它代表了群體的真正意見，並且在付諸實踐時，會帶著大家日益了解理想的境界，依此可以改善實際的法律。

柏拉圖老了，死亡不再遙遠。他即將離開的世界，現在看來有些不同的樣貌。它變得比以前更為重要了。柏拉圖不想遙望天際或企求「超越界」，而是想回到世間，設法實現他所見的一些真理。他放下詩人的想像，不再敘述故事；他現在主張：城邦的主要任務是塑造性格而不是推廣知識，雖然他從未暗示要修正他的基本信念，就是只有知道何謂正義的人，才能行正義之事。

在《理想國篇》中，他說人間事務不值得太認真去對待。他在《法律篇》重複此一說法，但是補充說明：仍然必須認真對待這些事務；接著他說做就做，以好幾頁篇幅詳細討論一些規範生活的法律。一條法律開頭寫著：「這是有關梨、蘋果、石榴以及類似水果的。」這一類東西使本篇讀起來相當吃力，但是讀者只要堅持下去，就會發現柏拉圖一再引人走向光明的高峰。他無法長期停留在通俗常識的層次。

在此出現了「金律」：「我願意別人對我做什麼，我也要如此對別人做。」(「己所欲，施於人。」) 四百年後，基督說了同樣的話。善良的撒瑪利亞人的比喻，其要旨表現在下述語句中：「我們對陌生人所犯的罪行，比起我們對同胞所犯的罪行，將會更直接地引來上帝的報復。因為陌生人既無朋友也無親屬，所以可以要求更多的憐憫，不論是人們的或神明的。」《舊約》宣稱父親所犯的罪將會臨於子孫身上。柏拉圖說，「不過，子女與家庭，如果排斥父親的行徑，就可以獲得值得尊敬的名聲與好的評價，就像那些棄惡從善有魄力表現良好的人一樣。」他比《舊約》更深刻地探討罪的本質，他寫道：「對惡行所作最為痛心的論斷，是一個人成長得像是那些已經是邪惡的人一樣，」還有，「強烈地執著於自我，是惡行劣跡最常見的來源，這在我們每一個人身上都是如此。」他也表現了與《舊約》相同的立場，他說：「對你我而言，上帝才是萬事萬物的權衡。」

第三章　知　識

柏拉圖《對話錄》中，沒有一篇是以系統方式專門處理知識理論的。《泰提特斯篇》雖然多方面考慮有關知識的問題，但是結論卻只限於駁斥錯誤理論，尤其是「知識即感官知覺」之說。不過，柏拉圖在撰寫《泰提特斯篇》之前，已經推展出一套有關「知識」等級的理論，以相應於《理想國篇》所描述的存有層級觀。因此，我們可以說，柏拉圖在消極的駁斥與批判的討論之前，已經先作了積極的處理了；或者情況是，柏氏先在心中肯定了知識的意義，然後再去考慮其他困難，並且有系統地批駁他所認為錯誤的理論。本章預備先介紹柏氏知識論中消極的與批判的一面，然後再探討他的積極主張。因此我們首先要摘述《泰提特斯篇》的論證，其次才要檢討《理想國篇》對知識的看法。這樣做是基於邏輯推理上的需要，因為《理想國篇》固然包含了積極的知識論主張，但是這種主張的一些邏輯先決條件，卻包含在稍後寫成的《泰提特斯篇》中。

摘述柏拉圖的知識論，並且以系統方式表達出來，是一件相當複雜的工作，因為他的知識論與存有學很難畫清界限。亦即，他在假定我們能夠獲得知識的同時，主要的興趣仍然在於追問：知識的真實對象究竟是什麼？由此可見，存有學與知識論的題材經常夾纏不清，或者平行出現。我們將設法分清知識論與存有學，但是卻不可能完全成功，這是柏拉圖知識論的特性所造成的。

一、知識不是感覺

蘇格拉底的興趣與辯士學派相似，在於實際的人生行為上；不同的是，他公然擯棄「以真理為相對」的說法，以及那些主張沒有固定規範、沒有恆存的知識對象的看法。他深信合乎道德的行為必須以知識為基礎，同時這種知識所涵蓋的永恆價值，對任何時代、任何地區的人都是相同的，絕不隨著個人的感官印象或主觀意見而變化更迭。柏拉圖秉承這種立場，也堅信客觀而普遍有效的知識是可能存在的；但他還要進一步在理論上予以證明，亦即深入探討知識問題，追究知識的本質與屬性。

在《泰提特斯篇》中，柏拉圖的第一步工作是駁斥謬論。他首先批判普羅塔哥拉 (Protagoras) 的理論；普氏主張知識就是感覺，一個人以為真的東西，對這個人就是真的。柏氏在《對話錄》中，先以辯證法引申出赫拉克利圖 (Heraclitus) 存有學中隱涵的知識論與普羅塔哥拉本人的知識論，加以詳細敘述及綜合歸納，然後指出由此所得的「知識」概念，根本無法達到真知識的要求，因為柏氏所假定的知識，必須具備兩項條件：正確無誤與客觀真實。感覺並不具備這兩項條件。

接著，青年數學家泰提特斯 (Theaetetus) 上場與蘇格拉底談話，蘇氏問他何謂知識，泰提特斯答以幾何、各類科學以及手藝技術；蘇氏說這是答非所問，因為他的問題不是知識的種類有哪些，而是知識的本質是什麼。這場談話的主題，環繞著知識論的問題，但是正如前面所說，其中也難免夾帶了存有學的思辨。不過，事實上我們也很難看出在知識論的討論中，如何能夠避開存有學的問題，因為知識不能憑空杜撰，亦即：凡是知識，都必須有所知，因而也必定涉及某種形式的客體對象。

由於蘇格拉底的鼓勵，泰提特斯再度嘗試回答這個問題，他說「知識只是感覺而已」(*Theaetetus*, 151e)；他主要想到的是視覺，雖然感覺遠比視覺為廣。蘇格拉底認為這種知識觀值得討論，然後在言談之間，為泰提特斯引申出接近普羅塔哥拉的看法：感覺是針對表象而言，表象則隨不同的主體而改變。另一方面，蘇氏徵得泰提特斯的同意，認為知識是對實際存在之物的知識，因此就其為知識而言，必須正確無誤。以此為據點，蘇氏進而指出：感覺的對象，正如赫拉克利圖所說，常處於流轉變動的狀態，它們本無定性，不斷生滅變化。譬如，某物在某人看來，此時為白，彼時為灰；此時覺其暖，彼時覺其冷；如此不一而足。個人感覺對自己來說是最真實的，那麼，可以就此宣稱感覺就是知識嗎？

在此，蘇格拉底提議深入討論這個觀念。他說，假使知識就是感覺，那麼誰也不比別人更聰明，因為我的感覺只有我自己的判斷最可靠。這樣一來，普羅塔哥拉憑什麼開班授徒，還要大收學費？我們又為何如此無知，竟去聽他講課？難道每一個人不是他自己知識的判準嗎？不僅如此，假使知識與感覺相同，看見就等於認識，那麼我們過去認識（亦即看見）一物，並且記得它，現在雖然還記得，卻不認識它了，因為現在並未看見它。反之，我們若同意人能夠記得過去感覺之物，並且能夠「認識」它，雖然目前不再感覺它；那麼，即使感覺可以算是知識的一種，知識與感覺也不可能是完全等同的。

蘇格拉底繼續在更廣的基礎上，批評普羅塔哥拉的理論。他把普氏「人是萬物的權衡」這句格言，從個人感覺推及一切真理。他指出大多數人所相信的，都摻雜了知識與無知，並且許多人堅持為真之物，事實上可能不是真的。這樣一來，根據普羅塔哥拉自己的說法，反對普氏的理論的人，也照樣擁有了真理。

總結以上所評，蘇氏為「感覺即知識」之說蓋棺論定：第一，感覺不是知識的全部；第二，即使在感覺本身的範圍內，感覺也不是知識。

首先，感覺不是知識的全部。一般所謂的知識，其中大部分真理所包含的語詞，根本不是感覺的對象。也有許多感覺對象並不直接由感覺得知，而是由理智反省才認識的。柏拉圖以某物存在與否為例說明 (*Theaetetus*, 185c)。假設某人看見海市蜃樓，當下的感覺無法告訴他這個海市蜃樓是否客觀存在，只有理智反省才能告訴他。此外，數學上的論證與結論，也不是感官所能領悟的。同時，我們對某人個性的認識，也不是「知識即感覺」一語所能概括的，因為「人不可貌相」。

其次，感覺即使在它本身的範圍內，也不是知識。我們若要真正認識某物，必須對它的真相稍有所知，例如，它究竟存在或不存在，它與別的東西相似或相異。但是這一類真相只有在反省以及判斷中才會出現，純粹感官對此無能為力。純粹感官可以指出這是白的，那也是白的，但是要判斷兩者的相似性，卻非借助心智的活動不可。同樣的，鐵軌在遠方「好像」交叉，但是理智的反省，告訴我們鐵軌其實是平行的。

換言之，感覺不配稱為知識。柏拉圖由此接受的信念是：感官的對象不能是知識的恰當對象，因為知識涉及客觀真相，涉及固定恆存之物，而感官對象至少就其「被知覺」而言，卻不能真正說是

「實存」，而只能算是在「生成變化」中。當然，感官對象也是某種認識的對象，但是它們游移不定，使心靈無法視之為真知識的對象，因為所謂真知識，如前所述，必須是正確無誤的與客觀真實的。

二、知識不只是真實判斷

泰提特斯認為判斷本身並不等於知識，因為判斷有錯誤的可能。因此他建議不妨暫時把知識界說為「真實判斷」，再來檢訂其正確與否。談話至此，蘇格拉底先就錯誤判斷如何可能及如何形成略加申述。譬如，有一類錯誤判斷混淆了不同的兩種對象，就是眼前的感覺對象與記憶中的對象。有時，人會誤以為看見一個朋友站在遠處。遠處確有一人，但並非他的朋友。在他的記憶中，這個朋友的形象與站在遠處的人頗為相似，於是他就誤以為那是他的朋友。但是，並非所有的錯誤判斷都屬於這一類混淆，像數學上的計算錯誤，就是另一類。此時又談到著名的「鳥屋」之喻，藉以說明各種錯誤判斷如何形成。柏氏以「鳥屋」比擬人的心靈 (*Theaetetus*, 197a)。一個人占有而未享有知識，情況就像一個人抓住野鳥，關入鳥屋，於是在某一意義上，可以說他占有鳥也享有鳥，但是在另一意義上，只能說鳥是在他的控制之下，可抓可放，但並不表示他真正擁有鳥。人的心靈像是鳥屋，小時候裏面是空的，長大後裏面養了一些鳥，但是這並不表示他不會在使用時抓錯鳥，亦即雖有一些知識，但是可能用錯。這個比喻雖然生動，但是當務之急是先確定知識的本質。

關於「知識就是真實判斷」，在討論中提及：一個判斷可能為真，但是它的真實性卻可能與判斷者的知識毫不相干。這一評論的重要性，顯而易見。譬如我說：「臺大校長此刻正與教育部長通電話。」這個判斷「可能」為真，但是卻與我的知識無關。我可能只是胡亂猜想，而這個判斷在客觀上卻真實無誤。同樣，一個人可能被誣告某項罪名，旁證對他非常不利，他又無法證明自己無辜。這時若有高明律師為他辯護，能夠巧妙運用證據或引起法官同情，終於使他被判「無罪」；這項判決是真實判斷，但是法官卻未必「知道」此人無辜，因為客觀證據不利於他。法官的判決即使是真實判斷，他所根據的也不是知識，而是辯護的說服性。因此，知識不僅僅是真實判斷，於是泰提特斯又須另行設想知識的正確定義。

如前所述，真實判斷，可能僅僅代表真實信念，而真實信念畢竟不是知識。在此，泰提特斯建議：另加一段「說明」或解釋，也許可以使真實信念轉化成為知識。蘇格拉底在答覆時指出：如果一段說明或解釋是為了詳述此一信念的基本成分，那麼這些成分必須已知或可知；否則將導致荒謬的結論，就是以知識為真實信念加上未知或不可知的成分。那麼，究竟「加一段說明」是什麼意思？

首先，它不能僅僅用來意指一個正確判斷（就其為真實信念而言）以語文表達出來；因為這個意指將使真實信念與知識毫無差別。但是本文已經指出碰巧為真的判斷與明知其為真的判斷是不同的。

其次，假使「加一段說明」意指分析其基本成分（亦即可知部分），則這段說明是否會使真實信念轉化成為知識？光靠分析其基本成分，不會使真實信念成為知識，否則，人只要能夠詳述馬車的構造成分（如輪子、車軸等等），就能擁有馬車的專門知識；只要知道那些字母組成一個字，就能擁有文法專家對這個字的知識。

然後，蘇格拉底還想出「加一段說明」的第三種解釋，就是「能夠指出某物異於其他事物的特徵」(*Theaetetus*, 208c)。如果真是如此，則認識某物就表示有能力分辨該物的特殊性質。但是此說亦不足以定義知識。蘇氏指出，假使知道某物是指為該物的正確觀念加上其特殊性質，則難免自陷於矛盾。假設我有泰提特斯的正確觀念；而要將這正確觀念轉成知識，我須加上其特殊性格。但是除非這個特殊性格「已經」包含在我對他的正確觀念中，否則怎能稱之為「正確」觀念？假使我對泰提特斯的「正確觀念」不包含這個特殊性格，則這種正確觀念也能適用於任何人；這樣一來，我所有的就「不是」泰提特斯的正確觀念了。但是，從另一方面看來，假使我對泰提特斯的「正確觀念」包含了他的特殊性格，那麼我還是不能說，只要加上這個「殊性」，就可以把正確觀念變成知識；因為這個殊性原本就在正確觀念中，不足以引起什麼變化。

柏拉圖這裏所謂的殊性，與我們在使用標準定義時所說的「種差」無關，他講的是個別的感覺對象，像太陽、某人、泰提特斯等。因此，結論並不是說藉著殊性而下的定義無法獲得知識，而是說個別的感覺對象不可定義，並且不是知識的恰當對象。這番對話的結論在於：感覺對象不足以構成真實的知識；由此可以引申說：真實知識必定關連於普遍恆存之物。

三、真實知識與理型

柏拉圖從一開始就認定知識是可以獲致的，並且知識必須是正確無誤與客觀真實的。符合這兩項條件的，才是真實知識，否則就值得懷疑。他在《泰提特斯篇》指出：感覺與真實信念都未曾具備這兩項條件，因此都不能算是真實知識。柏拉圖同意普羅塔哥拉的看法，以為感官與感覺都是相對的；但是他無法接受普遍相對論。相反的，他認為絕對正確的知識不僅存在，而且與感覺毫不相干，因為感覺是相對的、善變的，與時推移、因人而異。柏拉圖也同意赫拉克利圖的看法，認為個別的感覺對象，總是處於生滅變化的狀態中，不能作為真實知識的對象。它們生滅不定，數目繁多，無法以定義明確掌握，也無法成為專門知識的對象。但是柏拉圖並不由此論斷：沒有任何對象足以形成真實知識。他在此只是排除感覺對象的可靠性罷了。真實知識的對象，必須固定常存，能以清晰而合乎科學的定義去掌握，這也就是蘇格拉底所謂之對「共相」或普遍物 (Universal) 的定義。

我們將本質上固定常存之物的知識表達於判斷中時，這些判斷無不涉及「共相」。例如，我們說「雅典政體是善的」，在這個判斷中，本質上固定之物是「善」概念。因為雅典政體可能隨時代而改變，最後成為惡的政體。但是，善概念卻常存不替；即使我們說這個政體每況愈下，也是對照於一個固定的善概念而說的。不僅如此，即使就雅典政體會隨歷史而改變的這一事實來看，我們還是可以說「雅典政體是善的」，只要我們所指的是一度很好的那個特殊形式的政體 (雖然後來變了)，因為此時我們的判斷重點，不在以雅典政體為一經驗界的既成事實，而在就它作為某種「形式」的政體而論。這種形式的政體，原可以在歷史上的任何時刻出現，只是它碰巧體現於雅典而已。這種普遍的政體形式，才是我們所謂的具備善的普遍性質。我們的判斷既然涉及固定常存之物，也就真正涉及一個「共相」了。

此外，正如蘇格拉底所見，合乎科學的知識，係以定義為其目的，總要設法在清晰明確的定義中，掌握固定不移的知識。例如，對於「善」的知識應該能夠寫成「善是……」這樣的定義，由此使心靈能夠表達善的本質。然而，定義總是相關於共相。因此真實知識就是有關共相的知識。個別政體可能改變，善的概念卻常存不替；我們判斷個別政體之善與不善，主要還是根據這個固定的概念。因此，共相符合作為知識對象的要求。對最高共相的知識，位居最高的地位，對個別事物的知識就變成最為低劣的了。

但是這種觀點是否暗示：在真實知識與「實際」世界（充滿個別事物的世界）之間，有不可逾越的鴻溝呢？假使真實知識是指對共相的知識，那麼它是否也是對「抽象而不實際的事物」的知識呢？針對第二個問題，我們要切記，柏拉圖理型論的要旨是：普遍概念絕不是毫無客觀內容的抽象形式；相反的，每一個真實的普遍概念，都有一個客觀實物與之對應。柏氏所謂的理型，不能在普遍物之「分離的」存在中去找，而必須著眼於：普遍概念有其客觀涵指，並且與它相對應的實體存在於比感覺對象更高的層次。至於第一個問題談到真實知識與實際世界之間的鴻溝，我們必須承認：個物與共相之間的真正關係如何，的確是柏拉圖學說中的難題之一；我們在討論柏氏理型論時，會再從存有學的觀點加以申述。

柏拉圖在《理想國篇》中以「線」為喻，有一段著名的話，談到他的知識理論，大意是：知識程度的高低，係隨著知識對象而異。本文列出這張常見的圖表，並試作說明。其中有幾個要點並不清楚，但是柏拉圖確實如此堅信他的理論，而未曾再作任何澄清(*Republic*, 509d)。

知識	認知	理　型	可知之物
	推想	數學定理	
意見	相信	個別事物	可見之物
	幻想	影　象	

人類心智從無知進展到有知，其中過程橫跨兩個主要的領域：意見與知識。只有後者才配稱為知識。這兩種心智作用如何區分呢？這種區分是根據對象的區別而定。意見所牽涉的是「影象或形象」；知識就其為認知而言，則以理型為對象。假使你問一個人何謂正義，他只能指出正義的一些不完全的體現，就是不含普遍理型的個別事例，像某人的某種行為或某一套法律是正義的等等，而絲毫未曾提到絕對正義的原理或標準，那麼這個人的心智就是處在「意見」的狀態：他只看到形象或複本，卻以為那就是原始的理型。假使另有一人能夠領悟正義本身，能夠超越影象，達到理型或共相，使個別事例皆以它為判準；那麼他的心智即處於知識狀態。這兩種心智狀態是可以互通的；只要一個人發現自己從前以為是理型之物，其實只是影象或複本，亦即只是理型或準則之不完全的體現，進而提升到掌握理型本身，那麼他的心態就從意見轉化為知識了。

上圖所畫的線，不只是一分為二，還有更小的區分。換言之，知識與意見各有兩種等級。柏拉圖認為，「幻想」是最低等級，其對象一方面是「意象」或「影象」，另一方面是「水中倒影或光滑之物的映射」。柏拉圖的意思，是指一般的幻想影象或原件的模仿而言。因此，假使有人對正義所持的觀念，只是雅典憲法或某某人物所體現的不完全正義，那麼他就處在泛泛的意見的心態。假使這時來了修詞學家，似是而非地舉出許多理由，告訴他事情本來就是如此，甚至連雅典政體及其法律所體現的正義，都不一定為真；此時他的心態處於「幻想」，他所謂的正義，只是影象。假使他仍然以雅典法律或某某人物的正義為正義，則他的心態處於「相信」。

柏拉圖認為，與「幻想」區的影象相比之下，「相信」區的對象是真實的；關於這一類的對象，他提到「我們身邊的動物，大自然界與藝術界」。譬如，有人對馬的觀念，是實際的一匹匹馬，而不曾發現這些馬是馬的共相之不完全的「模仿」，那麼他就處在「相信」的心態。他並未獲得有關馬的知識，他有的只是意見而已。同樣的，若有人以為外在自然界就是真實世界，而不知它只是不可見的世界之「不真實的」模本，亦即不曾看出感覺對象只是不完全的體現，那麼他只具備「相信」的心態而已。他雖然不像幻想者以其所見之影象為真實世界，但是也未能達到知識的領域，他還是缺乏合乎科學的真實知識。

我們或許可以借用柏拉圖的藝術觀來進一步說明這種理論。在《理想國篇》第十卷，柏拉圖說藝術家站在離真理第三層的地方。以人為喻，首先是一切人所嚮往實現的人的理型，其次是這些不完全的模本——個別的人。凡是以圖畫中的人為真人者，處在「幻想」之境；凡是以個別的人為真人者，處在「相信」之境。只有領悟人的理型者，才有「認知」可言。一個有志之士還可以將正義觀念部分地體現於他的行為中；但是劇作家只是在舞臺上模仿這個有志之士，甚至根本不知正義本身為何物。他只是在模仿一件仿造品。

現在再談較高的區分。一邊是作為對象的「可知之物」，另一邊是表現心智狀態的「知識」。大體上，知識與較低的可感覺界無關，而與不可見的世界或可知之物有關。但是進一步的分法，要如何解釋？狹義的「認知」如何與「推想」區別？柏拉圖說，「推想」的對象是靈魂所必須探討的；靈魂藉著模仿之助，以先前的區分為意象，從假設入手，往結論推展，而不往第一原理推展。這是指數學而言。例如在幾何上，心智由假設入手，應用可見的圖表以達到結論。柏拉圖說，幾何學家假定三角形之類為已知，以這些「材料」為假設，再應用可見的圖表求得結論；他的興趣並不在圖表本身，亦即不在個別的三角形、四方形或直徑。幾何學家應用數字與圖形，但是他們真正試圖掌握的，卻是一般人用思想之眼才能得見的對象。

也許有人會認為這一類數學對象可以列於理型之中，同時柏拉圖也可以把幾何學家的科學知識視為「認知」本身；但是柏氏卻明白反對這麼做。我們也不能就此假定柏拉圖的知識論，是為了遷就他的線喻的整齊畫分而設計的。相反的，我們必須假定柏拉圖的意思是真正要肯定有一類「中介物」存在，亦即這些對象固然是「知識」的對象，但是卻低於「理型」，只能作為「推想」之所對。《理想國篇》第六卷結尾清楚指出：幾何學家並未獲得對對象的「認知」；因為他們並未超越假設的前提，雖然就這些對象與第一原理的關係而言，已經進入純粹理性的範圍了。意思是，上界知識的兩重區分，不僅涉及對象，也涉及心態的區別。柏氏也清楚說明：理解或「推想」是介於「意見」與「純粹理性」之間的。

這一點可以進一步由數學的假設來說明。數學家以自己的假定及公理為自足真理而不加質疑；假使有人質疑，他只能說他無法討論這個問題。柏氏所謂的「假設」，並不是指判斷被視為真而其實「可能」非真；他是指判斷被視為自足條件而不去深究其基礎及其與存有之必然關聯。

亞里斯多德在《形上學》一書中說，柏拉圖主張數學上的實體「介於理型與可覺事物之間」。「在可覺事物與理型之外，他還指出居於中介地位的數學對象：它們與可覺事物不同之處，在於永恆不變，與理型不同之處，在於為數過多，因為理型本身各個獨特。」(*Metaphysics*, A, 987b) 根據亞里斯多德的這段說明，我們又不能將這兩種上部的區分完全歸諸心態。亦即，對象本身亦應有所不同。假使亞里斯多德所言非虛，柏拉圖確實認為數學對象獨居一格，那麼它與其他事物又要如何區別呢？首先我們不必考慮它與下部可覺事物的區別，因為幾何學明明針對著思想上的完善對象，而毫不關心經驗界的圓或線，像車輪、鐵環、釣竿之類，甚至不涉及幾何圖形本身的可覺部分。現在的問題是：「數學定理」作為「推想」的對象，與「理型」作為「認知」的對象，兩者之間的區別何在？

根據亞里斯多德在《形上學》中的評論，最自然的解釋是：柏拉圖認為數學家所談的，既非可覺的個別物，亦非共相的普遍物，而是可知的個別物。例如，幾何學家說兩圓相交，他所指的既非畫在紙上的可見之圓，亦非圓性本身——圓性如何能與圓性相交？他所指的是可知之圓，其數頗多，正如亞里斯多德所說的。再看，所謂「二加二等於四」也絕不是表示二自身相加的結果。因為在柏拉圖看來，「必有最先之二與三存在，並且數目也不可相加」。柏氏認為，包括「一」在內的整數，形成一個數系，其中「二」不是由兩個「一」組成，而是一個獨特的計算形式。這等於是說，整數「二」具有二之性，不是由兩個「一」組成。柏拉圖似乎把這些整數看成與理型無異。但是，雖然我們不能說整數二有許多（就像我們不能說有許多圓性），數學家若未達到最高的形式原理，還是會談及許多二與許多圓。幾何學家所謂相交之圓，不指可覺的個別物，而指可知的對象。這些可知的對象，為數不少，因此不是真正的共相，而是形成獨特的一類——可知的個別物，介於上下之間。數學對象就是這一類可知的個別物。

至於線上的最高區分，也應簡單說明。處於「認知」心態的人，是從「推想」區的假設出發，再超越到達第一原理。推想區的人還須借助於影象，認知區的人卻可經由辯證歷程，遊心於理型本身，亦即借助於嚴格的抽象推理。心智清楚掌握第一原理之後，再降到隨之而來的結論，此時仍然應用抽象推理，而與感覺影象無關。「認知」的對象是「理型」或「第一原理」。它們不但是知識論的原理，也是存有學的原理。假使問題只在如何企及推想區的假設之最後原理，則不難看出柏拉圖的目標何在；但是他又明白說辯證法是為了「推翻假設」，那就頗為難解了。因為，辯證法固然可以指出數學家的假設需要修訂，但是也不易立即看出辯證法如何能夠推翻假設。事實上，要想了解柏拉圖，最好還是看看他所提及的假設——奇數與偶數。柏拉圖發現有些數目既非奇數，亦非偶數，而是無理數；同時在《埃比諾米斯篇》(*Epinomis*)❶，他也將平方根與立方根的不盡數稱為「數目」。果真如此，則辯證法的任務就要指出數學家的傳統假設錯了——他們以為沒有無理數，並且一切數目都是整數，非奇即偶。此外，柏拉圖也不接受畢達哥拉斯學派以點為單元的觀念，他認為點是「線的開端」，因此以點為單元，亦即以點本身具備量，只是幾何學家的創作而已，這是「幾何學上的虛構」，這種假設必須「推翻」。

四、知識與提升心靈

柏拉圖在《理想國篇》第七卷，提出著名的「洞穴比喻」，來解

❶ 《埃比諾米斯篇》(*Epinomis*) 是否柏拉圖所作，在專家中尚有爭議，因此我們並未將它列入本書第二章〈著作〉中予以介紹。就篇名而言，其意為「《法律篇》的附錄」，旨在深入探討「夜間議會」的功能與教誨，由此肯定《法律篇》的重要主張之合理性。本篇所論對希臘哲學史及柏拉圖學派都有參考價值，也顯示了從柏氏轉變到亞里斯多德的一些見解。詳細說明，見 Paul Shorey, *What Plato Said* (The Univ. of Chicago Press, Chicago, 1965), pp. 408–411.

釋他的知識論 (*Republic*, 514a)。這個比喻可以用下面一張圖表來說明。首先，心靈由低層上升到高層，是一種知識論上的進展；柏拉圖認為這種進展，與其說是連續的演化歷程，不如說是一系列認知狀態，由低而高，由不恰當到恰當的「轉化」。

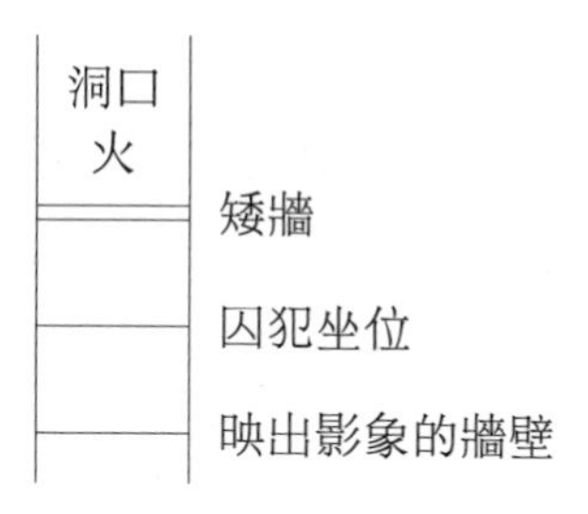

我們可以想像一個地下洞穴，出口朝著陽光。人類居住在洞穴中，有如囚犯，自幼時起，肩背及雙腿被鎖縛，終年只能面對內牆而從未見過陽光。在他們身後，亦即洞口與囚犯之間，有一火炬，火炬與囚犯之間，有一矮牆，狀如銀幕。沿著這道矮牆，許多人來來去去，手上舉著動物與各種物體的塑像，正好高出矮牆之上。囚犯面對著洞穴內牆，彼此無法看到，也看不到身後的物體，卻只能看到牆上映現的自己的影子以及各種物體的影象。他們只能看到影子。

這些囚犯代表大多數的人類，他們終其一生都在「幻想」的狀態中，只看到實物的倒影，只聽到真理的回響。他們對世界的看法，殘缺不全，「被他們自己的情感與偏見所扭曲，又因為語文的媒介而被其他人的情感與偏見所扭曲」。他們的心態就像無知的孩童，但是執迷不悟的脾氣卻完全像是大人，絲毫不想逃離這個囚籠。不僅如此，假使他們突然獲得釋放，並得知原先所見陰影的真相，那時他們的雙目將會因耀眼的光明而無法張開，以致寧可想像原先的影子要比真實世界更為真實多了。

假使有一個囚犯掙脫綑縛，並逐漸習慣了光明，那麼稍後他將能見到具體的可覺物體，亦即他原先所能見到的影子的實物。此人在火光（代表可見的太陽）中看到他的同伴，他自己則從影象世界的偏見、情感與偽裝中，「轉化」到了真實的個別事物的世界，處於「相信」的心態中，此時尚未到達可知的非感覺世界。他清楚看見其他囚犯處在情感與偽裝的困境中。假使他繼續努力，走出洞穴到達陽光普照的大地，他就會看見一個光天化日的世界，萬物朗朗呈現。最後的一步努力，將使他得見太陽本身，它代表了「善」的理念，最高的理型，「一切正義美善之物的普遍原因，真理與理性的泉源」。這時他到達了「認知」界 (*Republic*, 517b)。

柏拉圖接著說，一個見過陽光的人，再回到洞穴裏，會因為太暗而無法看清楚，因此他的言行難免顯得「可笑」；假使他想釋放其他囚犯，並領他們走出幽谷，那麼這些囚犯因為喜愛黑暗、以幻影為真實，不但對他毫不感激，反而會想辦法捉住他，置他於死地。這段說明使我們想起蘇格拉底：他原想啟發眾人接受真理與理性，擺脫成見與偽裝的束縛，結果自己卻死於非命。

這個洞穴比喻所描寫的節節「上升」，被柏拉圖視為一種進展，但是這種進展需要努力振作及心智訓練才能達成，並不是連續的自動歷程。因此他極力強調「教育」的重要，務期使青年能夠逐步領悟絕對永恆的真理與價值，以免浪費生命於錯誤、虛偽、成見、盲目之中。對於有心從事政治的人，這種教育更是當務之急。政治家與統治者假使自居於幻想或相信之境，則將成為「瞎子帶領瞎子」；城邦之舟遇難，要遠較任何個人的小舟遇難更為可怕。柏拉圖知識論上的「提升」因而不僅是學術上或理論上的事件，他真正關懷的是人的行為、靈魂的取向，以及城邦的福祉。假使不明白人的真正幸福，怎能帶領別人走向幸福的人生呢？政治家假使不明白城邦的真正福祉，就無法以永恆的原理來評估政治生涯，最後勢必危及百姓。柏拉圖的知識理論與具體人生的密切關係，由此可見一斑。

第四章　理　型

「理型」(eidos) 是柏拉圖哲學的核心概念，這個概念的中文翻譯常常引起討論。不過，把它譯為「觀念」，並視之為主觀心靈的創作結果，卻絕不是柏氏原有的想法。相反的，柏氏以為理型是真正真實存在者，因此他的理型論無異於他的形上學或存有學。沒有理型論，則柏拉圖哲學不能構成系統；但是若要正確理解理型論，並不是一件容易的事。柏氏的及門弟子亞里斯多德對此已經提出嚴重的質疑。因此，本章一方面從柏氏的《對話錄》中整理他的觀點，同時也參考後學的質疑，希望由此更能辨明理型論的原意。

上一章談過，在柏拉圖看來，真實知識的對象必須穩定而持久，必須是理智的對象而不是感官的對象；並且就最高的認知狀態看來，只有共相或普遍物能夠符合這樣的條件。柏拉圖的知識理論清楚指出：我們在思想中所領悟的共相，並不是沒有客觀的涵指；現在我們要進一步討論這種客觀涵指的意義了。柏拉圖在學院講學及著述期間，一直在思索有關理型論的問題，但是他從未徹底改變或放棄他的主張；雖然他在面對各種困難時，曾作過不少澄清或修正的工作。亞里斯多德認為柏拉圖晚年時，將理型論轉化為數學形式，以致淪入畢達哥拉斯學派的「密契主義」(mysticism)；但是亞里斯多德並未說柏氏「改變」了他的理論；因此至少在亞氏就讀學院期間，柏氏的基本理論並未改變。然而，即使柏拉圖始終主張理型論，並且設法澄清與闡釋他思想中存有學的與邏輯的含意；但這並不表示我們經常可以清楚把握他的真正意思。遺憾的是，我們只有《對話錄》，而沒有他在學院講學的充分資料，不能對照比較他在《對話錄》中的理論，使我們得知他的「真正」意思，以及他只在口頭講授而從未公開發表的見解。

根據《理想國篇》所說，只要許多個別物體有一個共同名稱，它們就有一個相應的理型 (*Republic*, 596a)。這是指共相而言，藉一個概念來表達共同性質或品質。譬如，有許多美的個體，但我們只形成一個對「美」本身的普遍概念。柏拉圖認為普遍概念絕不僅僅是主觀的，我們還能由之理解客觀的本質。他的意思是：既然思想掌握實在的物體，那麼思想的對象（與感覺對象截然不同者）是共相，也應該具有實在性。除非共相是真實的，否則怎能被掌握，又怎能作為思想的對象？共相並不純然是我們「發明」的；情形應該是：我們「發現」了它們。必須記住的是：柏拉圖最初關心的，似乎只是倫理的共相與美感的共相，以及數理科學上的對象，這是蘇格拉底影響下的自然結果；同時他也認為「絕對善」與「絕對美」原是一物，可以獨立自存。但是當他逐漸注意到自然界的物體，並且思考有關「類概念」（像人或馬）的問題時，就發現很難照樣去肯定：相應於這些「類概念」的共相，本身也獨立自存，有如客觀的本質。絕對善與絕對美可以視同一物，但是我們卻很難將人的客觀本質與馬的客觀本質也視同一物。但是，假使我們不想讓這些個別的本質孤立隔絕，就要設法找出某種「合一」的原則；於是柏拉圖致力於找尋這種「合一」的原則，他認為：所有「種」的本質，皆可附從於或者結合於一個高級的「類」的本質之下。柏拉圖從邏輯的觀點處理這個問題，他也確實討論過邏輯分類的問題；但是我們沒有理由說：他不再認為共相具有存有學上的地位，並且以為解決邏輯分類的問題，就可以一併解決存有學上合一性的問題。

柏拉圖稱這些客觀本質為「觀念」(ἰδέαι) 或「理型」(εἴδη)。「觀念」一詞的這種用法，曾在《費多篇》中出現 (*Phaedo*, 102b)。我們應該謹慎，以免誤會它的意思。通常所謂的「觀念」，是指我們心中的主觀概念，像「這只是一個觀念，不是真實的東西」。但是柏拉圖所謂的觀念或理型，卻是指我們的普遍概念之客觀內容或涵指。我們藉普遍概念來領悟客觀本質，而這種客觀本質就是柏拉圖「觀念」之所指。在某些對話錄中，像《饗宴篇》，雖然不曾使用「觀念」一詞，但是其「意義」仍在；譬如，柏拉圖談到根本的或絕對的美，而這正是藉「美」的「觀念」所要表達的。因此，他談到的絕對善或善觀念，事實上沒有什麼差別；兩者都指向一個客觀本質，亦即一切個別善物的「善」之本源。由此可見，「理型」一詞比起「觀念」，比較不會引起誤解。

既然柏拉圖以理型表示客觀本質，那麼了解柏拉圖存有學的重大關鍵就在於：盡可能弄清楚他對這些客觀本質的看法。這些客觀本質在個別物體之外，有自己的超越的存在嗎？假使有的話，它們本身彼此之間的關係如何？它們與世間具體的個別物體之間的關係又如何？是否柏拉圖複製了感覺經驗的世界，假定了一個超越世界，其中充滿不可見、不可覺的本質？果真如此，則這個本質世界與上帝或神有何關係？不可否認的是，柏拉圖在言談之間，經常暗示有另一個充滿超越本質的世界，但是我們也應知道：語言所指主要是我們感覺經驗的對象，往往不足以用來精確表達形上學的真理。譬如，我們說「上帝主宰一切」，似乎暗示了上帝存在於時間中，但是事實上我們知道，上帝是永恆的，不存在於時間中。我們無法恰當討論上帝的永恆性，因為我們自己沒有永恆的經驗，我們的語言也不是用來表達這一類題材的。然而，我們是人，就只能使用人的語言。這個事實提醒我們對於柏拉圖涉及形上學的言論，不要過於沾滯，而必須設法領悟這些言論背後的意義。

一、對理型的誤解與說明

首先我們要談到一般對柏拉圖理型論的誤解。這種誤解以為，在柏拉圖看來，我們藉普遍概念所領悟的對象、科學所探討的對象、以及相應於謂詞之普遍名詞的對象，都是客觀的觀念或實存的共相；它們自成一個超越的世界，遠離此世的可覺事物，甚至其間還有實際的空間距離。這些普遍實體恆存不變；可覺事物只是其複本或分享其存在，受制於生滅變化，並非真實的「存在」。理型高居天界，各自分立，與任何「思想者」的心靈皆保持距離。如此一來，共相若是存在，則我們所經驗的真正世界，就成為不恰當的複本；共相若是不存在，而以某種神祕的方式，具有獨立而本質的實在性，則本質與存在之間，就被不恰當地分離了。這種傳統誤解的形成，至少可以找到三個理由。

1.柏拉圖談論理型的語氣，清楚假定了理型存在於另一世界。例如，在《費多篇》，他說靈魂在與身體結合之前，存在於一個超越的世界，並在那兒認識實存的可知物體或理型，這些理型各自具有分離於世間萬物的本質。認知的過程根本上在於回憶，回想起靈魂在未入人世之前所清楚認識的理型。

2.亞里斯多德在《形上學》中指出：「分離」理型的是柏拉圖，

而不是蘇格拉底。他在批評理型論時，一再假定：根據柏拉圖學派的看法，理型與可覺事物分立獨存。理型構成事物的實性或「實體」；亞里斯多德提出質問：「那麼，這個作為事物實體的理型，又怎能分立獨存呢？」(*Metaphysics*, A, 991b)

3.柏拉圖在《迪美吾斯篇》清楚談到：上帝或德米奧格以理型為範本，塑造了世間萬物。這話暗示了理型分立獨存，不僅遠離可覺事物，也遠離造物的上帝。因此它們始終存在於半空中。

基於這樣的誤解，柏拉圖受到的批評包括：(1)複製「真實的」世界；(2)沒有充分的形上學根據，就妄自假定許多實存的本質（因為這些本質連上帝也不依附）；(3)無法解釋可覺事物與理型的關係（頂多只能用一些比喻的名詞，像「模仿」或「分享」）；(4)無法解釋理型與理型之間的關係，像種與類的關係，並且無法找出任何真正的合一原理。

因此，假使柏拉圖想解決「一」與「多」的問題，他將注定失敗，並且只為世間留下一個更空幻的理論。

以上這些對柏拉圖理型論的誤解，究竟其中有幾分真理，需要細加研究才能知道；但是可以立即指出的是，這些批評都忽略了一項事實，就是：柏拉圖清楚知道理型的「多」需要某種合一原理，並且他曾試圖解決這個問題。這些批評也忽略了另一項事實，就是：我們不僅由《對話錄》本身，並且由亞里斯多德對柏氏學說與講學的引述，都可以看出柏氏「如何」試圖解決這個問題，就是重新詮釋及應用埃利亞學派 (Eleatic School) 的論「一」之說。柏拉圖是否真正解決了這個問題，固然尚有爭論餘地；但是要說他完全沒有看出亞里斯多德稍後所質疑的困難，那就不近情理了。事實上正好相反，柏拉圖早就看出亞里斯多德的某些質疑，並且認為他自己已經作了相當滿意的解決了。此外，即使柏拉圖真正給自己製造了許多難題，我們在沒有可靠的證據之前，也不能輕易斷言他是憑空幻想。

在進一步探討《對話錄》中所揭示的理型論之前，我們可以就上述批評的三點理由，略作說明。

1.柏拉圖談論理型的語氣，經常暗示它們與可覺事物「分立獨存」，這一點是無可否認的。不過，即使柏拉圖確實這樣主張，我們也不能忽略以下兩點說明。

⑴假使這些理型與可覺事物「分立獨存」，這「分立獨存」只是表示這些理型所具有的實在性，與可覺事物毫無關係。根據假設，理型是「非具體的」本質，非具體的本質不能占有空間，因此理型是否占有空間，根本就不構成問題。柏拉圖既然使用人的語言，自然不可避免地會用空間式的術語，來表達理型的本質實性與分立獨存；但是他的意思絕不是說：理型與事物之間有空間上的距離。所謂理型世界是超越的，「超越」一詞在此表示理型並不隨著可覺事物而變化生滅；而不是表示它們自成一個天界。假使以為柏拉圖的理論肯定了一個具有長、寬、高，並且存在於天界空間的「人的理型」或「理型人」，那才是荒謬之談。無論理型的超越性如何解釋，也絕不可能有這種含意。

⑵我們不必過度強調靈魂的預存與「回憶」的歷程這些說法。柏拉圖有時喜歡引用「神話」，這是為了順應當時的談話習慣；但他並不認為這些是精確可靠的論證。譬如在《費多篇》，蘇格拉底在說完靈魂的未來生命之後，接著就聲明這些事情不一定像他所描述的一模一樣 (*Phaedo*, 114d)。有關靈魂未來生命的說法，在性質上是「神話的」，並且含有臆測的成分，但是我們也不應該就此用「神話」概念去概括全盤的靈魂不朽之說；因為在《費多篇》中，蘇格

拉底又說：即使未來生命的景象不能照字面去理解，或者積極予以肯定，靈魂也「當然是不朽的」。柏拉圖將靈魂的不朽與靈魂的預存相提並論，因此我們不能隨意將靈魂預存的概念，視為「神話的」而一筆勾銷。在柏拉圖眼中，這可能只是一項假設；但是在通盤考慮之後，我們沒有理由說它其實只是神話而已，並且除非它的神話性能被充分證明，我們還是應該把它當做柏氏正式提出的學說來討論。即使靈魂預先存在，並且因而直觀了理型，這也絕不表示理型存在於某個「地方」，除非是用比喻式的說法；同時，我們也不能說理型是「分離的」本質，因為它可能全部被涵括在某一存有學的合一原理之下。

2.關於亞里斯多德在《形上學》中的評論，首先我們要指出：亞氏在柏氏學院研究二十年之久，應該透澈了解柏拉圖在學院所授的理論。我們不能說，由於亞氏對當時數學的發展缺乏充分認識，因此難免曲解了柏拉圖的理型論。不論他是否充分了解柏拉圖的數學理論，都不至於由此導出他對柏拉圖存有學的這種解釋。假使亞氏說柏拉圖「分離」了理型，我們不能輕易就將這句話視為草率的批評。同樣的，我們必須避免自行假定亞氏所謂「分離」的意義；其次，我們還須探討亞氏的批評，是否必然表示柏拉圖真有那些被批評的論點。有些論點不一定是柏拉圖所持，而可能是亞氏自己從柏拉圖學說中推出的邏輯結論。果真如此，我們就應探討這些結論是否真正來自柏拉圖的前提。不過我們還是無法避免會引用亞氏的評述，因為柏拉圖的講學所授，大多是因亞氏的記載而留傳下來。

3.我們無法否認，柏拉圖在《迪美吾斯篇》談到德米奧格作為世界秩序的形成因時，以理型為「模範因」造成世界萬物，暗示了理型本身與德米奧格有相當的區別；因此假使我們稱德米奧格為「上帝」，那麼理型就不僅「外在於」世間萬物，同時也「外在於」上帝了。但是，即使柏拉圖《迪美吾斯篇》的文字暗含了這種解釋，我們也不妨認為：此篇中的德米奧格只是一個「假設」，並且柏拉圖的「有神論」不應被過度強調。此外，我們還須記住一項重要事實：柏拉圖在講學所授的理論，與他在《對話錄》所寫的理論不盡相同；或者更好這樣說：柏拉圖在講學時所發展的觀點，並沒有寫在《對話錄》中。本章將由《對話錄》剖析柏氏的理型論，試圖說明其真正意義。

二、肯定理型的存在

《費多篇》以討論「不朽」為主題，對話中談到：感官無法獲得真理，只有理性可以掌握「真正存在」的事物 (*Phaedo*, 65c)。什麼是「真正存在」或具有真實存有的事物？一言以蔽之，就是事物的本質，像蘇格拉底所列舉的正義本身、美本身、善本身、抽象的平等之類。這些本質常存不變，感覺的個別對象則不然。蘇格拉底假定這些本質是真正存在的；他的假設是「真有某種抽象的美、善、量存在」，例如，像個別的美的物體之所以美，是因為分享了抽象的美的緣故。《費多篇》就以這些本質的存在作為「不朽」的旁證。人之所以能夠判斷事物是否相等、是否美，是因為他心中隱含了一個標準，對於美或平等的本質，略有所知。但是人之生於世間及年齡漸長，並未獲得對普遍本質的清晰知識，那麼，他如何能夠推源於普遍標準，以判斷個別事物呢？難道不是靈魂在入世與身體結合之前，曾經預先存在，並因而認識了本質嗎？因此，學習的過程就是回憶的過程；在學習時，本質的個別體現，使我們想起早先就認識的本質。此外，既然在現實世界上，理性的本質知識超越了感覺領域，而提升到認知層次，那麼，哲學家死後，不再受制於身體，我們不是應該假定他的靈魂可以掌握這些本質嗎？

《費多篇》的理型論可以解釋為：理型是實存的共相。但是必須記得，這個學說原先只是提出作為一項「假設」，亦即這種說法需要由一個明確的第一原理，予以證實或否定，或者指出它須作某些修正。合理的推測是：柏拉圖是藉蘇格拉底之口，嘗試性地提出這個學說，因為他清楚知道真正的蘇格拉底並未推展出形上學的理型論，至少未曾達到柏拉圖所謂最高的「善的原理」。柏拉圖安排蘇氏在臨終之時，以先知預言的語氣談到理型論，這是一件深富意義的事。這可能表示柏拉圖想藉蘇氏來神化他的某些理論。我們也發現，《美諾篇》把預存與回憶之說推到「男女祭司」身上，就像《饗宴篇》把最卓越的部分推給女祭司狄奧提瑪 (Diotima) 一樣。因此，《費多篇》中的理型論，只能代表柏拉圖思想的一部分。我們不宜就此斷定柏拉圖本人認為理型是「分離的」實存共相。

在《饗宴篇》中，蘇格拉底報導他自己與一位「女祭司」狄奧提瑪的談話，主題是靈魂在愛樂斯 (Eros) 的推動下，逐步提升到真正的「美」。人首先見到美的形體，然後可以直觀靈魂之美，再提升到科學領域，欣賞可愛的智慧，進入「美之海」，徜徉於「美的莊嚴形相」，最後抵達美的本身。有關柏拉圖對「愛樂斯」與「美」的見解，將在本書稍後的章節中詳細討論。

「美」的本身或「美」的本質，究竟是不是實存的本質，並且與美的事物「分離」的呢？柏拉圖談論科學的語氣，似乎暗示了：我們在實際事物可以看到不同程度的美的體現，我們可以由之領悟普遍美的純粹概念；但是蘇格拉底在《饗宴篇》的主要論點，卻引導我們去假定：這個本質的美不只是純粹的概念，同時還具有客觀實性。這是否暗示它是「分離」的呢？所謂美本身或絕對美是「分離」的，是指它是真正的、實存的；但卻不是指它自成一個世界，與萬物保持空間上的距離。因為根據假設，絕對美是精神的；對於本質上屬於精神的東西，像時間、空間、方位區分之類的範疇，根本用不上。就它超越時間、空間的拘限來看，我們甚至不能合理地質問它在「何處」。就空間方位來看，它一無所在，但這絕不表示它不真實。柏拉圖所謂的「分離」，是說這些本質所具有的實性，超越於抽象概念的主觀實性之上；那是一種實存的實性，但卻不含空間的分離。因此我們可以說：本質是超越的，但也是內在的；這裏的要點是：它是「真實的」，不受個別事物的影響而常存不變。假使認定柏拉圖所謂的本質是真實的，因而必須存在於某處，那就完全誤解了他的意思。例如，絕對美並不像一朵花那樣存在於我們之外，因為空間範疇不適用於它，不僅如此，它大可以說是存在於我們之內。但是另一方面，說它存在於我們之內，也絕不是說它是純屬主觀的，受我們限制，隨著我們的主觀意願而生滅。換言之，它是既超越又內在的；感官無法企及，只有理智才能領悟。

《饗宴篇》已經提出足夠的證據，顯示絕對美是最後的合一原理。其中有一段話談到從各門科學超升到唯一的學問，亦即對普遍「美」的學問時，清楚指出：「充滿莊嚴形相的理性美海」，是附從於，甚至涵括於絕對美的最後原理。假使絕對美是最終的合一原理，我們就須將它與《理想國篇》的絕對善視為同一。

《理想國篇》主張真正的哲學家應該努力探討萬物的根本性質。他的目標不在認識許許多多美的或善的事物，而在分辨美的本質與善的本質，這種本質以不同程度體現於個別的美善事物中。一般人缺乏合乎科學的知識，只能擁有意見；他們關心雜多的表象，從不探討根本性質，因而無從區分美的本質與美的現象。他們不去探討固定常存的真有或實體，只看到現象或表象，也就是常在生滅變化的對象。他們的心智因此處在「意見」狀態，只能看到介於存有與非有之間的現象。然而，哲學家的心態卻是「知識」，其對象是「存有」，亦即完全真實的本質之物或理型。

談到這裏，柏拉圖尚未直接說明本質或理型是實存的或「分離的」。《理想國篇》以「善的理型」的地位最為顯要。柏氏把「善」比喻為太陽，陽光使宇宙萬物清晰可見，因而在某種意義下，就成為萬物的美善與價值之來源。這個比喻只是用為比喻，因此不必過度強調；我們不可以說，就像太陽存在於萬物之中，因此「善」也像是具體的東西，存在於萬物之中。柏拉圖清楚肯定的是：「善」使知識的對象成為存有，因此，它本身在尊貴與能力兩方面，都超越於本質的存有之上，並且是本質的秩序之旁通統貫的合一原理；因此，我們絕不能說「善」只是一個概念，或者只是一個非實存的目標、目的學上的原則，只是萬物所趨的方向等等；它絕不只是一個知識論上的原理，因為它同時也是存有學上的原理，亦即存有之原理。因此，它自身不僅真實而且常存。

《理想國篇》的「善」的理型，與《饗宴篇》的本質的「美」，應該視為同一。兩者都是理性超升的極致；並且以太陽比喻善的理型，正好指出它不僅是事物的善之源，也是事物的美之源。善的理型使認知層次的理型或本質成為存有，而科學與理性美海是超升到本質美的一個過渡階段。柏拉圖的努力方向，是在塑成「絕對者」的概念，塑成萬物之絕對完美的標準範型，亦即存有學的最終原理。這個「絕對者」是內在的，因為一切現象各以不同程度體現它、複製它、分享它、彰顯它；同時它又是超越的，因為它甚至超越了存有本身，而「分享」與「模仿」的比喻也明顯地畫下分享者與被分享者，模仿者與被模仿者之間的界線。假使有人企圖把柏拉圖的「善」化約為純粹的邏輯原理，故意不把它當成存有學原理來看，那麼最後必然會否認柏拉圖形上學的卓越性，同時也一併否定了中期柏拉圖學派與新柏拉圖學派的哲學家所提出的一切解釋。

我們在此要補充兩點重要的評論。

1.亞里斯多德公開指出，柏拉圖把「善」與「一」視為同一；他敘述柏氏論「善」的講學時，談到許多聽眾原來希望聽到柏氏討論與人有關的善，像財富、幸福等等，結果卻頗為驚訝，因為柏氏討論的是數學、天文、數字以及「善與一的合一」。亞里斯多德在《形上學》中說：「許多人主張永恆實體的存在；其中有些人認為一本身就是善本身，它的實體主要存在於它的合一上。」(*Metaphysics*, A, 1091b) 這裏所指的應該就是柏拉圖的思想。在《理想國篇》中，柏拉圖談到心靈超升到萬物的第一原理，隨即主張善的理型應該被尊為「一切美善事物的普遍作者，光明之父，現世一切榮耀的主宰，彼世的真理之源與理性之本。」(*Republic*, 517b) 因此，合理的結論應該是：在柏拉圖看來，一、善、本質的美，都是相同的；並且，可知的理型世界之所以存在，也須以某種方式推源於「一」。新柏拉圖主義者所用的「流衍」(Emanation) 一詞從未在此出現；我們很難清楚了解柏拉圖如何從「一」推衍出理型；但是至少可以肯定：「一」是統合原理。此外，「一」本身雖然內在於理型，但同時也是超越的，因為它不能與個別理型視為同一。柏拉圖告訴我們：「善不是本質，它在尊貴與能力方面，遠遠超越本質之上。」另一方面，它「不僅是一切知識對象之所以可知的泉源，同時也是它們的存有與本質之泉源」(*Republic*, 509b)，因此，目光轉向「善」的人，就是轉向「完美存有的大本源」。由此可知，善的理型超越於一切可見與可知的事物之上，亦即超越了存有；但是同時，身為最高實體與真正的絕對者，它又是萬物的存有與本質之原理。

因此，「一」是柏拉圖的最後原理與理型世界的本源，並且柏拉圖還認為：「一」超越了人類所能提出的一切稱謂。但是我們不能由此直接斷定，這種致「一」之道是「忘我入神或神魂超拔的」途徑。《理想國篇》明確肯定：這是「辯證的」途徑，並且人類可以藉「純粹理智」獲得「善」的直觀。換言之，靈魂所追求的至高原理，循著辯證的途徑，被提升到「觀想至善之物的境界」(*Republic*, 532c)。

2.假使理型以某種未知的方式源生於「一」，那麼個別的可覺物體又是怎麼回事呢？柏拉圖不是在可知世界與可覺世界之間畫下界限，使它們互不相干嗎？柏拉圖曾在《理想國篇》批評基於經驗的天文學，後來鑒於經驗科學的進展，才不得不修正他的觀點，並且在《迪美吾斯篇》還特別談到有關自然的問題。在《辯士篇》與《菲勒布斯篇》中已可看出：「推想」與「感覺」原本屬於不同的線喻層次，但是在對知覺的科學判斷中，結合在一起了。從存有學的觀點來說，感覺個體只有在真正涵屬於某一觀念、「分享」某種理型時，才能成為判斷及知識的對象；亦即只有在作為某一物類的事例時，它才是真實的，也才能被認知。至於感覺個體本身，就其個別性來看，是無法界定的不可知物，因而也不是真正實在的。以上這種基本信念，顯然得自埃利亞學派的傳統。感覺世界並非全屬幻象，只是其中包含了不真實的成分。但是無法否認的，這種立場由於明確區分個別物體的形式成分與質料成分，終究無法真正解決可知世界與可覺世界之間的「分離」問題。亞里斯多德所批評的，就是這樣的「分離」。亞氏認為確定的形式與具體的質料是不可分離的，兩者都屬於真實的世界；在他看來，柏拉圖就是因為忽略了這個事實，才引進一個無法確證的分離，隔開了這兩個成分。亞里斯多德認為，真實的共相就是「確定的」共相，而確定的共相是真實事物不可分隔的一面：它是體現於質料中的定義。柏拉圖未見及此。

柏拉圖在《費得魯斯篇》敘述靈魂看見了「真正的存在，無形無色、無從捉摸，只有理智可以得見」，它還清楚看到「絕對正義、絕對自制與絕對科學；它們既不像創造之物所顯示的，也不像我們一般所謂實際事物的多樣形態；而是存在於真實的本質存有之中的那種正義、自制與科學。」(*Phaedrus*, 247c) 這似乎表示：這些理型或「典型」涵括於存有原理——「一」之中，或者，至少它們的本質源自於「一」。假使我們一定要去想像絕對正義或自制如何自行存在於天界，那麼當然會認為柏拉圖的這番話沒有道理；但是我們應該先弄清楚柏拉圖的真正意思何在，以免妄加曲解。柏拉圖比喻式的描述，最可能的含意是：正義典型、自制典型等等都是客觀地奠基於絕對的價值原理——「善」；「善」本身「包含」人性的典型以及人性德行的典型。因此，「善」或絕對價值原理具有「目的性」，但這不是尚未實現或等待被達成的目的，而是一個實存的「目的」、存有學的原理、最高的真實、完美的模範因、絕對者或「一」。

三、探討「分離」問題

《巴曼尼得斯篇》一開頭就提出一個問題：那些理型是蘇格拉底所認可的？蘇氏的答覆是：理型有許多，像「肖似」、「一與多」、「正義與美善」等等都是。他在回答進一步的問題時，說他往往無法決定是否應該包括像人、火、水之類的理型；至於頭髮、污泥、灰塵之類的理型呢？他的答覆是「當然不算」。他承認自己有時覺得困擾，並且開始設想任何東西都有理型；但是他一採取這種立場，就立即「逃開」，擔心他「會落入一個無意義的無底洞，終歸幻滅」。因此，他又回到「我現在正在談論的理型」。

在繼續探討這個問題之前，有必要簡單說明柏拉圖所談過的理型主要是以下三種：⑴倫理學及美學上的理型，如善、正義、美；⑵概括的概念，如同、異、有、非有、似、不似、一、多等；⑶數學上的理型，如圓、直徑、二、三等。其次可以加上兩種，就是⑷自然種類的理型，如人、牛、羊等；⑸人工製品，如桌、椅等。這五種理型在價值上與重要性上都有明顯的優先順序，但是一般人首先想到的往往是後兩種，以致對柏氏理型論覺得無法接受。了解了這一事實，我們再回到本節的討論。

在柏拉圖看來，只要「理型」一詞「負載著倫理的、審美的性格」，只要它具有評價上的目的性，在愛樂斯的推動下，吸引人類；那麼它內部的同一或殊多，還不致成為明顯的問題，亦即善與美可以說皆在於一。可是，一旦承認人的理型以及經驗界個別物體的理型，那麼理型世界就有陷於「殊多」的危險，成為此世的翻版。這時可以問：理型與理型之間有何關係？它們與個別物體又有何關係？有真正的合一嗎？善的理型與可覺物體之間自然界線分明，不致淪為後者的翻版；但是，假使人的理型存在，又與個別的人「分離」，那麼它就很可能只是後者的翻版而已。此外，這個理型是完全體現於每一個人身上呢？或者只是部分體現而已？假使我們要合法地談論個別的人與人的理型之間的相似性，那麼是否應該假定一個「第三人」，才能說明這個關係，然後繼續往下假定，永無止境？這種質疑是亞里斯多德提出的，但柏拉圖本人也早就預見了。差別在於：柏拉圖以為他已經答覆了這些質疑，只是亞里斯多德不以為然而已。

因此，《巴曼尼得斯篇》討論了個別物體與理型的關係，並對蘇格拉底的說明提出質疑。根據蘇格拉底的看法，這種關係可以視為「分享」：個別物體分享理型；也可以視為「模仿」：個別物體模仿理型，以理型為典範。巴曼尼得斯對蘇格拉底提出的這些質疑，顯然都是嚴肅的批評，而不只是徒逞口舌之辯。這些是真正的質疑，而柏拉圖在《巴曼尼得斯篇》藉埃利亞學派諸君之口提出這些批評，也是為了進一步推展他的理型論。

個別物體是分享整個理型呢？還是只分享一部分？巴曼尼得斯認為這個兩難問題是「分享說」的邏輯後果。若主張前者，則這「一個理型」就完全在每一個別物體中。若主張後者，則理型將同時是合一的與可分的或殊多的。這兩種情形都難免於矛盾。此外，假使兩物相等，是由於具有某一程度的相等性，那麼它們之相等就是藉著「低於相等性之物」而成。假使某物因分享「大性」而大，那麼它之所以為大，就是由於擁有「少於大性之物」。這要如何自圓其說呢？不過，這一類質疑是來自於把理型看成與個別物體相等的假設，而我們不可能如此解釋理型。

蘇格拉底所提議的「模仿說」是：個別物體是理型的拷貝，理型本身作為典型或模範；個別物體對理型的相似性，構成它之分享理型的要素。針對這個說法，巴曼尼得斯認為：若白的物體相似白性，則白性亦相似白的物體。但是，假使白的物體之間的相似性，需要假定一個白性理型才能解釋的話，那麼白性與白的物體之間的相似性，也需要假定一個原型才能解釋，如此一來，又是永無止境。這一批評的真正含意是：理型並非只是另一個個別物體，並且，個別物體與理型之間的關係，也截然不同於個別物體彼此之間的關係。這些質疑指出了我們需要進一步考慮這些真實關係，但是卻絕不表示理型論一無可取。

另一項質疑認為：根據蘇格拉底的說法，理型將成為不可知。人類知識的對象是此世的物體，以及個別物體之間的關係。譬如，我們能夠知道個別的主人與個別的奴隸的關係，但是這種知識不足以使我們得知主人理型與奴隸理型之間的關係。為了得知這種關係，我們必須具備絕對的知識；而事實上我們沒有這樣的知識。這項質疑使理型世界與現實世界純粹平行的說法，徹底瓦解：我們若想認知理型世界，則現實世界必有某種客觀根據，使我們得以認知它。假使這兩者純粹平行，那麼我們固然只知可覺世界而無從得知理型世界，同樣，神明也將只知理型世界而無從得知可覺世界。

以上這些質疑在《巴曼尼得斯篇》並未獲得解答，但是我們發現：巴曼尼得斯並未因而否定一個可知世界的存在；他坦白承認：假使完全否認絕對理型的存在，則哲學思維將無從立足。因此，柏拉圖在《巴曼尼得斯篇》給自己提出這些質疑，目的是要讓自己進一步仔細思考理型世界的性質以及理型世界與可覺世界的關係。至少我們由此清楚看到：需要某種合一原理，同時這原理又不致抹煞殊多。《對話錄》中指出這一點，可是蘇格拉底「只顧解決有關思想與理型所引發的困惑，對於可見世界所帶來的困擾，卻不以為意」(*Parmenides*, 135e)，因此他所考慮的，只是理型世界的合一問題。結果這些難題在《巴曼尼得斯篇》並未獲得解決。但是這次討論不應被視為瓦解了理型論；因為其中所說的難題，只是指出對這項理論需要作更深入、更充分的探究。

在這篇對話錄的第二部分，巴曼尼得斯親自引導談話，並且示範他的「技藝」，就是如何思索由某一既定假設所推衍的結論，以及由否定此一假設所得到的結論。他提議由「一」的假設著手，看看由肯定及否定各能出現什麼後果。他另外指出一些細部區分，接著是冗長而複雜的討論，最後並未達到令人滿意的結論。本文無法詳述這次討論，但是可以指出它的要點，不外乎是要否定「一」說，就像前一部分之否定理型論。柏拉圖非常尊敬巴氏，因此當然不會藉巴氏之口否定「一」說。本篇最後獲得的協議是：「若『一』不存在，則無物存在。」參與這次討論的人，不一定都明白「多」的地位，「多」與「一」的關係，甚至「一」的明確性質；但是至少他們都同意：有一個「一」存在。

《辯士篇》一開始，對話的主題就是如何定義「辯士」。對話者當然知道何謂辯士，但他們想「界定」辯士的性質，把他嵌入一個清晰的範型或說明中。蘇格拉底曾在《泰提特斯篇》反對以知識為真實信念加上說明，但是當時討論的是個別的可覺物體，而現在《辯士篇》則討論類屬的概念。《泰提特斯篇》的問題可以如此答覆：知識之形成，在於透過「類」與「種差」，亦即「定義」，以了解類屬概念。獲得定義的方法是分析或分類，把所要定義的觀念或名稱畫歸一個較大的類，再將這個大類區分為自然的構成部分。這些自然的構成部分之一，就是我們所要定義的觀念。在進行區分之前，須有綜合或會聚的步驟，把具有內在關連的名詞收集排比，使之共成一類。這個較大的類屬可以區分為兩個互不相容的次級類屬，以某些特性之有無為分界線；如此繼續區分直到「所要定義之物」清晰呈現，由其類與種差加以界定。

我們毋須深入追溯「辯士」一名的實際定義過程，也不必多談柏拉圖為分類法所舉的標準例子，亦即釣者的定義；但我們必須指出這項討論的結果是：理型可能同時是「一」與「多」。譬如，類屬概念「動物」是一；但它同時也是多，因為它包含許多次級類屬，像「人」、「牛」、「羊」等。柏拉圖的說法似乎是：類的理型充塞於附屬的種的理型，或者擴散於這些種的理型中，與它們各別混融，但同時又保持自身的合一性。理型與理型之間有一種共融性，彼此分享，譬如「運動存在」，就表示運動與存在相融；但是我們不能認為理型之彼此分享，就像個體分享種的理型一樣，因為柏拉圖從未談及個體與種的理型之混融。因此，理型之間構成立體的層級系統，以「一」為最高的、普遍充塞的理型；在此我們也應記住：柏拉圖認為，理型的地位「越高」，其內含越充實；而這個看法正好與亞里斯多德相反，亞氏認為概念若是「越抽象」，則其內含越貧乏。

還有一點值得注意。區分的過程不能漫無限制的延伸，因為最後總會抵達一個不能再作區分的理型。這些是「最低種」或「不可分的種」。例如，人的理型可以稱為「多」，因為它包含類以及所有相對的種差；但是它又不能稱為「多」，因為它並無可以繼續區分的附屬的種。在人這個「不可分的種」之下，是許多個別的人。因此，「不可分的種」構成了理型層級的最低階；而柏拉圖很可能以為他藉區分的過程，把理型往下拉到可覺領域的邊界，就可以連結起不可見的世界與可見的世界。至於個體與最低種之間的關係，在柏氏《對話錄》中未曾充分解決，也就是說，「分離」問題依然存在。

理型之間固然有融合性，但是有些理型卻是不相容的，亦即至少就其「個別性」而言，無法「融合」，例如「運動」與「靜止」。我若說「運動從不靜止」，則這個敘述為真，因為它表達了運動與靜止不相容與不混合的事實；我若說「運動就是靜止」，則這個敘述為偽，因為它表達了無法客觀證實的連結。蘇格拉底在《泰提特斯篇》

深感困惑的「錯誤判斷」的性質，現在可以再加以說明了。柏拉圖以「泰提特斯坐著」為真實稱述的例子，並以「泰提特斯在飛」為錯誤稱述的例子。泰提特斯是一個存在主體，「飛」是一個真實理型，因此錯誤稱述並非一無所指的稱述。這個稱述雖有意義，但是與泰提特斯實際的「坐著」與另一理型「飛」之間的分享關係，卻無法連上。因此，這個稱述雖有意義，但是整體看來它無法相應於整體的事實。

《辯士篇》描繪一幅理型的層級系統，其中關係深入而複雜，但它並未解決個體與最低理型或「原子式理型」之間的關係問題。柏拉圖主張有些意象或事物並非不存在，但同時又非完全真實；在《辯士篇》中，他知道他不可能再堅持一切實在界之根本不變性。他仍然認為理型不變，但精神的運動或變化無論如何必須含括在真實之物中。「生命、靈魂、理解」在純然至真之物中必須有其地位；因此，假使整體實在界排斥一切變化，則理智連同生命將不可能有任何真實的存在。於是，新的結論如下：「我們必須承認變化之物與變化本身都是真實事物」，並且「實在界或事物全體，同時既不可變又在變化中。」(*Sophist*, 249d) 因此，真實存在必須包含生命、靈魂與理智，以及它們所帶來的變化；但是對於那純屬感覺、變化無常的意象，又要如何解釋呢？這些半真實事物與真實存有的關係如何？《辯士篇》未曾回答這個問題。

柏拉圖在《辯士篇》清楚指出：全部理型，亦即類與種的層級體系，都含括在一普遍充塞的「存有」理型中；同時他也自然相信：在藉區分法描繪理型的層級結構時，他所探討的不僅是邏輯的理型的結構，並且也探討了存有學的「實體」理型之結構。但是，不論他之區分「類」與「種」是否成功，這對於他之試圖克服個體與最低種之間的「分離」，有無助益呢？他在《辯士篇》說明如何進行區分，以達到不可分的種，此時「意見」與「感覺」皆參與其事——雖然原則上只有「理智」可以決定「未限定的」殊多；《菲勒布斯篇》提出相同看法，指出我們必須對未定之物設下限定，以便區分到底，並且盡其可能理解最低類屬中的感覺個體。這裏的要點是：在柏拉圖看來，感覺個體本身是無限制的與未確定的，它們只有在含括於「不可分的種」之中時，才成為限制的及確定的。因此，感覺個體若不被含括於、或不能被含括於「不可分的種」之中時，就根本不是真實客體，不是完全的實在物。在進行區分法以達到不可分的種時，柏拉圖是在嘗試理解整個實在界。因此之故，他才會說：「然而，無限之理型不應被帶近殊多，除非我們見到了它的全部數目，亦即介於一與無限之間的數目；學會這一點之後，每一個別事物皆可被遺忘，並被排除於無限中。」(*Philebus*, 16d) 換句話說，區分必須一直進行到個體的可知性含括於不可分的種之中；然後，剩餘的是個體的不可知面，既然它對理智為不可知，就可以排除到生滅變化或半真實的領域，不能真正算做存有。這樣一來，柏拉圖認為分離問題可以解決了；但是不接受柏氏這種感覺個體之說的人，卻不能苟同這種看法。

即使柏拉圖自認為解決了分離問題，我們還是要弄清楚，感覺個體究竟是如何存在的？理型的整個層級結構，含括在無所不包的「一」之中，這個存有理型或善理型，是終極的自足原理、真實者與絕對者；那麼既非實有又非虛無的表象世界，是如何存在的？它源自於「一」嗎？假使不是，又何所從來？柏拉圖在《迪美吾斯篇》嘗試答覆這個問題，本文將摘述其要旨，略作說明。

根據《迪美吾斯篇》所載，德米奧格以幾何形式加於空間中的原初性質，使混沌化成秩序，並以可知的理型界為藍本，塑成眼前這個世界。柏拉圖所謂的「創造」，並不是指在時間中或從「虛無」中創造，它更像是一種「分析」；物質世界的精巧結構來自理性的設計，並且由於這種「分析」而脫離「原始的」混沌狀態；但是這並不必然預設混沌是恆為真實的。混沌之原始性只是邏輯上的，而不是時間上或歷史上的。可是這樣一來，物質世界不可知的一面就成為假定之物——只是為了「伴隨」可知世界而存在的。大體說來，希臘人似乎從未想到「自虛無中創造」的可能性。柏拉圖把區分的邏輯過程止於不可分的種，並在《菲勒布斯篇》把純屬個體之物排除到未限定之物的領域；現在同樣的，他在《迪美吾斯篇》作物理學或自然學上的分析時，也把純屬個體之物或不可知的成分，亦即在邏輯觀點看來不能由不可分的種去理解之物，排除到「混沌盲動之物」的領域中去 (*Timaeus*, 30a)。因此，就像邏輯上的感覺個體本身不能再被引申，不能成為充分可知之物；同樣，柏氏物理學上的混沌之物，雖有理性導入秩序，它本身並未得到解釋；難怪柏氏要認為它是無法解釋的東西了。它既不能得自引申，也不能「自虛無中創造」。它只是在那兒罷了，作為一個經驗界的事實。我們所能說的也僅限於此。「分離」依然存在；無論混沌如何不真實，它總不能是空無一物；它是世界的成素之一，是柏拉圖未作進一步解釋的成素。

四、理型論的意義

根據柏拉圖的說法，心智經由什麼過程才能掌握理型？本文簡略談過柏拉圖的辯證法與區分法，並且沒有人會否認辯證法在柏氏理論中的重要性；但是問題在於柏拉圖是否想過要以宗教的、甚至密契的途徑，去上達於「一」或「善」。至少，《饗宴篇》含有密契的成分，假使我們進而以新柏拉圖學派或基督徒作家的詮釋去了解這篇對話錄，那麼很可能就會獲知我們所追究的答案。無論如何，這種詮釋絕不能被完全忽視，近代許多學者也都支持這一點。不過，我們若直接由《對話錄》去理解，可以得知的是下述推論。

我們由典型或目的的角度來看「善」，那麼「愛樂斯」就可以理解為人類較高品性中的動力，使人走向善與德；或者，從預存與回憶之說來看，可以理解為人類較高品性中自然的吸引力，使人走向他在預存狀態中，早已得見的典型。如前所述，柏拉圖絕不接受純屬相對主義的倫理學，他肯定絕對的標準與典範，絕對的理型。因此，正義的理型、節制的理型、勇敢的理型，都是真實而絕對的；因為它們永不變化，是人生行為的恆常準則。它們並非「事物」，而是理想典型；它們也不是純粹主觀的，因為它們「規範」人類的行為。人的生命不能像原子一樣離開社會及城邦而存在，也不能完全離開自然而存在；因此，我們可以領悟一個涵括一切個別理型的「理型」與「目的」。這個普遍的理型就是善。領悟「善」的途徑是辯證法，亦即理性的推論；但是在人類的較高品性中，另有一種吸引力，促使人走向真正的美與善。假使有人以感覺界的美善（如自然物體之美）為他真正的善，那麼這種「愛」的動力就被引入歧途，而這個人也成為庸俗的凡人。當然，人也可能發現靈魂高於並優於身體，靈魂之美因此也遠勝於身體之美。同樣，他也可能發現形式科學之美，以及理型之美；然後愛樂斯將吸引他「走向理智的美海」，並且得見「其中涵蘊的完美理型」(*Symposium*, 210d)。最後，他會領悟個別理型如何附從於普遍理型或目的，亦即「善自身」；然後可以欣賞這個普遍美善之「科學」。理性的靈魂原與理型密切攸關，因而能夠觀想理型，並在這種觀想中自得其樂，擺脫感性各種欲念的束縛。「沒有人是如此一無可取，以致愛樂斯無法以神明的啟示推動他，走向德行。」哲學的生活或智慧的生活，才是人類真正的生活，因為只有哲學家才能獲得真正普遍的科學，並領悟實在界的合理性格。依《迪美吾斯篇》所載，德米奧格按照理型或典範塑成世界，並且在頑強的質料所能允許的範圍內，盡可能將世界塑得肖似理型。哲學家的使命就是要領悟理型，並且努力使自己的生活與別人的生活統統以典範為取法標準。《理想國篇》所謂的「哲學家君王」意在於此。

《饗宴篇》把愛樂斯或愛描述為「一個偉大的神祇」，其地位介於神明界與凡俗界之間。愛，換言之，就是「貧乏與富足之子」，就是「欲望」，欲望表示尚未擁有某物，但是，愛樂斯雖然貧乏（亦即，尚未擁有），卻是「最熱烈的欲望，想要擁有幸福及美善之物」。愛樂斯有許多種，這裏所謂的「愛樂斯」雖然不是最高層次的，但是它的內含比形體的欲望更廣，並且一般而言，可以說是「在美之中生長的欲望，對靈魂如此，對身體亦然」。既然愛樂斯這種欲望想要讓善永遠與我們同在，因此它也必定是追求「不朽」的欲望(*Symposium*, 206a)。較低層次的愛樂斯使人由生育後代而追求不朽，較高層次的愛樂斯則使詩人如荷馬 (Homer)、政治家如梭倫留下更持久的遺產，「證明了存在於他們與美之間的愛」。人類與美自身的交往，可以使他不朽，並產生真正的德行。

以上所述，純屬主知論的理解。但是，既然善的理型或美的理型是存有學上的原理，我們也就沒有任何先天的理由，去斷定它本身不能作為愛的對象或不能以直觀方式領悟。《饗宴篇》記載靈魂超升到頂點時，「忽然之間」得見美；《理想國篇》則記載人必須努力以赴，並且最後才能看到善。這句話也可能暗示一個直觀的領悟。屬於「邏輯性質的」對話錄，不曾談到任何走向「一」的密契的途徑；但這並不必然表示柏拉圖沒有想到這一類途徑，或者他雖然想過，但在撰寫《巴曼尼得斯篇》、《泰提特斯篇》與《辯士篇》時又放棄了。這三篇對話錄討論不同的問題，我們怎能期待柏拉圖在每一篇對話錄都談到他的全部觀點呢？此外，柏拉圖從未提議以「一」或「善」作為官方宗教信仰的對象；這個事實也未必表示他不可能承認「一」可以由直觀的與密契的途徑去抵達。無論如何，我們不應期待柏拉圖去徹底改造通俗的希臘宗教，雖然在《法律篇》他曾倡言淨化宗教，並且暗示真宗教的要義在於度有德的生活，並且體認理性在宇宙中的大能，亦即天體運行；再者，假使「一」超越存有與靈魂，柏拉圖就更不可能認為它可以作為通俗信仰的對象了。

總結以上所論，我們必須說：我們可以確定辯證的途徑，但是我們不能確定任何密契的途徑，即使我們不否認柏拉圖的某些章節確有這種含意。

柏拉圖的理型論，顯然已經從先蘇期的哲學跨出了一大步。他突破先蘇期素樸的唯物論，肯定了非物質的與不可見的「存有」，指明它不僅不是此世的影象，反而要比這個物質世界更為真實。他同意赫拉克利圖的看法，主張可覺事物常在流轉生滅，不能真正稱為「存有」；但是他還見到了另一面，亦即，真實存有是固定常存的實體，它是可知的，是知識的最高對象。柏拉圖並不因而陷入巴曼尼得斯的立場，把宇宙視為靜止的「一」，否定一切生成變遷。柏拉圖認為，「一」是超越的，因此變化生滅可以出現於這個「受造的」世界，不致遭到否定。此外，實在界本身含括心智、生命與靈魂，因此也容許精神的運動或發展。甚至，超越的「一」並不排除「多」，就像此世的物體也不是完全沒有合一性的，它們參與或分享理型，因而也具備某種程度的秩序。它們雖非完全真實，但也不是純粹虛無；它們分享了存有，雖然真實「存有」不是物質的。心智及其功能，亦即秩序，臨現於此世；心智或理性遍布於此世，而絕不是像安納撒哥拉的「心智」那樣，只是扮演「解圍的神明」的角色。

柏拉圖的成就不僅跨越了先蘇期諸子，同時也淩駕於辯士學派與蘇格拉底本人之上。對於辯士學派，柏拉圖雖然承認純粹感覺的相對性，但是他也繼蘇氏之後，駁斥科學與道德價值之相對性觀點。對於蘇格拉底本人，柏拉圖的探討，超越了倫理學上的判準及定義，延伸到邏輯及存有學的領域。此外，我們無法確知蘇氏是否嘗試為實在界提出系統化的合一原理，但是柏拉圖則明確指出一個「真實的絕對者」。蘇格拉底與辯士學派代表了對早期的宇宙論體系及「一」、「多」之說的回應，柏拉圖則繼續探討這些宇宙論者所帶來的問題，只是他的探討層面更高，並且不曾放棄蘇氏所持的立場。因此，我們可以說他的工作是集大成的，把先蘇期與蘇氏哲學中有價值的成分，統統綜合起來。

當然，我們必須承認，柏拉圖的理型論並不完備。即使他把「一」或「善」視為終極原理，統括其他一切理型，但是可知世界與可覺世界之間，仍然存在著「分離」。也許柏拉圖認為他已經從知識論的立場解決了「分離問題」，就是由掌握「不可分的種」而統合理智、意見與感覺；但是從存有學的立場看來，純屬變化生滅的領域還是無法獲得解釋。因此，柏拉圖未能充分闡明「分享」與「模仿」的意義。他在《迪美吾斯篇》說得非常清楚，理型絕不進入「其他任何地方的任何事物」(*Timaeus*, 52a)，這表示柏拉圖不把理型看成自然物體的內在成分。因此之故，我們沒有理由化除他與亞里斯多德之間的歧異。柏拉圖也許有些重要的論點沒有獲得亞氏的公正評價，但他對共相的看法，顯然與亞氏互不相侔。柏拉圖的「分享」因而不能用來表示「事物」中得到了「永恆客體」的某一「成分」。「事物」或自然物體在柏拉圖看來，只不過是理型之模仿或鏡中影象而已，因此結論必然是：可覺世界只是如影隨形地「伴同」可知世界而存在。柏拉圖理型論是一套廣大精微的哲學體系，其中包含許多真理，像純粹可覺世界既非唯一的世界，亦非最高與最「真實」的世界；可是，由於柏氏不以可覺世界為純粹幻象或虛無，他的哲學乃不可避免地陷入「分離」問題，這是個無法否認的事實。柏拉圖哲學在處理「個別性」上遭遇困難；但是，亞里斯多德雖然在指出柏氏的「分離」問題時頗有見地，這並不表示亞氏自己的「共相」說就沒有任何疑難。這兩位大思想家對實在界各有所見，或許只有更完全的綜合，才能會通他們的見解。

無論柏拉圖獲得的結論如何，也無論他的理型論可能有些什麼缺陷，我們不能忘記的一點是：柏拉圖志在建構明確而肯定的真理。他堅持我們確實能夠在思想中掌握本質，他也堅持這些本質不是人心純粹主觀的創造；事實上，我們是「發現」理型，而不是「創造」理型。我們根據典範來判斷事物，像道德的與美感的典範，或類與種的模型；一切判斷都必然隱含這種典範，並且，假使科學的判斷是客觀的，這些典範也應有其客觀的涵指。但是它們無法在可覺世界本身被找到，因而必須超越於這個充滿可覺個體的變化世界之上。柏拉圖以經驗為不可解，除非典範具有客觀的存在。他相信概念具有真正的客觀涵指。實在界是可知的，也是合理的；凡是不可知之物，皆不合理；不完全真實之物，也不完全合理。柏拉圖到最後仍然堅持這點，他還認為只有根據他的理論，才能解釋我們的經驗，或者使我們的經驗前後一貫。柏拉圖是哲學家，並且理型論是以哲學理論的方式提出，是為了解釋經驗而提出的一套哲學「假設」，而不是神話學或民俗學的散論，更不是企慕他世的想像作品。

因此，把柏拉圖看成詩人，好像他是個「遁世主義者」，渴望創造一個理想的超現實界，以便逃避俗世的種種拘限；這無疑是毫無根據的說法。他相信有一個超感覺的可知世界存在，這世界要哲學家去「發現」，而不是去創造。柏拉圖從未嘗試將「實在界」化為夢境，以創造他自己詩意幻想的世界；他是要由這個低層世界往上提升到充滿原始理型的高層世界。他深深相信這些理型都是真實存在的。

尼采曾批評柏拉圖與這個世界為敵，說他因為憎恨這個世界而建構一個超越的世界，因為厭惡經驗世界與現實人生、因為道德上的成見與利害關係，而使「彼世」與「此世」對立相抗。柏拉圖也許真正受到實際人生中的失意所影響，如雅典的城邦政治以及他在西西里島的經歷；但他對這個世界絕無主動的敵意；相反的，他還渴望訓練真正的政治家，讓他們像德米奧格一樣，為人間帶來秩序。只有當世界與人生呈現一片混亂，衝突四起，絲毫無法表達恆定的價值標準與普遍的真實意義時，他才會感覺失望與憎惡。因此，重要的不是去問哪些原因、情況或條件，造成了柏拉圖的心態，而是去問：「柏拉圖是否證實了他的理論？」我們不能「先天」就排斥下述想法：凡是在這個世界上具備秩序及可知性的事物，都在一不可見的超越實在界中有其客觀基礎；我們應該相信，柏拉圖不僅在他的形上學中獲得相當可觀的真理判準，同時他也走了漫長的路途，去證明那就是真理。只要一個人開口說話，他就是在作價值判斷：判斷預設了客觀的規範與標準，價值則可以作不同程度的領悟，並且價值之「實現」必須基於人的意願與上帝的合作，才能體現人生的理想。當然，就自然的知識而言，我們無法直觀絕對的世界，但是理性的思考與反省卻必然可以帶領我們得到對客觀的價值、理想與目的的知識；柏拉圖哲學的要旨，應在於此。

第五章　靈　魂

柏拉圖思想中，最難準確翻譯為現代觀念的語詞，大概是“ψυχή” (psyche)。現代常用的譯名是「靈魂」，但是它與我們所知的靈魂相去甚遠。譬如，蘇格拉底有關靈魂不死的長篇討論，其實是在證明靈魂存在，並且是藉由定義使不死性歸屬於它。它的希臘文原意是指：任何存在物中的生命原理，因此它是有生之物所不可或缺的。靈魂原來的含意相當模糊，在《費多篇》中，西米亞斯 (Simmias) 倡議靈魂只是一個軀體各部分之和諧的安排狀態。可見當時並未普遍認為靈魂不死。在荷馬筆下，死後的生命只是血肉之軀的陰影。靈魂像蝙蝠一般，在悲鳴聲中飛向地府，它們無法對奧狄修斯 (Odysseus) 說話，直到一滴鮮血使它們恢復一點點生命；阿奇里斯 (Achilles) 死後也發出怨言，說他寧可在人間做窮人的僕役，也不願在陰間做死人的君王。在此未曾提及靈魂是人的最高貴部分。荷馬所謂的靈魂並無精神性，他筆下的死人寧願受苦也會慶幸自己回到人間。

大概是經由奧爾菲 (Orphics) 教派的傳播，希臘人才知道靈魂是人的最高貴部分。所謂靈魂不死，不再是指塵世生命之蒼白的反映，而是指它脫離身體得到解放。身體無異於靈魂的監獄或墳墓 (σωμα σημα)。人生的目的在於淨化靈魂，經過多次輪迴抵達完美程度時，就重新回歸神界。畢達哥拉斯學派 (Pythagoreans) 很可能就是在奧爾菲教派的影響下，主張度一種趨向淨化的生活方式。不過，畢氏學派的明確觀點是：不死的靈魂就是人的知性能力，而淨化過程多半有賴於嚴格的科學（實即數學）訓練；其中也有些人似乎特別強調數字魔力與儀式。他們傳下的觀念中，譬如以知性為人的最高貴及不死的部分，以知識為解脫之途等，都在《費多篇》得到闡釋，並且也是柏拉圖終身珍愛的信念。

知性或理智是人與其他動物的差異所在，因而是人的根本特性，是人所擁有的最神聖之物。不過，「知性」（或理智）一詞也不是理想的翻譯，因為在柏拉圖的術語中，知性固然享有至高地位，但是他並未因而排除情感的作用。在靈魂的各種活動中，知性代表最高功能，因此，有時「心智」一詞要比「靈魂」更為恰當。換言之，心智與靈魂皆可用來翻譯 psyche，這一點是不可忽略的。

一、靈魂概念的出現

畢氏學派對蘇格拉底的影響是無可置疑的。蘇氏認為，靈魂管理身體及其激情，藉此指導人的生活。因此，護持靈魂，是每一個人與每一個城邦的目的。最清晰的表述是在《查米德斯篇》，當年輕俊美的查米德斯請教治療頭痛的藥方時，蘇格拉底說：有一種藥草配合咒詞使用，可以治療的病將不只是頭痛而已。

> 也許你自己聽說過：好的醫生在一個人因眼睛有病來求治時，會說為了有效起見，他們不能光治療眼睛而不同時治療頭部，然後如果光治療頭部而不同時注意身體的其餘部分，則是無

知之舉。於是他們診斷整個身體，設法一次解決病痛。或者你不曾聽說這些，不知道真實的情況？

——我當然聽說過。他說。

——你認為他們說的對嗎？你接受他們的觀點嗎？

——毫無問題。他答。

——聽到他的同意，我頗為興奮。我的信心逐漸恢復，思想變得敏銳。我說：

現在，查米德斯，這裏提到的咒詞也屬於同一性質。我在服役時曾向一位查莫西斯 (Zamolxis) 的色瑞斯醫生學習了咒詞；傳說中這位醫生甚至可以使人不死 。這位色瑞斯人 (Thracian) 說，希臘醫生上述那一段話是正確的。他繼續說，「但是，查莫西斯是我們的君王，也是一位神，他說過：正如我們不應該只治眼睛而不治頭部，或者只治頭部而不治身體的其餘部分，我們也不應該只顧身體而不注意靈魂。」在希臘，許多病人設法避開醫生，就是因為這些醫生疏忽了他們應該照顧的整體。整體若是有病，部分不可能健康。

他說，身體與整個人的好壞，無不源生於靈魂，再散布開來，就像病痛由頭部傳到眼睛一樣。因此，若要使頭部與身體的其餘部分健康，首先要全力照顧的就是靈魂。吾友，他還說，靈魂必須由咒詞來護持，而咒詞是一篇篇優美的對話。從這些對話中，人的靈魂油然生出自我控制與溫和節制，如此一來，要使頭部與身體其餘部分恢復健康，就很容易了。

在教我解藥與咒詞時，他說：「不要聽人勸說就醫治他的頭痛，除非他先接受咒詞對靈魂的治療。這正是人們現在所犯的錯誤：他們想當醫生，但是有的無節制，有的無健康。他

> 們應該兼具這兩者。」他叮囑我別讓任何人，不管他如何富有、家世顯赫或俊美，來說服我採取不當的作為。我發誓不會如此，而我必須信守誓言。對你也是一樣，如果你願意讓靈魂接受色瑞斯人咒詞的影響，我將為你治療頭痛。否則我們就將無能為力了，親愛的查米德斯。(*Charmides*, 156b)

蘇格拉底的見解在此得到最清晰、最簡單、最溫和的表達。健康與德行（在此為節制之德），兩者並行而互補。一切都依賴靈魂，而終極目的是整個人身體上與道德上的健康。這正是早期對話錄的基本態度，只是重點較為偏向靈魂。

《高爾加斯篇》談到身體的較差地位及其享有的快樂。其中提及不同技藝之間的有趣對照：正如身體靠體能訓練來發展，若有缺陷則用醫藥治好，同樣的，靈魂的健康發展是立法的目的，若有缺陷則由執行正義的機構來矯正。接著，身體與靈魂雙方的健康都是知識的對象，因此需要進行有系統的探究。

《高爾加斯篇》最後敘述了審判的神話，談到靈魂是不死的；不過，我們必須了解，蘇格拉底主張人必須善度一生，這主張原本並未奠基於靈魂不死的信念上；我們一再看到的是：即使靈魂不死受到否定，他的倫理學體系依然屹立不搖。柏拉圖不太願意把此一信念當做主要論證，只把它當成帶人走向善的生活之附加的誘因。

《美諾篇》也談到靈魂不死，但是仍以神話形式表述。其中介紹了「知識即回憶」的理論；所謂學習，不外乎回憶靈魂在出生之前所知者。它至少生動表達了柏拉圖的基本教育觀點：教育在於由內引出而不在於由外注入。

靈魂既然不死，就會重生許多次。它曾經見過此世、地府以及一切事物，沒有東西是它不曾學過的。它能回憶起過去所知的德行與其他事物，實在不足為奇。自然界整體是同類的，並且靈魂學過一切事物，因此一個人在首度回憶起某物，或如吾人所謂學習某物之後，就可以不受任何阻礙，自行去發現其餘的一切，如果他夠勇敢並且不停追尋的話。因為一切探索與學習都只是回憶而已。(*Meno*, 81c)

不過，《對話錄》中以《費多篇》最早談到這個主題，場景是：蘇格拉底在臨死之日，試圖證明靈魂不死。回憶之說隨著理型論出現，蘇氏藉此表示他相信人的靈魂與思想世界之間有本質上的聯繫。我們在此看到柏拉圖哲學中的極端二元論，靈魂與身體幾乎完全分離了。

《費多篇》開頭就指出：死亡對思想家是個恩惠，而哲學的探討不過是練習死亡。死亡是靈魂由身體分開，哲學家的靈魂就是為了追求解脫，所以在活著的時候不受身體設下的障礙所拘限，避開花樣繁多的快樂與混雜難辨的感覺。心智要盡可能排除感官的干預，自行靠推論以抵達真理並且領悟永恆的理型。蘇氏解釋他對淨化或純化的看法，其文如後：

只要我們帶著身體，讓靈魂與這個壞東西糾纏在一起，我們就永遠無法滿意地達成願望，亦即獲知真理。由於身體需要食物，它將以無數的方法使我們忙碌不堪。此外，疾病會阻礙我們探尋真理。身體帶來欲望、激情、恐懼，以及各種幻想與無聊之事，使我們藉著它絕無可能理解任何有關真理與

> 實在界的東西。製造戰爭、革命與衝突的，是身體及其激情。因為一切戰爭都是為了爭奪財富，而財富又是為了身體而有，使我們宛如照顧身體的奴隸。正因為這一切，我們沒有時間從事哲學探討。最糟糕的是，當我們有些空閒，開始著手進行研究時，它又出現在我們探尋之路上的每一個轉彎處，使我們中止、困擾、沮喪，以致無法沈思真理。我們業已證明了：我們若想獲得任何純粹知識，就必須避開身體，完全靠靈魂或心智來思索事物本身。總之，如上所論，我們若想得到我們所渴望及愛慕的智慧，只能期待於死後，而非有生之日。(*Phaedo*, 66b)

在蘇格拉底看來，靈魂是人的一部分，是人要認識及領悟知識的永恆對象（理型）所能憑藉的唯一部分。在此，靈魂是一個整體，並且不包含理性或知性以外的任何功能。在每一個轉彎處設下陷阱的是身體，它是感覺、激情、欲望與快樂的牢固基地。哲學之路，就是盡可能擺脫這些身體因素的誘惑與干擾，毫不留情加以嚴格管制，使自己得以「淨化」。這是一條「死亡之路」，因為我們在死後才能找到此生所追尋的目標。

二、靈魂不死的論證

蘇氏說明靈魂不死的信念之後，再提出三個論證來支持。

第一個論證基於輪迴。古代有人相信：人死之後，靈魂會前往另一世界，然後從那兒再回到此世。這個例子所依據的通則是：一切事物皆由其反面所生。活著的靈魂來自已死的靈魂，已死的又來自活著的。如果接受這個通則，我們就必須有雙重旅行：由死到生，由生到死：

> 同一種類的事物若不與另一種類的事物循環互生，而是以直線進行的方式，變成其反面就不再回到原來狀態，那麼一切事物最終都會屬於同一種類，抵達同一狀態，並且不再有生成變化了。(*Phaedo*, 72b)

換言之，如果變化只有一個方向，那麼一切靈魂，推而至於一切變化的事物，最後都將抵達同一終點而不再存在了。

第二個論證基於回憶說，以及作為回憶對象之理型的存在。如果承認理型存在，並且知識就是對理型的回憶，那麼自然必須接受靈魂在出生前已經存在的觀點；如果靈魂在出生前已經存在，那麼根據上述相反之物相生的道理，它在死後也將繼續存在。

第三個論證也是基於理型論。理型若是存在，則存在之物有兩種：一種是純然永恆而不變的理型，亦即知識的對象；另一種是個別的組合物，有生有滅，並且一直在變化之中。前者擁有神性，後者則不然。試問靈魂像是哪一種？靈魂的本性是要管理身體並且領悟理型，它當然必須肖似理型，接近神性了。因此，靈魂自身必須是單純的而非組合的，因此也應該是不可分解的。

談到這裏，蘇格拉底再度說明靈魂身體分離說的狀況。有些靈魂與身體過從甚密，變得笨重，自己也狀似身體。它們死後像幽靈一般徘徊在自然世界的外圍，直到再度被納入身體的拘限，或者降格為動物。有些靈魂不愛占有財物，但是卻任由野心主導，它們的命運沒有那麼悲慘；像政客之流的大概會變成蜜蜂或螞蟻。至於高高在上的則是哲學家的靈魂，它擺脫了使靈魂與身體聯結的各種苦樂，亦即擺脫了身體。

> 它追隨理性，專注於此，然後沈思真理與神性，看到了超越信念之物，受其滋養，認為自己一生都將依此方式生活；當它死時，它走向那與它相似之境，擺脫了人類生命中的一切惡。(*Phaedo*, 84a)

接著，西米亞斯與柯貝斯 (Kebes) 提出各自的靈魂觀。西米亞斯認為靈魂即是和諧，它與身體的關係，就像旋律與琴弦的關係；當身體受冷熱乾濕等因素左右時，靈魂使這些因素各依分量，形成和諧的組合。其次，柯貝斯認為，靈魂在出生前也許存在，但是它在我們死時就將消失。身體也許活得比靈魂更久，但是這不能證明什麼，譬如一個編織工人在一生中穿壞幾件外套，但是他的最後一件外套將留存得比他更久。前面已經證明，靈魂在本質上就比身體更耐久，但是這並不保證靈魂自身不會在一次生命或多次生命之後，走到終點。

針對靈魂即和諧之說，蘇格拉底提出三點反駁。第一，若是如此，則靈魂不可能先於身體而存在，並且只要相信靈魂即和諧，就不可能相信回憶之說。第二，作為整體之和諧，怎能與其部分對立？而靈魂與身體之間的衝突卻是公認的事實。第三，靈魂若是和諧，則它若不帶來和諧就是根本不存在；結果則是：許多人的靈魂並非處於完全和諧的狀態，他們不是根本沒有靈魂了嗎？並且，善與靈魂之間的關係又要如何界定？是和諧之和諧嗎？這又如何說得通？既然和諧若非完全的即是不存在的，我們不得不論斷：所有的人都有靈魂，也都同樣和諧，身體各部分及其功能都是完美的組合，進而也都是同樣的善。由此可見，靈魂根本不可能是和諧。

其次，第二種說法主張靈魂使用幾世身體之後再消失。對此蘇格拉底沒有立即答覆，卻轉而引申他的理型論，其中包含了靈魂不死的第四個論證。他的解釋如後：個別物體不僅分享它自己的理型，同時也分享某些它所不可少的其他理型，然而我們不可能把擁有相反特質的理型放在一起。譬如，三不僅包括「三」理型，也包括「奇數」理型。它不可能包括「偶數」理型。火不可能容納冷，諸如此類。同樣的，擁有靈魂之物，即擁有生命，生命是靈魂之必然伴隨物，靈魂當然不能容納生命之反面，亦即靈魂是無死的。

上述四個靈魂不死的論證中，第一個基於「相反相生」的原理，另外三個基於理型論及回憶說；而第四個還用到「無死的」(ἀθάνατος) 一詞的歧義性，其適當結論並非靈魂不死，而是死的靈魂不可能存在，靈魂與死是互相排斥的語詞等。

柏拉圖不僅認為靈魂不死，同時認為它以某種密切關係聯繫著永恆的理型，因而是不變的、單純的、完整的、始終如一的。此外，他所描寫的理型主要指稱心智與知性，對立的另一邊是身體及其激情與快樂；心智努力的目的是與身體完全分離，就像理型界與感官界完全分離一樣。在此隱含了一個矛盾，因為哲學家若是熱切渴望真理，他就不可能完全排除情感因素。以哲學為死亡訓練，是過於消極的看法，其中根本容不下人類情感的發展。《費多篇》表現了純粹主知主義的立場，為了保存靈魂而與生命脫節。這是柏拉圖早期的見解，其中顯示的兩極對立，是他後來要努力協調的。靈魂中，知性的主導地位從未動搖，但是人的身上其他非形體的因素，如意志與情感，也將逐漸納入靈魂，得到合理的說明。

《饗宴篇》洋溢的強烈情感素質，使人讀來感覺它與《費多篇》大唱反調。兩者的理論立場其實沒有矛盾，而柏拉圖是在《理想國篇》探討心理學的部分時，才成功地綜合了情感與知性。不過，這兩篇對話錄在進路、重點與一般態度上，仍有極其明顯的差異；這是壓抑與昇華之間的差異。《費多篇》全面強調純淨、死亡與不死性；《饗宴篇》則全面強調愛、美與生命。哲學家的目標不再是完全排拒快樂與欲望，而是藉著欲望與愛，從痴心迷戀一個人的美，提升到醉心沈思至高的美，最後希望在至美中進行知性的創造。這裏未曾提及死亡是否里程碑的問題，甚至幾乎不談靈魂不死的想法。

三、靈魂三分法

在此可以試著分析柏拉圖心理學的發展。《費多篇》認為靈魂幾乎是純粹的知性，並且是不朽的。《饗宴篇》談到一個靈魂的後裔是會死的。也許是為了解決這個矛盾，柏拉圖開始考慮靈魂是否應該分為幾個不同的部分。《理想國篇》第四卷就專注於這個問題。柏拉圖所構想的城邦居民分為三個階級，因此個人的靈魂應該也有三個部分。柏氏承認這種對應關係未經科學檢證，但是它不只是個類比而已，因為柏氏深信社會心理學與個人心理學之間有密切關聯。除此之外，他也觀察了人的共同經驗，就是靈魂內部有衝突的現象。依照矛盾律，同一物不可能以同一關係同時與另一物產生兩種相反的狀態。譬如，我覺得口渴而不願喝水。這表示在我的靈魂中，一定有要求我喝與禁止我喝的兩部分。後者是推理或評估的部分，前者則是激情的部分。另外還有一個部分，在雷昂狄斯 (Leontius) 的故事出現；就是當激情鼓動時，他知道不該順從，同時又覺得憤怒。

這個憤怒可以與激情對抗，顯然是另一部分，可以稱為「感受」或「意氣」(θυμós)，它接受理智的命令，成為其盟友。靈魂與城邦的對應關係於是更為明顯。理智有如城邦的統治階級，感受代表衛士階級，激情則是一般百姓。

《費得魯斯篇》的神話也提及三分法，以御者與雙馬合成一組來描寫靈魂。

> 要描寫靈魂的本性，是全然超乎人力所及並且涉及一個漫長的故事，不過，人類倒有能力做一件較小的事，就是敘述它像是什麼。我們姑且一試。靈魂就像一個御者與兩匹帶翼的馬，共同組合成的一體。諸神的靈魂中，御者與雙馬皆善，皆出自優良的血緣，其他的靈魂則不然。人的靈魂中，御者所駕之雙馬，其中一匹既美且善，也是來自相似的家族；另外一匹則全然相反。因此，我們的駕御必定是既困難又麻煩的。(*Phaedrus*, 246a)

神話繼續描寫靈魂脫離身體之後的旅程，如何按照自己的性格分組追隨諸神，愛美的力量使它的翅膀生長，再向上超升。諸神居於天之頂端，全部時間都用來沈思理型，人的靈魂盡可能向他們看齊。靈魂在衝衝撞撞中，偶爾瞥見理型的光采，但是隨即失去翅膀，掉落人間。經由對美的愛，靈魂看到人間的美時，會想起它在天上所見的絕對美，此時靈魂的翅膀再度開始生長。

> 在故事開頭，我們把每一個靈魂分成三部分，就是雙馬與一位御者。且以此為例說明。雙馬中，一匹好一匹壞。但是我

> 們沒有解釋好在哪裏與壞在哪裏，現在應該說清楚了。右手邊的馬體型高大，四肢矯健，脖子昂起，站得挺直，渾身雪白，眼珠黑亮；牠熱愛名譽，心懷敬意與節制，是真信念的朋友；牠無所畏懼，不須鞭策，只要主人下令就奉命行事。另外一匹馬背部彎曲、體型笨重而鬆垮，脖子短胖，鼻梁塌陷，毛呈黑色，眼珠灰暗帶著血絲；牠是放縱與傲慢的朋友，耳朵粗糙近聾，幾乎不聽從鞭子與馬刺的指揮。
>
> 御者注視他所愛的良馬，四目對望時，愛的溫暖隨即傳遍整個靈魂；這匹馬順從御者的任何願望，總是心懷尊敬、自我控制、不讓牠所愛的人失望。另一匹馬不再服從御者的鞭子與馬刺，猛烈跳躍，向前亂衝；牠不斷為御者與良馬製造麻煩，使他們無法親近，也無法想起相愛的快樂。(*Phaedrus*, 253c)

靈魂三分法在理論上是重大的進展。柏拉圖在《費多篇》區分三種類型的人，就是：愛智者、愛名者與愛利者。這種分法也許是受到畢達哥拉斯學派的影響，但是就靈魂三分法而言，情況卻大不相同。以前所談的是三種「人」，現在所談的是「同一個靈魂中的三部分」。《費多篇》提及哲學家必須克服激情，但這些激情並非靈魂的部分。把激情與欲望納入「靈魂」(ψυχή) 一詞的意義中，無異於把衝突概念納入個人心智或靈魂中。這是關係重大的一步，它後來在《理想國篇》得到充分發揮。生命類型仍有三種，現在的問題是如何化解衝突，以及靈魂的哪一個部分占有優越地位。在此所有人的立足點都是相同的。柏氏發現了人類心智中的衝突，這一點確實是思想史上的一大進展。

為了理解個人，不妨觀察城邦。城邦的三個階級，對應於三種類型的人或生活方式。在個人靈魂中，則是三分狀態。於是，善的生活是指：靈魂的每一部分各就其位，適當運作；人可以做自己的主人，以理智來統御感受與激情。這種情形就像城邦中三個階級各盡本分，由統治者發號施令，大家共享安定和諧。

> 事實上，正義屬於類似的性質。它與外在的行動無關，而與一個人與其各部分的內在狀態有關。他不能允許自己的各部分多管閒事，靈魂的不同功能不可互相干擾。正義的人使自己的屋子井然有序，管理好自己，對自己友善，使三部分和諧有如一首旋律的三個音調——高音、低音、中音，以及介於其間的其他各音——統統聯繫起來，使自己由多樣性變成一個適度控制的和諧整體。不論他在賺取財富、照顧身體、執行公務或私人開業時，他都以這種方式行動。在做這些事時，他都相信並且宣稱：正義而美好的行動即是能保存或達成這種和諧狀態者；同時，對他而言，智慧即是統轄這些作為的知識。至於不正義的行動，則是破壞和諧者；無知即是統轄這種作為的信念。(*Republic*, 443c–444a)

靈魂三分法並不表示靈魂除此之外，沒有其他的功能，這一點由引文中「以及介於其間的其他各音」一語可知。柏拉圖念念不忘的還是各部分的統一性。他談到哲學家的性格時，有下述一段對話。

> 當人的激情強烈地導入一個方向時，我們知道，就像溪流導入渠道一樣，這些激情就無力依循其他的方向。

——確是如此。

——當他們朝向研究學習之類的活動，專注於心智的快樂時，就會放棄身體的快樂；一個人並非偽裝而是真正成為哲學家時，就會有這種表現。

——一定如此。

——這樣的人很有節制，絕不貪求財富。(*Republic*, 485d)

在此之前，蘇格拉底主張：愛智者要比深具野心的好名者與營謀財富的好利者更快樂。換言之，靈魂的每一部分都有它自己的快樂，也都有它自己的激情與欲望。不僅如此，如果服從理智，靈魂的各個部分都可以發揮其功能，可以各得其樂。

柏拉圖的心理學在區分靈魂為三部分時，顯示他注意到內在衝突不可忽視。但是他並未見分不見合，他在差異性之下也再度肯定了統一性。這種統一性有如激情之流，可以依個人性格，選擇某一對象，導入一定渠道。哲學式的生活有其快樂，因而也必有它自己的欲望，這一點或多或少從一開始就得到暗示了。《費多篇》不曾解釋這種可能性。而在這裏，柏氏主張靈魂的每一部分都有自己的激情，哲學家渴望真理時的激情，無異於其他人渴望飲食與性愛時的激情，差別只是方向的不同；由此可知，柏氏的目標不在壓抑，而在昇華。如果一個人正確選擇去愛真理，他的身體激情的強度將隨之減弱。減弱之後，可以做到恰如其分的地步。依此而論，柏氏可以免於反情感主義或冷冰冰的主知主義這樣的批評。理智或知性充滿活力，也有自己深刻的情感之流。靈魂三部分現在只是三條主要的管道，讓情感之流去貫注。柏拉圖誠然繼續在許多地方描述激情為靈魂的最低部分，但是這裏所提出的觀點是不容忽略的。一切欲望不止是靈魂的一種功能，也是靈魂各部分所共有的活力因素。這條激情之流顯然就是《饗宴篇》中的愛樂斯 (Eros)，它自低處升上高處，直到展現為在普遍美之中進行創造的激情與欲望。於是，《費多篇》毫不妥協的主知主義與《饗宴篇》為情感所作的精采辯護，兩者終於得到協調，可以納入一套心理學中。

柏拉圖在《理想國篇》第十卷談到模仿藝術距離真理有多遠時，曾經區分靈魂中有藉感官去感覺的能力與藉知性去認識的能力。這種二分法對應於他的信念與知識二分，以及自然界與理型界二分，正是柏氏學說的特色之一。但是他在這些地方不曾使用「部分」(μέρos) 或「類型」(εῖδos) 的字眼。事實上，《理想國篇》一書中提到三種不同的靈魂區分法。一是三分為理智、感受與激情；二是線喻中的二分法再加以二分，成為認知與推想，相信與幻想；三是在第十卷所出現的，認知與感覺二分。第三種其實對應於線喻的主要二分法。本篇第三卷曾以激情與感受並列，對立的另一邊是理智，因此它們自然基於感覺與信念，而非基於知識。柏拉圖可以由靈魂的認知面輕易通向其道德面，因為在他看來，兩者之間實有內在聯繫。若要發現真理，就須先使欲望主流導向真理。換言之，靈魂的各種分法並未互相矛盾。靈魂無論如何不曾分為不同的組合部分，而是由不同觀點去研究一個生命體時，大致形成不同功能的對應而已；柏氏藉此助人了解人的本性之不同面貌。第十卷談到另一個靈魂不死的論證，大意如下。

任何東西都有它自己的善與惡；善增益及保存它，惡腐化及毀滅它，並且唯有惡能如此。結膜炎是眼睛的惡，疾病是身體的惡，枯萎是稻穀的惡，諸如此類。如果我們發現某物不因它自己的惡而滅亡，那麼它就是不可摧毀的。靈魂的惡是不義、放縱、懦弱與無知，但是人的靈魂並未被這些惡所摧毀。壞人照樣活著；因此靈魂是不死的；身體的疾病是身體的惡，只能使身體死亡而不能毀滅靈魂。接著他再重述《費多篇》相反相生的論點，強調靈魂始終存在，因為它不能來自會死之物。

這個「惡不能毀滅靈魂」的論證並不完善。它隱含了身體與靈魂之間嚴格的分離；惡不能使靈魂致死，但卻可影響靈魂。問題在於：是靈魂的所有部分皆為不死，或是只有某一部分不死？柏拉圖知道有這個問題，但並未立即設法解決。他說：

> 眼前這個論證以及其他論證，已經證明了靈魂不死。但是靈魂的真實本性卻無法在目前狀態下仔細考察。靈魂與身體結合，沾滿了惡，受到傷害，並非純粹的原貌。在純粹原貌下，才能讓心智進行思索，由此分辨義人與不義的人。現在我們只能就我們所見的，談論靈魂的真相，猶如看到葛老克斯(Glaucus)從海中升起的模樣：人們無法認出他的原有性質，因為他的身體某些部分拆解了，海水腐蝕了他，貝殼、海草、碎石黏附在他身上，使他看起來像是任何一種野獸而不再是原有的樣子。我們看到靈魂被無數的惡所扭曲時，情形亦是如此。不過，我們別無其他考察靈魂的辦法。葛老康，你知道嗎？
>
> ——如何考察？
>
> ——我們必須注意靈魂對智慧的愛，考慮它所尋獲及渴望的相關事物，它與神明及不朽之物的親近程度，它若完全依循這個路線從現在所居的海中升起，敲下附著在身上的碎石與貝殼之後，將會變成什麼模樣等等。它現在在世間吃喝，這

> 些所謂快樂的宴飲使它身上附著了各種土塊、碎石以及奇奇怪怪的東西。除非清除這一切，否則我們看不到靈魂的真實本性，無法分辨它有多種面貌還是一種面貌，或者它的本性是什麼。無論如何，我想，我們已經適當描寫了靈魂在人類生命中的形態與特質。(*Republic*, 611b)

柏拉圖根據修訂後的心理學，再度思索不死性問題時，立即發現自己面對了一個困難，就是：《費多篇》的靈魂不死論證主要是基於靈魂的單純性與一致性以及它與理型的近似關係，但是現在靈魂變了樣子，成為包含不同部分及功能的多元體。於是這些論證不再有效，靈魂與理型的近似性也岌岌可危。他提出內在惡不能毀滅靈魂的新論證，但是隨之而來的問題是：靈魂的哪一部分是不死的？這個問題太大，在《理想國篇》已經無暇處理了。無論如何，不能再主張靈魂的所有部分皆為不死。

如前所述，《費得魯斯篇》以神話方式描寫靈魂內部猶如御者與雙馬。這裏還有兩個原則值得引申。一是以靈魂為一切活動及一切生命的啟動者。這個原則在後期作品中極為重要。柏拉圖並未提出證據，而是直接肯定並且視之為靈魂不死的另一論證的基礎。

> 一切靈魂都是不死的，因為恆在運動中之物是不死的。凡是推動他物並為他物所推動者，在運動停止時，亦結束其生命。唯有推動自己的，從不失敗，也從不停止活動，它還是其他一切活動之物得以運動的根源與起始。起始點絕不變化，凡變化之物皆來自起始點，起始點不由他物而來。因為若起始點由他物所生，它就不再是起始點了。

> 它既然沒有生成或變化，當然也不會被摧毀。萬物若來自第一基元，這個基元若真的毀滅，那麼它就不可能再由他物生成，它也不可能再生成他物。因此，運動的第一個起始點必須是推動自己的東西。(*Phaedrus*, 245c)

靈魂是運動的起始點或第一基元，它是不死的，是一切生命的根源；沒有靈魂就沒有生命。生命與運動根本上是相等的詞；靈魂不需外來刺激就有自行運動的能力，因此是這兩者的根源。

其次，第二個原則是：人的靈魂與諸神的靈魂有親緣關係；這一點至少以神話形式得到了說明。諸神的靈魂也是御者與雙馬的組合，品質更為完美，但是基本結構是相同的。在後期對話錄中，這種親緣關係更為明顯。

接下來的對話錄，如《巴曼尼得斯篇》、《泰提特斯篇》、《辯士篇》、《政治家篇》與《菲勒布斯篇》，並未直接探討靈魂題材，只有一些附帶的看法。《泰提特斯篇》追究知識的性質，但是重點放在認知過程及其對象，而未曾多談認知主體的性質。它描述的是此一過程以及感官知覺與知性理解的特色。它在批評普羅塔哥拉的相對主義時，當然肯定了個人靈魂的存在，而無法以人為互不相干的感覺與感受之集合體。它重申理型存在，並且可以由靈魂自行領悟；甚至感覺作用也是靈魂藉著身體所運作的結果。若想找到知識，顯然須在靈魂中設法。

《辯士篇》對邏輯與形上學頗有貢獻，對靈魂則甚少提及。其中曾以靈魂為「推理」或「思想」(διάγοια) 之同義詞，暗示了靈魂特別具有知性的意思。至於吾人藉以看到神明的「靈魂之眼」一詞，也使人想起《理想國篇》的用法。

在《政治家篇》的神話中，描寫世界為有生之物，具有靈魂與身體，但是還不能完全靠自己作永恆的運動，而須依賴神的引導才能得到起源的衝力，並且也無法自行跨越一段限定的時間而不歸於毀滅的結局。神話的細節未必可以深究，柏拉圖的用意只是強調：世界的存在，須依賴世界之外的某種力量。他這時尚未澄清世界靈魂的概念。

「世界靈魂」或「宇宙靈魂」一詞，在《菲勒布斯篇》也曾出現。宇宙為一身體，賦有靈魂，分析到最後，是指賦有生命；我們的身體由宇宙得到滋養，並且是宇宙身體的部分，同樣的，我們的靈魂與世界靈魂之間也有相同的關係。靈魂是運動之因，其中住有知性，知性不能離靈魂而存在。知性或心智，是自然世界一切事物的動力因，必須先於所有的現象而存在。本篇也認為一切快樂與一切知覺，不僅身體有份，靈魂也有份。靈魂概念在此逐漸拓寬，將可包括生命的各個方面。

四、對靈魂的深入剖析

《迪美吾斯篇》重新敘述整套靈魂理論。世界是有生之物，賦有靈魂與知性，其靈魂遍布整個宇宙。靈魂先於身體，因為若無靈魂，世界不能生存；只是這種先於是邏輯上的，亦即世界不曾不存在；靈魂是生命之起始點、根源或第一基元。靈魂的創生過程如後：工匠由物界「存有」與知界「存有」，製造了第三種存有，為混合前二者之中介；他繼續以這種方式製造一種混合的「同一」與一種混合的「差異」，其成分亦分別得自認知世界與感官世界。然後他將這三種初步的混合物揉團為一個整體，靈魂於是生焉。上述相當抽象的程序，正如本篇對話錄的性質，是神話式的表述；柏拉圖一再提醒我們這只是「一篇大概的說法」。他的要點在於：心智所作的一切判斷可以化約為三種基本類型。一是論斷存在性，如「某物存在」；二是論斷二物之相同性，如「A 與 B 相同」；三是論斷差異性，如「A 與 B 不同」。柏拉圖由前輩哲學家擷取了「相似之物才能相知」的原理，進而肯定心智內部必須包括「存有、相同、差異」。由於靈魂可以就感官對象與思想對象，就自然世界與知性世界，作出上述三種判斷，使得心智可以扮演聯繫兩個世界的橋梁角色。這兩個世界中都有存有、相同與差異，靈魂裏面也應該兼而有之。

小宇宙與大宇宙的對應觀念，古已有之，現在得到進一步引申。宇宙靈魂安排在兩個循環圓周上，一是「相同」一是「差異」。「相同」是指天體帶著固定位置的星辰，依日夜輪替的規律方式運動；「差異」是指某些自成中心的星球與太陽、月亮，形成特定的軌道。這種天文學想法主要基於柏拉圖的數學觀與和諧觀。要點則是肯定世界靈魂與人類靈魂之間有明確的對應關係。兩者皆由相同成分構成，並且人類靈魂在存有之外，也包括「相同」與「差異」的循環圈，分別在頭部裏面進行球形運動；我們越能研究及了解宇宙的運動與韻律，就越能妥善引導我們內部的知性作適宜的運動。

不過，這一切只適用於靈魂的不死部分。柏拉圖在此答覆了《理想國篇》的問題，指出唯有知性是不死的，它是靈魂中最具神性的部分。與諸神有親緣關係的這一部分，並且唯有這一部分，是製造者的傑作。製造者另外造了次級神，由他們負責把這個不死部分藉由靈魂的較低的會死部分而納入身體中，造成具體的人。製造者或德米奧格親自經手的，都必須是恆存的。

在此，人的靈魂分為兩部分，一是不死的知性，一是會死的部分。後者再分為兩部分，形成類似《理想國篇》的三分法。《迪美吾斯篇》以神話方式描述其過程，並且指出三分法在身體上所占的部位。

> 他自己扮演神性之物的製造者，再命令他所造的神去製成會死之物。他們由他接過來不死的靈魂或第一基元，然後模仿他的作法，環繞第一基元塑造一個會死的身體作為承載物，再在其中製造靈魂的另一部分，這一部分帶著奇怪而具有強制力的特質：先是快樂，這是惡的最大誘餌；接著是痛苦，這會使他逃離善；然後是輕率與恐懼，這是愚昧的顧問；以及難以平息的憤怒、容易上當的希望等。這些再加上沒有推理能力的感覺以及什麼都想要的欲望。人類就這樣組成了，別無其他選擇。
>
> 有鑒於此，為了盡可能讓神性部分不要受到腐化，他們把會死的部分安置在身體的不同部位，以求保持距離。於是，他們在頭與胸之間放上頸子，作為峽谷或邊境。……
>
> 靠近頭部，介於頸子與橫隔膜之間所放的，是靈魂中具有男性勇氣與意氣 (θυμός) 的野心勃勃的部分。它服從理智的領導，必須以強力壓制激情的部分，因為後者不願遵從理智的命令。……(*Timaeus*, 69c)

意氣部分位於胸腔，主要的器官是心臟，表現為爭取榮譽的野心。激情部分位於橫隔膜與肚臍之間。這些描述在生理學上沒有嚴格依據，並且出之以幽默口吻，所以不必深究。

有生之物不論高低皆有靈魂，連植物也擁有靈魂中的最低部分。

> 凡是分享生命的東西，都可以正確地稱之為生物。這裏所談的（植物王國）所分享的是靈魂的第三種形態，亦即前文所謂介於橫隔膜與肚臍之間的部分；這一部分不涉及信念、推理或心智，只有伴隨激情而來的苦樂感覺。(*Timaeus*, 77b)

另一方面，靈魂的最高部分幾乎是超越於人之上的。

> 至於吾人靈魂中最重要的部分，應該這樣想：它是神賜給每一個人，作為他的精靈 (δαίμωγ)，它住在身體的頂端部分，要把我們由地上提升到它在天上的親屬，因為我們的本性不是塵世的而是神性的。……(*Timaeus*, 90a)

《法律篇》第一卷生動地描繪人類靈魂中情感的衝突，並吩咐我們面對這種衝突時，應該遵循知性的珍貴線索，亦即城邦中所謂的共同法律。人們應該尊崇靈魂僅次於諸神，而使靈魂淩駕於一切事物之上。本篇第十卷有一段話值得留意。前面已經肯定了靈魂先於身體，並且是一切運動的原因；然後雅典人繼續說：

> 接著，我們一定得同意：如果真要把靈魂當做一切事物的原因，它就是善與惡，美與醜，義與不義等一切對立之物的原因了。
>
> ——理當如此。
>
> ——既然一切運動之物皆有靈魂居住其中並負責控制，那麼它也必然控制天體了？
>
> ——豈不是嗎？

> ——靈魂只有一個還是多於一個？多於一個。我替你回答好了。無論如何不得少於兩個：一個為善，一個為惡。
>
> ——說得很對。
>
> ——很好。現在，天上、地上、海中的一切事物皆由靈魂所推動；靈魂自身的運動稱為意願、探知、照顧、留心、真偽信念等。它感受到樂與苦，大膽與恐懼，恨與愛，以及所有這一類的東西。這些原始的運動，加上身體所造成的後續的運動，將使萬物生長與衰頹，混合與分解，以及隨之出現的熱與冷，重與輕，硬與軟，白與黑，苦與甜等；靈魂在運作時所有用得到的一切都在內。如果它獲得智慧，接近諸神，它就引導萬物歸向正途與幸福；如果它只熟悉無知，就會使萬物走向相反的結局。(*Laws*, 896a)

依據靈魂是一切運動與生命之根源的說法，自然會得出上述那種二元論，因為至少人的某些行動並未導向適當目標，而其根源仍然必須追溯到靈魂。是否天上有兩組爭戰不休的靈魂呢?並非如此。天體運動的規律性足以證明宇宙是由一個或多個具有智慧的善靈魂在管理，負責讓太陽、月亮、星辰運動的這些靈魂，都有神性智慧，並且應該稱之為諸神。因此，壞的靈魂只能是無知的人的靈魂。無知即是缺乏知識，原是個消極概念；是它使靈魂誤用了能力，要想治療只有靠開導與教育。柏拉圖談到壞靈魂的用心並不清楚，大概是想敦促人為自己的行為負責。一個人若不按照適宜的方式照顧靈魂，他就不僅毫無用處，而且還會造成許多惡。

綜上所述，在柏拉圖學說中，靈魂一直是人最高的與至尊的部分，是人應該首先認真關懷及發展的部分。並且，重點始終放在理智或知性上，因為德行為知識中事。然而柏氏對靈魂本性的看法並非一成不變，而是歷經多次調整。開始時，「靈魂」(ψυχή) 一詞未經解釋就用來指稱人身上應該控制生命的那一部分，它本身則被理解為不死的。等到理型出現在學說中時，柏氏就以靈魂及其功能來設法聯繫兩個世界之間的鴻溝，因為靈魂既存在於身體中，又能領悟絕對的理型。《費多篇》中，靈魂在本質上就與理型近似；這種親緣關係十分密切，使得靈魂（在此被視為純粹知性）不得不脫離身體及其苦樂，變成自有一種生命似的。為了聯繫一個鴻溝，柏拉圖造成了另一種分裂。

於是，情感的重要性在《饗宴篇》與《費得魯斯篇》大放異采；在後者的神話中，靈魂與理型的聯繫不如它與諸神的聯繫那麼密切。靈魂也成為一切運動的根源。《理想國篇》承認感受與激情在靈魂中占有一定地位，乃提出靈魂三分法，目的則是使靈魂與身體重新結合，以免不當地分裂了人的位格性。接著，為了使靈魂的不同部分重建統一性，他提出欲望之流的意象，以一流導入三管道來修正原有的三分法，並與《饗宴篇》中的欲望哲學互相呼應。《迪美吾斯篇》再度出現靈魂三分說，柏氏此時可以安心肯定他對知性不死的信念，並且唯有知性是不死的。靈魂創生過程在神話描述中，得到自然界與知性界雙方的成分，因而可以扮演聯繫角色。《法律篇》繼續強調靈魂是一切生命的啟動者，與諸神有親緣關係。

至於不死性，人的靈魂整體而言並未抵達此境，因為柏氏清楚指出其中有的部分是會死的，如具體欲望與意氣野心。換言之，我們所知的人的這種位格性，在死時無法續存。但是，靈魂的最高部分，有能力領悟普遍真理的心智或知性，則是不死的。在構想中，它是作為靈魂力量的焦點而存在，始終在追求完善、美與真，而後者是宇宙中一切井然有序的運動與生命之終極的根源。如果我們進一步探問這個不死的心智可以維持個體性到什麼程度，這時必須記住，柏拉圖式的哲學家從頭至尾目標都是想要活在普遍的層面，在沈思真理時越來越「失去自己」，最後使完美的靈魂完全融入普遍的心智，亦即世界靈魂中。因此，保持個體性代表了不夠完美；人的不死性並非我們追求的目標，而是我們要發展的基礎。以上是柏拉圖的主要觀點。

柏拉圖除了在神話描述中，不曾另外清楚說明靈魂在來世或兩世之間的狀態。我們不應要求他解釋不可說之物。何況在當時希臘人心目中，柏氏也不例外，值得關心的不是天堂也不是地獄，而是人的生命。在生命中，靈魂既是主動的也是完整的，它的功能是融合可知之物與自然之物。唯有它可以領悟普遍者，唯有它可以引發和諧而有韻律的運動，亦即引發生命。理型的存在固然不須依賴靈魂，但是若無靈魂，理型就得不到任何理解也得不到任何體現。若無靈魂，自然世界根本沒有存在的機會。

第六章　愛樂斯

希臘社會以男性為中心，兩性之間並無平等可言。在柏拉圖的時代，男性的同性戀早已形成風尚，而男性對女性的愛不過是為了傳宗接代而已。如果我們想要了解希臘文中「愛樂斯」(Eros) 一詞的意義，就須不帶成見地接受上述事實。把這種現象完全歸咎於女性在社會上的卑微地位，很可能是過於簡化的說法。其中的因果關係並不容易分辨清楚。

一、當時的同性之愛

以雅典為例，女性事實上並無男性的受教育機會，也無法分享男性在知識上與藝術上的興趣，因而雙方缺乏共同的溝通條件。婚姻並非男女雙方可以全面分享的生活，夫妻的活動也不大可能延伸到家庭以外的場合。男女平等平權的理想即使在近代也不是容易做到的事，更何況在公元前第五世紀前後了。

一般女性以母親為其神聖角色，努力做個稱職的家庭主婦。她們值得尊重，但不會受人崇拜。另一方面，當時的妓女並未受到過度歧視，卻反而因為較無拘束，可以自由學習，而多少分享了一般男人感到興趣的事物。譬如，伯里克利斯的好友兼情婦阿斯帕希亞

(Aspasia)，以其聰明機智而廣為人知。不過，整體說來，女性作為妻子與母親，無疑是受到大家公然肯定的。像阿斯帕希亞這樣的女人太少，於是希臘男人的情感生活難免走向同性戀之路。斯巴達男人由於嚴格的軍事訓練及長期征戰，以致同性戀的風氣更甚於雅典。

柏拉圖在《理想國篇》與《法律篇》，主張女性應該得到與男性同等的政治權利；就此而論，他是支持女性權利的先驅。男女在教育及訓練上應該相同，而在政治職務上量才而用，同樣可以擔任最高職位。男子也許整體而言較為能幹，但是男女雙方皆享有完全平等的機會。根據《理想國篇》的設計，所有的小孩都由城邦機構撫養，父母只知道自己的小孩分配在某一組。婚姻只是在特定慶典中暫時的組合，其目的是為了生育子女。這種安排常被稱為「對妻子與孩子的共產主義」，值得在此稍加釐清。首先，夫妻雙方站在完全相同的立足點上；其次，只有衛士階層可以適用這種安排。依此規則，衛士或許可以在不同慶典與不同女子結婚，但是除此之外他們不准有任何兩性生活。換言之，女性從二十歲到四十歲，男性從三十歲到五十五歲，皆須在特定時間之外完全禁欲；這個特定時間是指：一年三至四次，每次數日而已。這種嚴苛的控制在較為務實的《法律篇》得到舒緩，亦即：家庭可以存在，城邦所管的是孩子的數目，以及他們受孕及出生的方式。

由此可見，兩性關係完全是由政治及社會觀點去考慮。對於男女之間可能產生的高尚情操，柏拉圖並未比當時同代的人知道更多。換言之，女性在心智與情感上的高度潛力並未受到重視，以致男性只能在同性之間尋找充分而完整的愛。同性之愛的風氣就這樣順理成章得到大家的認可了。柏氏特別在後期作品中，明確貶抑了任何形態的性交行為，不過這一點與本章的論旨並無太大關係。《饗宴篇》中，阿昔別德斯 (Alcibiades) 敘述他如何試圖引誘蘇格拉底，結果並未得逞。如果我們拒絕承認蘇格拉底曾受到誘惑，這個故事就毫無意義了。使人贊嘆的不是他的無動於衷，而是他的自我控制。蘇氏愛惜年輕人，他要的不是身體欲望的滿足，而是使這些朋友變成更善的人；他愛他們的靈魂遠甚於他們的身體。不過，當他承認男人的身體美對他有吸引力時，他只是直言無諱，而不是語帶反諷。反諷之處僅僅在於：人們期待於他的不再是身體的回應，而是善度人生的建議。他與年輕男子相處時，整個氣氛混雜了情色意味，猶如今日大多數人與年輕女子相處時的感受；他對他們說話的語氣，猶如今日深為女性美所吸引的年長之輩，在完全的自我控制下對美貌聰明女子的言談方式。一如往常，性交的念頭根本未曾出現，而情色的吸引則是不容否認的。認清這一點，我們才能了解蘇氏在獄中溫柔撫摸費多頭髮的那一幕。此外，《查米德斯篇》提到，蘇氏自戰場歸來，詢問誰是當前最美貌或最聰明的男子時，他聽到不少人贊美年輕的查米德斯，並且看到眾人目光之所向時，就不禁緬想：「如果他的靈魂像他的身體一般美好，那真是個奇妙無比的人了！」認清這一點，我們才會明白何以他說自己拙於評斷美醜，因為「幾乎所有的年輕男子在我看來都是美麗的」(*Charmides*, 154b)。

除非我們如此理解蘇氏對男性之美與年輕男子的態度，否則就會錯過這些共處場合的特殊迷人氣氛。第一篇以愛為主題的對話錄是《利西斯篇》，其中許多初步的觀念都在後來得到推展，因而值得稍作介紹。蘇氏應希波塔里斯 (Hippothales) 之邀，前往一所新設的摔角學校，會見那兒的朋友。「是誰，他問道，是誰最美？」大家意見紛歧。問到希波塔里斯時，他沒答腔，臉卻紅了。蘇氏接著說：

> 你不必告訴我你是否在戀愛。我可以看出你不但在戀愛，而且陷得很深。因為雖然我在其他事物上既無知又無用，但是卻由神明得到一項恩賜，就是我能迅速辨認誰在戀愛或誰在被愛。當他聽到這話，臉更紅了。此時，克特西普斯說：你是應該臉紅，希波塔里斯，你還想對蘇格拉底隱瞞那人的名字。但是，他只要與你相處很短一段時間，就會聽你反反覆覆提及那人的名字，而覺得苦不堪言。因為，蘇格拉底，我們的耳朵聽說利西斯的名字，已經聽得快聾了。即使他在喝酒時，也經常大聲呼喚利西斯的名字而吵醒我們。他所表現的素行是夠糟的了，不過，除了他試圖以詩篇與作品來淹沒我們之外，還不算太壞。更糟的是，他以一種特殊的腔調向他的愛人獻唱，還逼得我們不得不聽。現在呢，你問他那人的名字，他竟臉紅了。(*Lysis*, 204b)

蘇氏知道戀愛中人會有可笑的舉止，說些毫無意義的話；重要的是：戀愛若是成功，他將變得更為美好；若是失敗，他就顯得更為荒謬了。他勸告希波塔里斯：

> 吾友，在戀愛方面聰明的人，不會在捕獲所愛者之前頌揚他的愛，為的是害怕結局並不理想。何況，俊美的青年聽到別人稱贊與推崇時，會變得高傲而自大。(*Lysis*, 206a)

對方越驕傲，就越難追上，並且，靠貶抑自己來寫詩又怎能算是好詩人？那麼，蘇氏有何妙計？詳情稍後會談到。這裏值得留意的是，當時青年男子之間的愛不但不會驚世駭俗，反而被大家視為平凡無奇。上述兩段引文如果用於異性之間的戀愛關係，也是完全相應的。至於利西斯的年齡，則應該不超過十六歲，正是情竇初開的青春期。

蘇氏一行人來到體育場，遇到美內贊努斯 (Menexenus) 與利西斯。他開始推演他的見解。他對利西斯說：一般所謂「愛」(φιλία)，是指盼望他所愛的人盡可能快樂。譬如，你的父母愛你，他們希望你快樂，但是卻不會讓你自由去做任何事。你不許騎父親的馬，要服從家奴與老師的指示等等。何以如此？原因並非年齡太輕，而是你只許做你已有充分認識的事。關鍵在於知識而不在於年齡。我們若有知識，就會對別人有用，也將為別人所喜愛。因此，誰若想要為人所愛，就須獲取智慧。

廣義的愛必有友誼的情分；那麼，友誼如何形成？朋友又何所指？這就涉及定義的問題了。朋友 (φίλος) 是指互相珍愛的二人，首先要確定的是：我們以「朋友」指稱愛人者還是被愛者？這兩者表面上好像沒有差別，其實大不相同，因為並非任何的愛都會有回應，你也可能去愛一個恨你的人。我們也許應該主張：「朋友」一詞只能用於相愛的二人。但是通常的用法並非如此，因為我們會說有些人是狗的、馬的或智慧的愛人。那麼，我們可以主張被愛者是「朋友」嗎？如此一來，把被恨者稱為敵人，然後，我們發現自己可能成為敵人的朋友，也可能成為朋友的敵人。這實在說不通。因此，我們不能只注意一個字的用法而忽略了它的意義。

換個角度來看，當時有一句諺語：「類似者相互為友。」依此而論，好人與好人為友，壞人與壞人為友。但是，壞人對任何事物的類似性都沒有恆心，即使對自己亦然，那麼壞人根本無法成為任何事物的朋友。這句諺語只能適用於好人。但是，一個完全的好人是自足的，並不需要別人來幫助他成為好人。所以，如果愛是基於需要，他就無法感覺到愛了。像這種完全的好人不需要別人，他們對彼此也不可能有太大的價值。

更大的問題在於：如果友誼或愛是基於需要，那麼窮人應該是富人的朋友及愛人，弱者應該是強者的朋友及愛人，病人應該是醫生的朋友及愛人，等等，然後，愛並不存在於類似者之間，而是存在於對立者之間了。義者與不義者為友，好人與壞人為友，節制者與放縱者為友；這些都是不合理的推想。在此，還有第三種可能性：不善不惡者是善人的朋友或愛人。所謂善，可以被看成與美等同。蘇氏先行歸結出一個公式：不善不惡者，由於惡的存在以及自身尚未變成惡時，會去愛善者。譬如，身體由於疾病的存在，會去愛健康。愛智者既非完全擁有智慧，也不是完全愚昧到不知自己無知的程度。處於善惡兩極的中間狀態，他發現自己身上的無知之惡時，就會去愛善了。

本篇探討愛的定義只能到此為止。接著所談的涉及另一個難題。被愛者是因為某種進一步的善而被愛；譬如我們愛醫生是為了他帶給我們健康；但是，必定有個終極的被愛者，它是因為自身而被愛的。此外，如果是惡的存在使我們去愛善，那麼假使惡被摧毀，我們就不再愛善了嗎？我們不宜說惡是這種愛的原因，但是或許可以說欲望或激情是愛的原因，然後肯定所愛者即是所缺者？所愛者若與愛人者相似，朋友在某一意義上即是彼此相屬的。然而這些都是前文所駁斥的要點。

總結本篇所論，我們看到，所謂愛，是就其最廣義而言。其次，物理學家的格言「類似者相愛」（即指性質相似之物彼此吸引），提醒我們人類之愛只是宇宙自然力量的例證之一。這種力量使我們渴望所需之物，亦即我們尚未擁有之物。在此，哲學家的形象逐漸浮現，他是愛善及愛美的人，由於知道自己的缺陷而渴望完美；一切欲望的終極對象也浮現了，就是本身值得被愛之至高的善與美（這二者實為同一）。此外，我們需要愛的，還有那種與我們相近但不相似之物。隨著這一切出現的，是蘇格拉底的新觀念，要以彼此相愛為途徑，攜手共同尋找至高真理。

二、有關愛樂斯的討論

以此為背景，我們可以進而探討柏拉圖論愛的兩大名作，《饗宴篇》與《費得魯斯篇》。《饗宴篇》的場景是阿卡東 (Agathon) 為了慶祝他的悲劇獲獎，在家中宴請賓客。席間有人建議，既然大多數在場的人前一晚已經盡情飲酒了，現在不妨以談話助興；他的建議得到大家一致贊成。首先，費得魯斯 (Phaedrus) 抱怨說，諸神之中，愛神愛樂斯 (Eros) 是唯一沒有得到詩人與辯士的恰當贊美的，在座的人何不各申賀詞以頌揚之。接著，費得魯斯引述荷馬與巴曼尼得斯的話，證明愛樂斯是諸神中最年長的。她的存在，使人們感覺到羞恥與野心。她的影響勝過其他任何感受，甚至強於家庭親情。愛人在所愛者面前不會作出任何卑鄙與懦弱的行為，他們之間的愛引發彼此去實踐偉大的志業。不只是男人，連女人也願意為所愛者而死。這也是諸神推崇愛樂斯的緣由。這段話肯定了愛樂斯可以啟發高貴的行動。

其次出場的是包沙尼亞斯 (Pausanias)，他認為應該分辨兩種不同的愛樂斯，亦即兩種阿芙若狄特 (Aphrodite)：一是比較年長的女神，她沒有母親，直接由上天所生；二是宙斯 (Zeus) 與迪奧尼

(Dione) 的女兒，名為潘黛牟絲 (Pandemos)。潘黛牟絲代表較低劣男子的愛，亦即她愛婦女不亞於她愛男孩，愛的是身體而非靈魂，她的念頭只是為達目的而不在乎行事的方法。這位女神在誕生時擁有男女兩性的特質，而上天之女阿芾若狄特是純由男性所生。她的追隨者只對男子有興趣；他們的愛較為持久，他們不愛男孩，只愛青年男子。他們的目標是終身的結合關係，而不是一時的放縱情欲。善良的公民應該立法禁止對年輕男孩的愛，由此約束低劣庸俗的愛人，如果可能，還要禁止他們與自由身分的婦女發生性交行為。由於這些人的胡作非為，愛才蒙受各種譴責。在許多未開化的地區，暴君禁止臣民討論哲學、競技比賽，甚至連愛樂斯也在被禁之列，理由是害怕臣民因為這些活動而產生驕傲之心。但是在斯巴達與雅典則不然。一方面，我們原諒愛人者做一些本來不可原諒的事，即使如卑鄙、諂媚，甚至偽證等，也可以得到諸神與人們的寬待。另一方面，我們必須小心保護被愛者，勸告他們不可放棄原則。這樣才能保護年輕人，使他們避開追逐色欲的愛人者。為了利益或名譽而放棄原則，是可恥的。同樣的，這一切都要由進行的方式來作評估，而唯一值得肯定的結合關係是以提升道德水平為其目標的。身體的結合關係只有在引導被愛者走向智慧與勇氣時，它才可以免於受到責難。判斷時應該考慮的是動機。

現代人對同性戀頗有戒惕，或許可以參考上述二分法：一是色欲之愛，只求身體的迷戀與快感；二是上天之愛，設法在競技運動與研究哲學中保持終身的結合關係。這種區分提出了哲學或愛智的活動，顯然是一大進展。

接著發言的是一位醫生，名叫艾立奇馬克 (Eryximachus)，他認為：兩種愛樂斯的分法不僅適用於人的靈魂，也適用於動物、植物，甚至一切存在之物。醫學告訴我們：人的身體具有這雙重的愛樂斯或欲望。同者吸引同者，異者吸引異者。服從好的欲望，是正確的；對身體而言，健康就是好的。醫生的任務是要認清哪些是好的欲望，以某種欲望取代另一種，使之互相協調。像熱與冷，苦與甜等等對立之物，必須藉愛樂斯或欲望來求得和諧。為了讓事物回歸秩序，我們必須服從較好的那一種欲望，就是所謂的上天之愛。所有的一切，屬人的或屬神的、地上的或天上的、季節與氣候，連人與神的關係亦復如此，都應該讓引發正義與虔敬的那種欲望得到發展。這段話把愛樂斯提升擴展到整個自然界，這在當時希臘思想界並不會顯得突兀。

第四位發言的是亞里斯多芬 (Aristophanes)。這位喜劇家不改本色，語氣詼諧而含有深意。他指出，在最早的時候有三種不同的人，每一種人的四肢與器官都是我們目前的人的兩倍。這三種人是男性、女性與男女同體。他們體格強健、能力卓越，並且意圖反抗諸神。宙斯既惱又怒；他不願消滅人類，以免諸神得不到獻祭；於是，他把人類一分為二，吩咐阿波羅 (Apollo) 縫起剩下的半個人，使他們成為現在的模樣。從此以後，人們就須不斷尋找自己的另一半。原是男性的，會愛上另一個男人；原是女性的，會愛上另一個女人；原是男女同體的，就會愛上異性。如果我們找到原有的另一半，將是美妙無比的事；與此同時，我們必須盡可能追隨那種自然產生的愛，並且向諸神獻祭，以免我們再被分為兩半。這段話肯定了同性之愛與異性之愛是並行不悖的，而男人與女人的處境並無差別。至於他所敘述的故事就不必在此深究了。

第五位上場的是阿卡東。他認為前面幾人所說的，並未描述愛樂斯的本性如何。接著，他列出一系列卓越品德，如美麗、溫柔、青春、勇敢、節制、智慧、義行等，都是愛樂斯的特長。愛樂斯自己還是最偉大的詩人，因為她啟發了寫詩的靈感，任何的美都與她有關。她住在人們的靈魂中，與暴力無緣，只會帶來各種祝福。這段言詞極為美妙，醞釀起一股情感的熱潮，然後準備要讓蘇格拉底盡情發揮了。

蘇格拉底稱贊阿卡東的語文造詣，並認為他試圖描寫愛樂斯的本性，是十分正確的。不過，就其定義而論，仍有未足之處。愛總有對象，它與對象的關係是一種欲望。我們欲求的是尚未擁有之物，或者已擁有而希望繼續擁有之物。愛樂斯總是欲求美與善，因而她不可能是美與善。這個論證可謂語驚四座。接著，蘇格拉底宣稱他曾與曼提尼亞 (Mantinea) 的女祭司狄奧提瑪 (Diotima) 請益，現在要重述其見解於後。他指出，說愛樂斯非美非善，不等於說她醜或惡，而是說她介於二者之間。同理，愛也不是神，而是介於不朽者與會死者之間的精靈。

> 作為人與神之間的傳遞者與詮釋者，她把人們的祈禱與獻祭帶給諸神，把諸神的誡律與報償帶給人們。位居二者之中，她藉自己連繫雙方以完成一個整體。由她衍生出一切預言，以及祭司的各種技藝，如祭祀、儀式、祈禱、占卜與魔術。神與人不相交往，雙方的關係與溝通須藉由愛樂斯才得以喚醒，不然就會陷於沈睡。明白這些事情的人是受啟發、得靈感的，至於通曉其他的技藝，只能算是較低的智慧。這樣的精靈有不同的種類，而愛樂斯是其中之一。(*Symposium*, 202e)

有關愛樂斯的傳奇如下：在阿茀若狄特的生日宴上，富裕的波若斯 (Poros) 在葡萄園中休息時，貧困的裴尼亞 (Penia) 設計藉他懷孕，由此生下愛樂斯。於是，愛樂斯成為阿茀若狄特的追隨者，還兼得父母雙方的特質；她像母親一樣，貧窮、刻薄、困窘、無鞋、無家；她又像父親一樣，始終貪求美與善，勇敢、活潑、生機洋溢、詭計多端、善於狩獵、渴望知識、終身愛好智慧，還是一個使人畏懼的魔術師。她自己既不是會死的，也不是不朽的，她有生、有死，還會再生；非智非愚，而是介於二者之間。諸神與智者並不愛好智慧，因為他們擁有智慧。愚者也不愛好智慧，因為他們不知道智慧存在，同時相信自己既美且善又聰明。但是，愛樂斯介於兩者之間，她愛好智慧。美是愛的對象，它並非愛的本身。愛的目標是幸福，而幸福正是所有的人的目標。人們愛善，渴望一直擁有它。進而言之，愛樂斯希望能在美之中創造，不論身體方面或靈魂方面皆是如此。她渴求不朽，所以要不斷創造及生產新的事物。會死者無法像諸神一般常存，只好生產肖似自己的後代。同理，人們熱愛榮耀與名聲，也是為了渴望永遠存在。在身體方面孕育後代者，是愛戀婦女的，他們在子女身上尋找不朽與幸福。在靈魂方面孕育後代者，設法產生知識及其他卓越品德，如詩人與發明家之所為。但是，還有一種更美妙的知識，展現於家庭與城邦的管理上。年輕人若是孕育這些知識，就會尋找靈魂之美，表現節制與公正。他們所要的不再是產生子女，而是產生像荷馬與赫西奧 (Hesiod) 所寫的詩篇，像李喀葛士 (Lycurgus) 與梭倫所訂的法律。

以上所論可以暫時總結於後：首先，蘇格拉底推展了《利西斯篇》的立場。愛人者本身非善非惡，不智不愚，無美無醜，而是渴望擁有美、善、智。在早期對話錄中，這種說法還不能成立，因為一個人所渴求者必須與他有親屬關係，而這種關係尚未建立。到了《費多篇》，理型論逐漸形成，我們得知：真理與實在界是超越的理型，而人的靈魂（或者至少是其中的一部分）在根本上與之有親屬關係。現在，愛樂斯作為神人之間的詮釋者，正是柏拉圖寄以厚望的，就是要以她溝通知性界與自然界，使人得到領悟理型的管道，藉此把整體聯繫起來。人要領悟理型，必須從事研究活動，而人的一切活動皆源於情感的動機。這就是愛樂斯所提供的力量，因此她不能住在此世，也不能居於彼世，而必須位於二者之間。人若想走向理型，就要藉由靈魂的活動。愛樂斯就住在人的靈魂中。

三、愛的上升階梯

現在，若要建立愛的上升階梯，那麼對婦女的愛是最低的一階，這種愛適合於那些做不成詩人或政治家、哲學家的人。當然，後者也可能生兒育女，表現了追求不朽的最低形式。往上一階是男人對男人的愛，它引人走向德行與心智的子女。由此可知，色欲之愛在同性戀中不但不重要，而且應該以德行來提升。

接著，狄奧提瑪陳述精采的觀點於後：

> 說到這裏，蘇格拉底，在有關愛的事務上，大概連你也已經跨進門檻了。但是這些事務如此存在的理由，追根究底還可以上溯到更高的最後奧祕，這些我就不知道你是否跟得上了。她說，不過我將盡我所能告訴你這是怎麼回事。一個人若想以正確方式探究這個題材，必須在年輕時習慣接觸美的身體，然後，如果他得到正確的引導，他就會先愛上這樣一個身體，

再由此產生美麗的思想。接著，他將覺知一個身體之美與另一身體之美，兩者有親屬關係；並且如果他一定要追求身體美，他就沒有任何理由不把所有的身體美看成同樣的東西。認識了這一點，他就成為所有的美麗身體的愛人，然後他對特定身體的激情就會鬆弛，甚至視之為一件小事。進一步，他將認為靈魂之美比身體之美更有價值，以致一個人形體平凡而靈魂美麗，也可以讓人滿意。他會愛慕與珍惜這樣的人，並且設法訴說許多能使年輕人受益的思想。他還會身不由己，去沈思法律與傳統之美，看出這些都是同一類的。這時他已將身體之美看成小事一件了。他由各種傳統被指引到各種學問，他看到學問之美，在注視豐富的美時，不再留意一樣事物的美，不再像奴隸那樣愛他的男孩之美，或者愛一個男人、一個制度之美，這些都是沒什麼價值的低級產品。撇開這些之後，他轉向寬闊的美之海，注視著它，訴說著驕傲而美麗的思想，洋溢著愛智之情，直到他獲得力氣，有能力去認識這樣一門學問，就是有關美的知識，其詳情如下：

她說，設法盡可能專心聽我描寫。一個人在愛中走到這一步，持續以正確態度看待美的事物，那麼當他抵達愛的目標時，會突然發現一樣在本性上即是令人驚訝的美，這樣東西，蘇格拉底，即是我們前面辛苦追尋的結果。首先，它是永恆長存的，不生不滅，不增不減；其次，它不是這樣看來美，那樣看來醜；也不是與此相比為美，與彼相較為醜；也不是對某些人為美，對另一些人為醜……(*Symposium*, 210a)

愛的對象是美的理型。蘇格拉底的上升之途是：由愛一個美的身體到愛兩個，到愛一切身體之美，然後愛的是傳統或制度之美，到美的學問，最後是至高的學問，亦即對美本身的知識。此時，愛人者真正知道「美是什麼」，他在這種沈思中所創造的不再是肖似品德之物，而是品德本身。他才是悠游於愛之中的真正的哲學家。

《費得魯斯篇》在形式上是討論修詞學的，內容則是有關：一個年輕人在面對不愛他的人與愛他的人時，究竟應該喜歡誰。利西亞斯 (Lysias) 的論點是：愛人在被驅迫的狀況下採取行動，隨著他們的激情而來的是悔恨；但是，非愛人就不致於如此，他們有更大的選擇餘地。他說，愛人被激情綑縛，就像被疾病所苦，他們吹噓自己的成功，同時又顯得毫無自信，他們嫉妬別人成雙成對，只知愛慕那將會消逝的青春美貌；但是，非愛人就可以表現一種不被身體交往所減損的友誼。愛人確實更需要你，正如乞丐比朋友更需要晚餐的邀請。你應該明智抉擇，因為縱欲雜交是沒有人認可的。接著，有一段非愛人對年輕人的進言，頗能顯示友誼的溫和性質：

> 如果容我建議，我首先要設法與你結為同伴，但並非為了眼前的快樂，也須考慮未來的利益；不為欲望所征服，而是可以控制自己。我不會為了瑣碎的小事而憤然與你為敵，若有重大事故使我生氣，也是慢慢形成的。你若無意中犯錯，我會原諒；你若故意犯錯，我會設法阻止。這些是持久的友誼的證據。如果你以為沒有激情就不可能堅定地維繫友誼，那麼你應該記得這樣一來我們就無法使孩子親近，使父親或母親親近，我們也無法得到值得信賴的朋友，因為他們的情感不是來自激情而是來自其他共同的目標。(*Phaedrus*, 233b)

這段話頗多可取之處，但是其中以為愛樂斯所代表的激情與溫和的友誼之間有壁壘分明的關係，就值得深究了。問題還是出在名詞界說不夠清楚。

蘇格拉底依例由定義名詞入手。他先假定愛樂斯是欲望(ἐπιθυμία)，但是即使是那些沒有愛樂斯的人，也會欲求美。這兩者須再作分辨。我們自身有兩大基本原則：一是與生具有的，追求快樂的欲望，二是後天習得的能力，可以判斷什麼是最好的。這兩者有時一致，有時涇渭分明。若是判斷得勝，我們就可以表現自我控制或節制之德；若是欲望作主，我們就陷於放縱無度。愛樂斯作為欲望之愛，對所愛者的靈魂顯然是有害的，因為愛人者只顧慮自己的快樂，而一直將他局限於低劣的、依賴的狀態中，寧可讓他變得無知、懦弱、笨拙、遲緩。所愛者若是一無所知，就會事事徵求愛人者的指示。相對於此，善的品質將使所愛者成長茁壯，並使愛人者無法得到當下的與不須質疑的滿足。不僅如此，以快樂而不以善為目標的愛，對年輕人的身體也是有害的。這種愛使年輕人肌肉柔軟不夠強壯，喜歡待在屋內嬌生慣養，以化粧品遮蓋健康的皮膚，身體虛弱而使得親痛仇快，甚至連愛人者也覺得擔心。經濟上的依賴也是這個愛人者的目標。所愛者越窮困，愛人者越得意。他甚至會讓所愛者離開父母、朋友以及一切支援的力量。他嫉妬所愛者擁有的東西，寧可讓後者沒有妻子、沒有子女、沒有家庭，只能唯他是求、取悅於他。這種快樂以追求當下的滿足為目標，其實是個邪惡的諂媚者，是狂野而有害的野獸。此外，對所愛者這個年輕人而言，愛人者並不討喜。年輕人應該與年輕人共享快樂，若是與老人相伴，難免覺得厭煩。每天早晚看的、聽的、接觸的都是一個老人，實在倒盡胃口，而這個老人嫉妬成性，更是可怕的心理負擔。然後，一旦愛情消逝，愛人者重獲自我控制的能力時，就不再遵守諾言，出錢供所愛者花費，這時年輕人再怎麼抱怨也於事無補，因為老年人已經變了心。有鑒於上述理由，年輕人應該喜歡非愛人的友誼。換言之，愛人者對男孩的好感，無異於狼對羊的好感。這段話描述了老少同性戀的負面狀況，可謂十分生動。

談到這裏，作為欲望的愛樂斯一無可取。蘇格拉底不願另行描述非愛人的愛，因為根本沒有這種愛存在。然而，這一切都說明了：真正的愛樂斯並非如此。蘇格拉底嘲諷了欲望之愛，接著要探討真正的愛樂斯了。

四、愛樂斯的妙用

首先，愛是一種瘋狂 (μανία)，來自諸神的啟迪。列屬於瘋狂的，還有預言、占卜、藝術等。愛何以是瘋狂？因為它是不講理的情感；不過，它到了最高層次，亦即哲學家對真與美的愛時，又與理性攜手並行。啟發與推動哲學家探討的是情感，因為活動的根源在於靈魂中。靈魂在此以神話方式出現，有如御者與雙馬，其中一馬溫馴服從，另一馬固執反抗。人死的時候，靈魂升到天堂邊緣，瞥見了永恆理型的吉光片羽。稍後靈魂在下墜時失去雙翼，回到地球。然後，那些對理型看得最清楚的靈魂，變成愛智者或愛美者，一生優雅高貴。我們看到人間的美，就會喚醒回憶，想起了美的理型與其他理型。

至於美，就像我們所說的，它閃耀在彼界那些實在物中。當我們回到此界，我們就用最清楚的感官（視覺是感官中最敏銳的）去重新捕獲它的亮光，而事實上智慧是不可見的；如此，當它的清晰形象展現在我們眼前時，它喚醒了令人驚訝的愛，其他可愛的實在物亦是如此。但是現在，這個命運只屬於美。因為它是最明亮與最為人所愛的。

凡是初學時心思不純的，或者曾被腐化的人，就無法迅速被帶到位於彼界的美之本身。他的目光對準下界這裏所謂美的東西，因此並不尊重他所見的，卻轉而臣服於快樂；他想要像動物一般四肢著地前進，並且生產後代；他在狂妄與放縱之中，背離本性、追逐快樂，既不覺恐懼也不知羞恥。然而，凡是認真注視上界之物的初學者，在見到宛若神性的面容，亦即美之恰當模仿，或者外表美妙的身體時，他起初微微顫抖，他曾在上界感覺到的恐懼又襲上心頭，於是他留意細看、尊敬它如一神明，同時他如果不怕被人看成瘋子，就會奉上祭品給他所愛的人，猶如奉獻於神的雕像前。當他留意細看時，他不再顫抖，反而由於不尋常的溫暖而微微冒汗。因為當他的眼睛吸收美的光源時，他雙翅的根部覺得溫暖、有了活力，原來封鎖雙翅並阻礙其生長的硬塊被溶化了，然後在滋養流入其中時，新翅開始冒出，並由根部長出來。整個靈魂於是又有了雙翅。在雙翅成長的過程中，他的整個靈魂因搔癢、刺激而顯得活力充沛、躍躍欲試，有如牙床上冒出新齒一般。當他注視男孩之美，所謂的欲望像微粒一樣流向他時，他覺得溫暖而精神大振，解脫了痛苦，欣喜異常。但是，他一旦獨處又覺得匱乏之時，生出雙翅的管道就乾枯而封閉，停止了成長。此時，雙翅為欲望所困，像動脈一般搏動，想要尋找出路，整個靈魂宛如備受鞭笞，痛苦得發狂，這時只

> 有在回憶起他所見過的美，才能稍得快慰。他面臨兩種感覺互相衝突的焦慮與自身奇特處境的困惑，夜裏無法成眠、白天又不能休息，簡直快要失常發瘋了；這時欲望驅使他到處尋找美麗的男子。當他注視著這樣的男子，欲望得到滿足，就會開啟封閉的柵檻；於是靈魂擺脫刺痛與苦惱，暫時享受甜美的快樂。他絕不會心甘情願地離開那兒。再也沒有任何東西比美麗的所愛者更珍貴了。母親、兄弟、朋友都被拋在腦後，粗心大意失去財產也毫不在乎。他原先引為自豪的法律與禮儀都變得無足輕重；他準備要當奴隸，要在別人允許的範圍內盡量靠近他欲望的對象來安睡。他不僅尊崇那美麗的人，還在他身上找到解除自己最大痛苦的藥方。這種狀態即是人們所謂的愛。……(*Phaedrus*, 250c)

據說，每一個人依其性格來回應愛，就是依其在上界所追隨的神的角色。哲學家追隨宙斯，回應的方式較為高貴；軍人追隨戰神阿瑞斯 (Ares)，較為暴力。哲學家盼望他所愛者的靈魂肖似神明，成為愛智者；他研究他所追隨的神的性格，並設法使他所愛者盡可能肖似這位神。其他神的追隨者也各自如此努力。蘇格拉底繼續以另一方式描述愛樂斯對靈魂所起的作用。靈魂有如御者與雙馬的組合，其中的黑馬不聽御者指揮，使勁跳向所愛者；牠被用力拉開，加以馴服之後，愛人者的靈魂才能以畏懼與謹慎的態度，安全無虞地接近所愛者，其情形如後：

> 在愛人者不再掩飾情感，而以各方面都像對待神一樣的方式細心照顧之下，所愛者自然會以友誼來回應他的照顧。以前

若有同伴或任何人責怪他，告訴他接近一個愛人者是可恥的，他也因而排拒了後者，但是隨著時間進展，他的年齡漸增，他對後者的需要將會使他接受這樣的伴侶。原來規定的律令是：惡人絕不能與惡人為友，善人也不能與善人為友。然後，當他們走在一起，互相交談時，愛人者的善意使所愛者充滿驚訝，因為他發現若與這位神明啟迪的朋友相比，他所有的朋友與親人根本不曾對他表現過任何好感。

這種情況維持一段時間之後，他不論在體育場或在別的時刻走近愛人者，互相傾談時，宙斯在愛上美少年加尼美狄 (Ganymede) 時所謂的欲望 (ἵμερος) 之流的源泉，就猛然流向愛人者。這欲望之流有些為愛人者所汲取，有些在裝滿他之後流溢出來。正如一陣微風或聲響，在遇上堅硬光滑的表面時會反彈回到出發點，美之流也會回到美麗的男孩〔他原是所愛者〕身上，經由他的雙眼，自然地穿透他的靈魂，使他的雙翅開始成長，孕育的管道得到了滋潤，然後所愛者的靈魂也充滿了愛。這時他也在愛，但並不知道愛的是誰。他不知道他感覺到的是什麼，也無法解說清楚，就像一個人的眼睛受到別人感染，但是他不知道原因，所以也未曾認清：他在他的愛人者身上所看到的其實是他自己，一如鏡中的映像。當另一人現身時，他的痛楚立即平息，另一人也是如此；當另一人不在時，他產生欲求，自己也被欲求；因為他現在感覺到愛的回饋 (ἀντέρως)，其實就是愛本身的影象。他稱這種感覺為友誼 (φιλία) 而不是愛 (ερως)，並且相信確是如此。像愛人者一樣，但沒有那麼強烈，他也要看到、要接觸、要親吻、要躺在一起。並且他在這種感覺出現之後不久，多半就會做這些事。當他們同眠時，愛人者那匹未馴服的馬有話要對御者說，並且認定他所製造的許多麻煩會帶來一些愉悅。所愛者的馬無話可說，在迷惑中擁抱他的愛人，雙手環繞著他，緊握著他好像誠心祝福他一樣；並且，每當他們躺在一起時，愛人者若要求得到滿足，他這方面什麼都無法拒絕。但是，另一匹馬以及御者感覺羞恥、保持清醒，盡力抵抗這一切。然後，如果愛人者心靈中較好的部分得勝，可以走向生命中指定的道路與走向哲學，他們從此就可以過著快樂而融合的生活，可以自我控制、維持紀律，壓抑靈魂中的邪惡，並使品德施展開來。到了最後，他們身體輕盈、帶著雙翅，贏得奧林匹亞三大獎杯之一；不論自我控制與溫和節制，或是神明的啟迪所能賜給人的祝福中，沒有比這種祝福更大的了。

然而，如果他們過的是較平凡的生活，亦即愛榮耀者而非愛智者的生活，那麼在酒醉或其他疏忽的時刻，他們那兩匹未馴服的馬就很容易掌控不設防的靈魂，讓他們攜手前進，採行大多數人所謂的有福的選擇，努力奮鬥。如此做時，他們將延續這種關係，不過因為這種作法並未得到整個靈魂的贊同，他們須謹慎為之。他們一生相互為友，只是激情的程度與具體表現比不上一般戀人，這是因為他們注定要付出與得到最大的誓約，亦即不可踰越規矩，更不可相互為敵。到了最後離開身體時，他們沒有雙翅，但是卻已經開始走上生長雙翅之路，亦即他們愛戀的瘋狂所得的報償並不少。法則如此規定：凡是開始走上天堂之路的人，不會在地上就獲得進展，而是在光明中攜手同行，等到時機成熟，他們會因為彼

此的愛而一起長出雙翅。(*Phaedrus*, 255a)

根據上述說法，蘇格拉底對愛樂斯的看法是：任何一種個人與個人的愛戀關係，都可能由激情發動，伴隨著喜悅，由身體之美所喚醒，向著美與真本身前進，抵達永恆而普遍的理型。

在《饗宴篇》與《費得魯斯篇》都可以找到三種不同類型的愛。最低的一種是出於自私及縱欲的結果，受到包沙尼亞斯與蘇格拉底的嚴詞抨擊。其次的一種是包沙尼亞斯所謂的較佳的愛人；他們不是真正的哲學家，偶爾也會耽溺於性愛中。柏拉圖對這種愛所持的態度是同情，而不是輕視或嘲諷。他們無疑是較為軟弱的弟兄，但是能具有像蘇格拉底那種自制能耐的人實在不多。柏拉圖也不敢期待眾人如此。他承認這種愛是受神啟迪的，它助人走向哲學生活，亦即《費得魯斯篇》以神話方式所描寫的長出雙翅的過程。柏拉圖的說法或許是為了與希臘時代的同性戀風氣妥協，設法在接受現狀時，再展現理想以鼓勵期許之。

在此之上是最高級的愛，就是哲學家之愛。這裏沒有性愛的問題。我們可以說這是一般所謂的「柏拉圖式的愛」，不過必須記得：相愛雙方是同性的，亦即都是男性，他們的目的是相互啟迪以探討真與善，而非相互尋歡作樂。柏拉圖並未否認這種愛有身體上的基礎；愛人們會有性愛的欲望，但是他們控制這種欲望，將其轉化為共同研究的熱忱。阿昔別德斯對蘇格拉底的誘惑，應在此一背景中去理解。愛人之間的親吻與擁抱毋寧是十分正常的。至於異性之愛，以及隨之而來的結婚生子，在柏拉圖看來都是難登大雅之堂的事。他在晚年寫《法律篇》時的態度，才顯得較為和緩。他的觀念顯然不是現代一般人所能欣賞的。

柏拉圖的哲學家之愛，還有一些問題。當我們追隨哲學家向上提升時，會覺得有些事不太對勁，就是在過程中遺忘了愛。哲學家在沈思至高的美時，也許確實獲得了昇華的滿足，但是我們通常不會稱它為愛的滿足，因為愛總是局限於個人與個人的關係上。如果仔細考察，我們與柏拉圖分道揚鑣之處，在於狄奧提瑪所謂的「法律與制度之美」這一點。愛必須擁有及保持某種身體的基礎，亦即與具體的人生有關。當然，在比喻用法中，我們可以說愛國、愛名聲、愛制度、愛上帝等，但是這種情感與個人之間的相愛畢竟是不同的。在柏拉圖筆下，談到快樂時，可以由身體快樂逐漸轉移到心靈快樂；談到愛時，也可以由個人的戀愛轉移到形式之愛。心靈中對真理有激情的愛，其實這種愛原是表現於身體激情的欲望之流，只是方向轉到針對知識而已。柏拉圖這麼做，應該是出於他的個人經驗。他對心靈發現真理的渴望，如果不像他對身體得到滿足的渴望那麼強烈，至少也是同樣真實的，並且是更為持久的。對他而言，這兩種感受似乎在根本上是相同的，他也通稱兩者為愛樂斯。這一點應該可以確定。

柏拉圖當然知道人有身體的欲望。他也知道自己對男孩、男人、友誼的情感，這種情感可以在最少的身體接觸下得到滿足，並帶來快樂。對他而言，教學是老師與學生之間的溝通共融，研究則是朋友之間的共同探討。他知道人不能閉門獨居，而需要與知心的朋友交換意見、互相安慰。當時同性相處的習慣，也許引導他把愛樂斯與一切身體的接觸區隔開來。於是，一方面，男人對女人的愛被貶抑到純屬身體的層次；另一方面，男人對男人的愛卻可以完全提升超越於身體層次之上。由於這種愛樂斯在知性的交往中，透過心靈的接觸，帶領人走向有趣的新發現，柏拉圖就以此為基礎，肯定愛樂斯是一切知性活動的推動力量。這一切最初都植基於性的吸引力，再往上提升超越。問題是：超越到新的高度之後，是否還能保留原有的吸引力？一個品德完美的人是否還能欣賞身體之美？

抵達較高境界時，似乎不會排除較低的層次，只是這些層次的重要性大為降低。譬如，我們得知蘇格拉底酒量驚人，我們沒有理由猜想他無法享受美酒。同樣的，靈魂可以善度理性的生活，快樂是伴隨而來的自然結果。我們必須排除的是追求身體快樂的狂熱欲望。我們也得知蘇格拉底耐力過人，可以忍受最貧困的生活。這是因為他的心思集中於較高的事物；他是人，就會需要食物，但是只要勉強吃飽，他就轉而留意靈魂的追求對象。柏拉圖對性愛的態度應該也是如此。

正是為了這個原因，《理想國篇》談到哲學家在失去親愛的人時，不會像一般人那樣悲傷，而是勇敢地面對未來，繼續進行自己的工作。他念茲在茲的是人類共有的高尚興趣，因此對別人的依賴程度較低。但是，他的整個靈魂在理性的統治下，照樣充滿快樂；這表示他仍有欲望，因為無欲望則無快樂，只是他能以理性保持平衡與和諧罷了。換言之，我們不必假設柏拉圖是禁欲主義者。他的主張是：人一旦品味了知性生活的真實與快樂，就不會斤斤計較現實世界的得失了。

哲學家比起一般人，較不在乎食物，較不依賴親愛的人，較不受制於激情；當然，他仍然需要朋友與愛人的支持與關愛。重要的還是：靈魂在理智的指導下，保持平衡與和諧。柏拉圖深信哲學家或愛智者的生活必然是和諧的。

以上所論就是柏拉圖式的愛：由二人相愛，加速走向愛真與愛美的目標。可惜的是，在他的哲學中，男人對女人的愛並無地位，他也因而在男人對男人的愛中尋找較高級的愛樂斯；他也明白同性戀的性愛是不自然的，所以再將愛樂斯與她在身體上的基礎完全區隔開來。我們由此至少可以學到一點，就是：如果沒有心理上或知性上的溝通因素，那麼一切的愛最後不過是令人厭倦的動物本能而已。

第七章　神　明

在希臘時代，「神」(θεós) 的觀念是頗為特別的。它與後來基督宗教所信的上帝或神 (Deus, God) 不同 ， 也與我們今日通稱的神有別。主要的差異是，希臘人所使用的「神」一詞，主要是作為述詞，就是用以描述主詞的。譬如，基督徒宣稱神是愛、神是善時，總是先承認神的存在，以神為主詞，再對其加以描述。希臘人的用法正好相反，他們宣稱「愛是神」或「美是神」，這時並未假定任何神祕實體的存在，而是肯定了愛與美是不可否認的實存之物。更準確地說，愛與美是超乎人性範圍的，不為死亡所限，長存不朽。因此，在人間運作的一切力量，只要是不出於人的並在人死後繼續存在的，都可以冠上某神之名。

譬如，希臘最早的米勒圖 (Miletus) 地區的哲學家，就以「神」稱呼自然世界的底基。當泰利斯 (Thales) 說「世界充滿神明」時，他的意思只是「世界充滿了水」。相形之下，現代人的神觀念具有濃厚的人類心靈的色彩。希臘的藝術家與詩人，習慣以人的形貌加在神的身上，但是這種以人擬神的表現，主要是象徵的手法。與這種神概念相關的，則是希臘特有的宗教形態。希臘宗教有何特色呢？狄金森 (G. L. Dickinson) 在《希臘的生活觀》一開始就如此敘述：

> 沒有教會，沒有信條，沒有教規；甚至沒有學理，除非我們硬要把詩人們代代口傳並逐漸形成之混雜的傳奇，視為學理。雖有僧侶，但他們只是公職的官員，被委派執行一定的宗教儀式。像我們所知的教士與俗人的區別，並不存在；詩歌與教義的區別也不存在；無論希臘人的宗教是何種情況，有一點很清楚，就是：它與我們習慣上所聯想的宗教一詞，有極大的差異。

這裏所謂詩人們筆下的「傳奇」，就是我們熟知的奧林帕斯山上眾神的故事。希臘人用神的故事來解釋自然現象、人的欲望與社會結構，藉此達到以宗教安定人心的作用。哲學家從事理性探索的工作，對神另有一番見解。那麼，柏拉圖心目中的神有何特色？以下試作剖析。

一、通俗意義的神

我們可以由兩方面來問：第一，對柏拉圖而言，終極的與絕對的實在界 (reality) 是什麼？第二，在柏拉圖學說中，對應於神的動態一面，亦即對應於生命之製造者或創造者的，又是什麼？針對前者，答案是：柏拉圖式的理型是終極的存在者；換言之，善與美的理型就是柏拉圖的神。但是，柏氏從未稱其理型為神。他把「神」之名保留給那些更具位格的存有者，亦即那些化為位格的超人力量，可以幫助及指導人們善度一生的。這些古代神話中的神，是到了後期對話錄，才在柏氏哲學中占有一席之地。不過，柏氏的基本立場在早期的《歐息弗洛篇》已有跡可尋。在談到「義是神所愛者」時，蘇格拉底提出銳利的問題：「一事為義，故為神所愛？或者，為神所愛，故一事為義？」(*Euthyphro*, 10a) 答案當然是前者。不論諸神的真相如何，他們依其本性，必須是因一事為義而愛之。他們必須像人類一樣，順應義的要求，並且更嚴格遵從這個原則，因為他們更完美。宇宙不由神意主宰，因為凡是有必須順應的要求者，不可能是全能的。他不可能依自己的意願去愛義行，他是「不得不」如此的。柏拉圖區分神的動力與終極實在界，並且把絕對價值置於諸神之上；這種立場對希臘人而言，並不會覺得太過突兀。歷史上所謂的奧林帕斯諸神，是靠擊敗前代諸神才得到權力的，而前代諸神也非造物主，而是受造的。在荷馬史詩中，宙斯 (Zeus) 必須服從「必然性」的制衡，而柏拉圖式的神則必須順應一套永恆的價值系統。

柏拉圖對奧林帕斯諸神有何明確的態度？他對當時的官方宗教頗有微詞。他不喜歡希臘的占卜官與預言家以獨斷方式解說有關諸神的故事與信仰，還把明明根據信心與啟示的說法當做知識來傳授。他也駁斥主張神的憤怒可以藉祈禱與祭祀來撫慰之說。他對描寫諸神的奇聞軼事更是不敢苟同。不過，他批評的是一般流行的諸神觀念，而不是諸神本身。希臘人有充分的自由，可以任意解釋或全盤否定任何有關諸神的故事，並且不會因而受控為支持無神論或異端邪說。奧林帕斯式的宗教就在這種模糊性與流動性中，顯示其獨特的優點與弱點。不同的人產生不同的訴求：老百姓可以相信菲狄亞斯 (Pheidias)、甚至荷馬所描繪的宙斯；在知識分子看來，奧林帕斯諸神是純粹的抽象產物，哲學家會像看待假設命題一般，謹慎予以研究。在柏拉圖筆下，蘇格拉底不贊同以合理化說詞來解釋神話，也不欣賞象徵的或比喻的用法，他的關心在於：先求認識自己；至於神話，則不妨擱在一邊，同時接受傳統的信仰。柏拉圖擔心的是神話中不合倫常的故事，將對老百姓產生壞的示範與影響。因此，他對奧林帕斯諸神保持距離，能不談就不談。他不相信諸神的言行會像人類一般，不過既然神話深入人心，那麼與其費盡心力去破解，不如藉著神話來表達他個人對神性的新觀念。希臘思想家可以在反對一切流行的宗教觀念時，依然真誠表示他並未教導人們去相信新神。蘇格拉底即是如此。

柏拉圖在《費得魯斯篇》談到一段神話，藉幾位奧林帕斯諸神來領導一群群獨存狀態下的靈魂。當他引用阿波羅 (Apollo)、狄奧尼索斯 (Dionysus)、繆斯 (the Muses)、愛樂斯 (Eros) 與阿茀若狄特 (Aphrodite) 以表達不同類型的靈感時，他絕不是在說一些自己不相信的東西。在他眼中，愛樂斯與阿茀若狄特代表了對真與美的愛，足以使人成為愛智者或哲學家。他們是真實的力量，也可以稱為真實的神明，柏拉圖是在這個意義上相信他們的。如果他避免批評奧林帕斯諸神，多半是因為他認為，他們可以代表某些非常真實之物，並且仍然能夠把相同的意義傳給一般人。

至於柏拉圖自己的神觀念，則須在《對話錄》中仔細探討。在早期對話錄中，理型尚未顯示任何蹤跡時，所談到的神是通俗階段的用法。這時所謂的「以宙斯為證」並不表示他信仰宙斯；正如有些人說「以老天為證」並不表示他們信仰老天是神一樣。至於蘇格拉底在幾篇對話錄開始時，喜歡獻上禱詞，請求諸神幫助他好好辯論，情況也與此類似；任何人只要感受到諸神所代表的力量，都可以完全真誠地套用此一公式。

在通俗階段的用法，神或諸神是指任何在本性上超越並優於人性之物；柏拉圖畢生都相信有某些為善服務的更高力量存在。他並未仔細分辨，就稱這些力量為神。「認識你自己」是阿波羅的勸諭，而阿波羅是諸神之一；柏拉圖對此沒有作進一步的質疑或分析。值得留意的是，他在這個階段尚未把倫理學奠基於神學上。《高爾加斯篇》在證明正義的生活更為幸福，以及寧可受過而不要犯過時，並未提及來世生命或甚至此生的未來善報。等這些都確定之後，他才繼續談到審判日的神話。這個神話並非主要的論證，其中的故事只是對那些相信靈魂不死的人，提供輔助證明的作用而已。具有位格的諸神對希臘人而言，無疑是耳熟能詳的。於是，《普羅塔哥拉篇》的神話中，描寫宙斯是人類的創造者，但是未見任何神學論證的說明。然而，在實際的哲學討論中，幾乎看不到諸神的蹤影。

在此，《歐息弗洛篇》的內容頗具深意，其中觸及了神的意志與義的至高標準之間的關係問題；由此衍生了後來的議題，就是諸神與理型之間的關係。我們可以清楚看到，蘇格拉底假裝尊重歐息弗洛的專家意見，但是對諸神互相衝突的故事則不以為然。幾經討論，歐息弗洛把敬或義界說為「服侍諸神」，隨即受到蘇氏駁斥；蘇氏還嚴厲批評這種儀式主義的觀點，說它把敬或虔誠看成「神人之間的交易行為」，這當然是荒謬的。

在《費多篇》中，先是談到人類是諸神安置在世間的，因此不該忘本；神會照顧我們，有如照顧其產業；哲學家死後將回歸神界；以及我們在世時應該盡量潔淨自己，直到神以死來解脫我們。但是哲學討論一上場，諸神就消失得無影無蹤，即使在涉及靈魂不死的議題上也是如此；直到最後部分，蘇氏才再度提及神話，宣稱諸神雖不特別重要，但在我們死後將作為嚮導。換言之，諸神與理型尚未一起出現過。

二、神與理型的關係

在寫成《理想國篇》之前，諸神都是用來泛指神性力量，對此少有論證或分析。等到理型充分發展之後，我們的閱讀印象是：理型與諸神未曾同時登上舞臺。兩者很難說是清楚畫分，但絕不是等同的；它們就是不曾被放在一起討論。兩者都具有神性，因為都是超越人性之上的。如果硬要找出關聯，則應該說：諸神是永恆世界之神話式的呈現，理型則是永恆世界之不同的表達方式。

即使諸神尚未棄守陣地，理型也無疑是體系較為穩固的。在《饗宴篇》中，愛是追求完美的欲望；愛不是神，因為神是完美的；因此，愛只是一個精靈。在《理想國篇》，直到第十卷討論的神話之前，諸神只出現過兩次，並且都是在談論藝術之處。藝術本身即是牽涉神話的，諸神的神話性格乃更形突顯。第一次出現是在第三卷，詩人筆下的諸神軼事受到批評及駁斥。神的某些特性浮現了：

> 善不是一切事物的原因，卻只是善的事物的原因，惡的事物不能怪罪於它。
> ——的確如此。
> ——那麼，神既然是善的，就不能是一切事物的原因，這與大多數人所說的不同。在與人有關的事物中，只有少數可以推源於神，而大多數與神無關，因為人間惡事遠多於善事。善事可以由神負責，惡事則須另覓原因。(*Republic*, 379b)

此外，神既是完美的，就不能變動，因為變動只能使之劣化。因此，不許描繪有關諸神改變形貌的故事。神是真，豈能說謊或耽溺於任何欺瞞的言行？又豈能縱欲過度？這樣的觀念早已與流行的想法分道揚鑣了。

第二次提及諸神，是在第十卷談到畫家時。畫家與真相隔了兩層，因為他只是描摹實際的床，而木匠至少心中已有床的理型，「這個理型是神的產品」。這句話只是順筆帶過，不值得過度強調，否則將無法解釋其他地方所描述的諸神與理型的關係；並且柏拉圖在正式討論理型時，完全不提這種說法，更何況理型根本是永恆的，又怎能被神所造？事實上，柏氏在這個階段所說的神或諸神，仍然代表了超感官世界的全體，並且諸神一在神話中現身，理型就暫時避開。兩者所指的都是超越人間的世界，然而諸神終究漸行漸遠，理型則取而代之，扮演關鍵的角色。

在厄爾 (Er) 神話中，出場的是三位命運女神 (Lachesis, Clotho, Atropos) 與「必然性」女神。但是這個神話的重要性有限。柏拉圖並未特別推崇某些神明，而另一方面，他毫不猶豫就把這些女神完全擬人化。在談到靈魂進入來世，將何去何從時，他再度強調個人有選擇自由，應該自負其責。的確，《理想國篇》對神概念的主要貢獻，即在於主張諸神不必為惡負責。

《費得魯斯篇》的神話值得留意。在蘇格拉底的頌詞中，愛樂斯不再只是個普通的精靈，而可能是「一位神或屬神的精靈」。與其說這是愛樂斯的升格，不如說這是諸神的降格。因為在此，諸神與理型一起出現，並且諸神的地位顯然低於理型，甚至還須藉著沈思理型來找到永生的幸福。事實上，神具有神性，恰是因為他與理型的密切關係。這裏所談的正是奧林帕斯諸神。早期對話錄中的引線，在此得到了發展。柏拉圖在本篇與《饗宴篇》所關心的，主要不是證明理型的存在，而是聯繫理型與我們人類之間的鴻溝。他追隨愛所啟發的情感進路，以相應於《理想國篇》所採取的知性進路。在神話中，天是諸神的居所，而柏拉圖把理型置於「天外之地」。這個語詞當然不能由字面上的空間意義去解釋。在本篇中，柏拉圖首度談到靈魂，可謂事出有因；只有藉著神的與人的靈魂，他才能設法跨越永恆實在界與自然世界之間的深淵。神與人都有領悟理型的能力；不朽而完美的神，對理型有清晰而恆常的觀點；人的靈魂難以望其項背，只能偶爾瞥見理型的光采。於是，諸神向下走一步，以便伸出援手，帶領那些脫離身體之後的靈魂去沈思真理。或許蘇格拉底為了強調這種神人關係，特別詳述了人的性格如何按照他在天上所追隨的神而定。神與善人之間由此越走越近，最後在《法律篇》可以並駕齊驅。

《巴曼尼得斯篇》與《泰提特斯篇》對神所言不多。但是，《辯士篇》就明白談到諸神與理型的關係問題。整個難題有兩面：一是理型界與自然界之間的任何關係，都會引發困難；二是各理型之間的關係也不易釐清。柏拉圖原先主張理型界包含各自獨立、不相聯繫的理型，現在必須予以修訂，加入某種活動原理；由於活動只能源於自行運動的靈魂，靈魂在真實存在界也應該占有一席之地。永恆的靈魂後來呈現為諸神與世界靈魂。如此一來，為了在實在界包含活動與靈魂，柏氏打開大門，讓諸神進入他的辯證討論，成為他的哲學體系的一部分。實在界有了活動、生命、靈魂、智慧。換言之，在超感官世界中，寂然不動的理型並非唯一的住戶。

本文開頭談到神的兩面：至高實在界與造物者；理型對應於前者，這一點始終未改。現在柏氏了解他必須承認動力因素也是真實的，不僅在神話中如此，在嚴肅的哲學中亦是如此。理型與諸神的關係搬上了檯面。此後諸神與理型不乏同時登場的機會，《迪美吾斯篇》提供了佐證。

三、神與萬物的製造

《迪美吾斯篇》是一篇創世神話。其中出現了「神性工匠」——德米奧格 (Demiurge)，他製造了低階的神明、宇宙靈魂，以及人類靈魂中的不死部分。然後，低階諸神再製造宇宙中具體而有死之物。這裏所說的若是按字面解釋，我們就有一位造物的神；或者，柏拉圖只是把宇宙中運作的因素及力量放進宇宙論的形式加以分析，並不表示真有這種創造的歷程？以上兩種主張各有理據，但以後者較為可取，因為時間順序的問題不易解決。譬如，在敘述某些成分之後，才談到靈魂之造成，而這些成分顯然必須以靈魂存在為其前提。這整套藍圖大概意在強調：現象世界若要存在，必須完全依靠一個不同層次的實在界。因此，「造物者」一詞不應就其字面意義來看，事實上它是用來象徵一切生命之初起與源頭。

不論真相如何，更值得注意的是，這篇神話中的德米奧格絕對不是理型的製造者。柏拉圖認為：凡物之成，必有其因；此因即製造者；製造者觀看一永恆不變的模型，才能順利製成產品，此模型若為生成之物，則產品亦將不美。他接著直接肯定：現象世界是美的，其製造者是善的，因此必有永恆而完美的模型存在。世界得以存在，須有推動因，此即製造者；在提及至高神明時，所用的名稱一直都是製造者或工匠，德米奧格一詞的原意即是如此。這位製造者在從事製造時，必須觀看永恆不變的模型，此模型即是理型。因此，即使就字面意義接受這篇神話中的時間順序，理型的存在也是先於神的。

柏拉圖進而描述德米奧格的本性與功能如後：

> 他是善的，因此絕無惡意；他但願一切事物都盡可能像他一樣。智者告訴我們，這是主導創世的首要原則。在這一點上，我們應該相信。神盡其力量使一切事物為善，不使劣質出現。於是，他接管在混亂中盲目活動的可見之物，使之由無序進入有序，並且認定這樣是更好的狀態。至善者若不製造最美的東西，是毫無道理的，現在如此，過去也一樣。在思索時，他發現在有形可見之物中，不具備知性的無論如何不可能比具備知性的更美；進而，心智不可能存在於沒有靈魂的東西中。因此，他把心智放入靈魂，把靈魂放入形體，再調和為一整體。他的作品理應是既美且善，並且最自然不過了。依此而論，我們必須說：由於神的先見之明，世界這個產品確實具備了靈魂與知性。(*Timaeus*, 29e)

柏拉圖此說依然忠於希臘的傳統原則，就是從「無」不能創造出任何東西；由這篇神話本身看來，他的製造者並非嚴格意義下的創造者。在製造者之外與之上，還有永恆的理型，作為他依其本性必須順應的模型。在存在層級的另一端，則是可見的「某物」，它並非物質或質料，而只能描寫為在空間中混亂無序的活動，為某種未確定的潛能；神的功能即在於：將秩序帶入這個混沌，以生命的韻律與規則來取代不協調的盲動。換言之，他把靈魂賦予宇宙，使它有能力引發運動與活動。

神盡可能把宇宙造得完美，他的表現像是一位稱職的數學家。

世界的運動是球形的旋轉方式。對柏拉圖而言，這是最完美的運動形態，因為它結合了活動與穩定，並且位置保持不變。世界靈魂分享了心智與和諧，以一種相應於日月星辰軌道的循環方式遍布於整體。靠著這些運轉與太陽的光線，人類才得以產生時間概念，亦即：時間是永恆之活動的影象。人類也因而獲得有關數字的科學，進而了解主導世界的各種原理。

談到製造者時，柏氏直接稱之為心智或知性 (νοῦς)。宇宙中其他的神性居民，譬如各有定位的天體，無不具有心智與靈魂，而地球與眾多行星亦然。地球還是日與夜之護衛者與製造者，也是諸神在宇宙中的首生之物。接著，奧林帕斯諸神突然現身，而柏氏在介紹時的語氣顯然是諷諭的：

> 至於敘述及了解其他眾多神明的誕生，則非吾人能力所及。我們必須相信前人所云，因為他們自稱是諸神的後裔，也清楚知道諸神祖先的事跡。我們沒有可能不去相信那些諸神子孫的話，即使他們的說法既無概然性也無充分證據。他們說的是自己的事，我們只能服從法律並相信他們了。(*Timaeus*, 40d)

這段話適用於萬神殿中的所有神明。這些次級神的功能，是由製造者親自指示的。他所做的，只有他可以取消。如果做得不錯，他不會摧毀。次級神即是一例：他們不像製造者那麼永恆，但是只要製造者高興，他們可以一直存在下去。世界上的有生有死之物，不能直接出於製造者之手，不然也將一直續存；它們是由次級神盡其全力所造。製造者親自負責的，只是有生之物的靈魂中的不死部分。

製造者由屬於世界靈魂的構造成分中，製成了第二次與第三次的混合物，這些性質必然較不純粹的就是靈魂了，其數目像眾星一樣繁多。神對它們說明了存在規則：它們將會進入有死的形體，在第一次出生時都有相同的機會成為男人。如果善度一生，死後將回歸如星辰一般的不朽，否則在第二次出生時將變成女人，甚至變成動物，然後再依其表現予以升降。製造者吩咐完畢，就將這些靈魂交給次級神，次級神著手製造身體以及靈魂中的有死部分，如此這般，靈魂的不死部分在人的一生中都拘限於身體。在此，柏拉圖仍然努力強調神不能為惡負責。第二次與第三次的混合物較不純粹，應該要歸咎於他手中的材料性質。人類之所以有死，應該也是相同的原因，雖然「有死」之理型也應存在於原始的模型中。關於神是否要為惡負責，就是神的全能與人的獨立、自由意志、道德責任之間早就存在的兩難關係，其中的確隱含了重重困難。我們不能說柏拉圖解決了這個問題。不過更重要的是他的深刻信念，就是他以神話方式表達了：人對於自身的惡以及充斥於世間的惡，都是責無旁貸的，不管應該歸咎的是個人或群體。

現在可以進一步探究德米奧格在整個存在層級中的意義與地位了。實在界的層級包括：理型或模型，製造者，宇宙靈魂或世界靈魂，次級神明，人的靈魂（其他生物亦屬此層，因為它們是降級的人），最後是處於盲動漫遊中的容器或底基，自然世界即是在它之內並藉著它而具體構成的。

永恆的模型是至高實在界，位居存在階梯的最高層。此模型是指全部理型整體。理型界不動也不變，嚴格說來並未生存，因此其中也應包括定義這種生命的理型在內，同時不可過度扭曲「有生之物」(ζῷον) 一詞的意義。柏拉圖毫不費力就選擇這個詞，因為希臘文中，「有生之物」也可以用來指稱繪畫或圖案中的任何形貌，即使這些形貌所代表的根本不是有生之物。換言之，「有生之物」一詞可以用於真正是有生之物的自然世界，也可以用於永恆模型，亦即自然世界的一張圖像。無論如何，我們只能在邏輯上分開二者，因為模型並未具有空間上的獨立存在。至於柏拉圖的理型可以表達像生與死這種抽象概念到何種程度，也是不易釐清的。他從未真正區分理型的邏輯面與形上面。大致可以確定的是，他不認為理型除了作為被動的知識對象之外，還具有任何運動或活動的能力。活動能力只歸屬於能知的主體，亦即靈魂。

理型與分享理型之物，兩者之間有根本的差異。人們會死，但是死之理型或其意義絕不會死，並且從未改變。因此，「有生之物」這個模型中包含了世間萬物的意義，製造者運用神性智慧去「觀看」及理解它，再設法將它具體實現於物質世界中。這不是同一圖像處於兩個向度，因為既然不涉及空間區別，就根本沒有向度可言。理型界無法生存、活動或變化，而是永遠存在、永遠一樣，不受自然世界影響，也不受神的左右。

簡單說來，理型與諸神分別代表超感官世界中的兩大原理，就是：終極實在界與首要推動因。柏拉圖再三強調理型的地位優於諸神，並且在邏輯上先於諸神。因此，我們不能誤認理型為神的思想或觀念。神確實在思想理型，也了解理型；其運作方式有如人的心智，只是程度更為完美。神作為靈魂，更近似的是人而不是理型。木匠製造一張床時，呈現在他心智前面的是床之理型，這理型是客觀的實在界，不僅僅存在於他的心智中；世界的製造者也以同樣方式看到全盤的理型。柏拉圖在《巴曼尼得斯篇》明白反對把理型當做概念。我們也找不到任何資料可以肯定這些理型是神心中的概念。

借用《歐息弗洛篇》對義的解法，我們可以這樣說：是因為理型存在，所以神思想它們；而不是因為神思想理型，所以它們存在。這個區別十分重要。世界依之而造並由其統治的那些基本價值與法則，是終極的與絕對的；它們不受任何神明的意志所左右。不論人們相信的諸神有什麼能力，理型也照樣不受影響。

那麼，這個神祕的製造者是誰？他如何可以納入柏拉圖的整體架構，甚至納入這篇對話錄中？前面提過，創世之時間順序只是一個神話，是為了便於分析所採取的文學工具，因為這個世界一直是存在的。若依字面意義去解釋創世過程，將會難以自圓其說。如果沒有創世，造物者所司何事？在認真推敲之下，他只是一位舞臺設計師。在詩意筆法與神話說法中，他具有擬人的位格，代表主動的推動及肇因原理，代表一切神明及一切善的靈魂所擁有之對善的愛。他製造其他神明之後，兩者之間的差異自然趨於模糊。神的本性整體而言，擁有完美的知性，為人類所望塵莫及；神才有能力理解從一到多與從多到一的變遷過程。泛指的神或單稱的神，都曾做過一些顯然屬於次級神的工作；其單數與多數曾在同一句子中出現。只有在一次情況下，就是在二度強調宇宙的整體目的與神明的首要功能時，我們看到至上神扮演賦予秩序的偉大角色。即使這裏所說的，也像是在總結整體神明的工作方式，因為次級神也須像他一樣，作為善的事物之原因。我們雖然讀到「他親自製造一切生成之物中的善的成分」這句話，但是生成之物或至少將會消逝之物，卻應該是由次級神來製造的。

這兩種神的本性，隨著神話進展而越走越近，只差沒有重疊而已。次級神是純粹的靈魂；德米奧格自身也必須是靈魂，因為他有智慧或知性，甚至他本身就是智慧或知性，而智慧是無法離開靈魂，自行存在的。我們怎能宣稱製造者與諸神都是靈魂，而製造者又是一切靈魂的製造者？柏拉圖是希臘人，他筆下的神性原理既是統一的又是多元的，後代學者想要把他解釋為一神論的嘗試，都難免會偏離原意。

至於諸神、世界靈魂與人類靈魂之間的關係，也無法作太多細節的分辨。諸神很清楚是世界靈魂的部分；世界靈魂整體看來是一個靈魂活力，個別看來可以顯示不同焦點，分別體現為諸神與人類靈魂中的永恆成分。我們也可以進而把世界靈魂等同於德米奧格，只是在神話中以德米奧格為世界靈魂之製造者。如果詢問何以柏氏不由世界靈魂本身著手，則理由應該是：他想分析世界靈魂的不同面貌或成分，因此必須在宇宙論架構中描述它的創造過程；這整套計畫要求有一個推動因來說明，於是製造者出現了。

總結本篇所論，我們可以肯定：理型界位居最高層，作為世間一切意義之永恆不變的模型；其次，諸神是完美的靈魂，全力為善服務，他們與人類靈魂中對善的愛，共同組成世界靈魂之整體；這種對善的愛，經過抽象表現並且結合它所企求的智慧，就是生命的原因，亦即製造者或德米奧格。在這一切之下，是神祕難測的底基，諸神與人的神性成分努力在其中為至高的理型體現出自然界的表象。人類與諸神有共同目標，自然可以攜手合作。這一觀點在《法律篇》得到較為完整的說明。

四、對神的認識與信仰

宗教問題與其他許多議題一樣，在《法律篇》才有充分的討論，也才能看出柏氏的最後定論。值得注意的是，在本篇中，諸神首次出現於辯證的討論，而不再局限於神話的描述。宗教儀式並未受到特別強調，人們應該遵循城邦法律，定期崇拜諸神，如此可以防範各種不虔誠的行為。柏拉圖並未特別重視崇拜方式；他所要求的是崇拜合義的事物。他所批評的不敬行為有三種：⑴完全不相信諸神；⑵相信諸神雖然存在但不關心人間事務；⑶相信諸神可以輕易由祈禱與祭祀來加以撫慰。柏氏依序指出以上三者錯在何處，而對第一種更是深入加以剖析。

在對話中，斯巴達人不認為證明諸神存在有何困難；世界的秩序以及一般人對諸神的信仰，不就是充分的證據嗎？但是雅典人指出，我們要面對的，不是那些以無神論為惡行藉口的人，而是古今許許多多科學家與作家。他們不是說過日、月、星辰、地球只是泥土與石塊嗎？

科學家與哲學家認為：事物得以存在，所憑藉的或是本性，或是偶然，或是目的。本性與偶然都不需要一個指導的心智，而目的只能存在於人的事務上，因此在時間上顯然是後起的。基於這個假設，世界之存在，是各種因素碰巧組合起來，像機器一般出現的。他們指出，目的與心智只適用於人所製成的東西，如各種技藝、法律與制度，這些都是約定俗成的結果，在其本性上並無特定保障。他們也主張：諸神是人按自己的形象所造，純粹只是習俗的產品。這一段有關無神論立場的討論中，提到了自然本性與約定俗成兩種標準之間的差異，正是當時辯士們所熱衷的話題。這套「自然」哲學使人間的道德理想無法奠基於本性上，最後只能以強權為公理，訴諸激烈的鬥爭了。

柏拉圖對上述立場的批判，是基於他早已確立的理論：靈魂是唯一可以自行發起運動之物，因此一切變動終究必須溯源於它。既然如此，靈魂在任何地方都必定優於形體，並且在整個世界中是最先出現的；它不可能由各種因素組合而成；因為除非靈魂先存在，否則這些因素無法存在。一切形體的活動都是源於外在的力量，因為形體或身體無法發起運動。宇宙秩序井然，掌管宇宙的靈魂必定是具備智慧的。職司掌管的靈魂不在少數。太陽的靈魂即是一例，它具備智慧，依球形軌道作規則運動，這也是心智的標準運動方式。使太陽如此運動的，是其靈魂，也是一位神，不論它是否住在天上所見的形體中。月亮與星辰的情況亦復如此。不信的人若是無法駁斥「靈魂為運動之源」這個前提，就必須接受它所引申的結論，亦即諸神存在。

其次，諸神是否關懷人類呢？人間充滿罪惡，諸神卻是善良而完美的，難道他們不該為此負責嗎？的確，諸神的關懷對象應該不分大小。他們是善的，他們的構成不可能有惡的成分，他們當然也不可能懶惰或粗心大意；他們無所不知，自然知道不管再小的部分對整體也是重要的。每一個具有靈魂的生物，都像整個天體一樣，為諸神所擁有。諸神一定會照顧他，就像醫生或工匠會照顧整體也照顧細節一樣。每個部分都是整體的一部分，它的作用是依其與整體的關係而定，即使我們無法看到整體也無法理解這種作用。柏拉圖寫道：

> 我們希望年輕人接受下述說法。負責照顧整體的人，會安排一切，使整體得以保存及改善，而每一部分盡其所能去調適。每一部分最細微的進展或受挫，都經過特定的安排，以求完美無瑕地達成終極的目的。你們這些魯莽的人也是其中的一部分，這一部分雖小，也將朝向它所看到的整體前進。你們

> 未能看到的是：一切事物的存在，都是為了實現這個目的，使整體的本性可以快樂地活著。整體不是為了你們而存在；反之，是你們為了整體而存在。正如每一位醫師，每一位高明的工匠，都會為了整體而留意部分，不會為了部分而留意整體。你們覺得憤怒，因為你們不知道在統合創世的力量下，你們要順應整體及順應自己到何種完美的程度。與身體結合的靈魂必須經歷各種變化，有時自己作主有時受人影響，而天地的大棋手所做的，只是使善者得善報，惡者得惡報，各自依其所為而得到適當的命運。(*Laws*, 903b)

柏拉圖繼續引申其說。世界本身是形體與靈魂的組合，雖非永恆但亦常存，它負責推動遊戲中的每一細節，就是使我們每人按照自己的生活方式得到升降的報應。因此，每一個靈魂都須為自己小小的領域負責。如此，諸神扮好監管的角色，人類也為自己的生命負責。

再看第三點，就是：諸神不可能受祈禱與祭祀影響而偏離正義之途。原文是：

> 諸神的工作可以比擬為醫師，他密切注意病人身體中疾病的演變；也可以比擬為農夫，他為自己的作物而擔心惡劣的氣候；或者比擬為牧牛者等等。
>
> 我們都同意，世間有許多善的事物，也有許多不善的事物，而後者的數量更為龐大。這就構成了永恆的鬥爭，需要高度的警惕與戒心。在這場戰爭中，諸神與精靈是我們的盟友，因為我們從屬於他們。毀滅我們的是不義、放縱與愚昧，拯

> 救我們的是正義、節制與知識，而後者全在諸神的能力範圍之內，當然它們也在某種程度上可以在人類中找到。然而，住在地球上的靈魂中，有些具有邪惡的性格，像野獸一般。它們與其他靈魂（不論是看門狗、牧羊人或有力的主人）接觸時，會百般諂媚、用盡心機，讓這些人以為可以在世間放縱言行而免於受苦。這種放縱是錯誤的，它在身體上稱為疾病，在季節循環中稱為瘟疫，在城邦與政府中則稱為不義。(*Laws*, 905e)

上文中所提及的諸神，顯然不是祈禱與祭祀可以賄賂的，因為他們不可能比不上誠實而正直的人。柏拉圖接著談到對三種不敬行為的懲罰。話雖如此，他本人從無迫害不信者的經驗，也無法預先看到後來宗教審判的恐怖作為。

那麼，柏拉圖在信仰方面對市民有何要求？如上所述，他們必須相信：諸神存在並關懷人類，而且不受祈禱與祭祀的賄賂。市民必須遵守法律規定，崇拜諸神；意思就是：必須參加公開的宗教慶典，向那些雖未明確界定但可以助我們抵抗罪惡的神性力量獻祭。私人的宗教儀式是違法的。柏氏所言到此為止；他沒有多談什麼教義，也不特別說明市民應該接受的信條，或者諸神藉著委任祭司在重大事故所呈現的徵兆，或者親近諸神的祈禱方式等。因此，所謂「無神論者」是指什麼人呢？(1)不相信宇宙中有秩序或目的，也不相信在人類之外有比人類更偉大的力量，可以使一切導向於善。(2)雖然宣稱相信諸神，但是又說他們不關心人類；結果仍是一樣：人類在自身之外找不到任何援助。(3)相信諸神的正義可以被人類的祈禱所干預；柏拉圖認為這是最惡劣的一種。除了上述三種不當行為之外，個人在宗教事務上是自由的。

柏拉圖作品中，諸神也可以等同於日、月、星辰等天體的靈魂；這一點在《迪美吾斯篇》已現端倪，在《法律篇》較為明顯，而在《埃比諾米斯篇》達到成熟。這是十分寫實的說法。柏氏既然相信只有靈魂可以發起運動，自然會導致這種結論。能使眾多天體以規律方式在天空運動的，當然是靈魂，不論這靈魂是否在天體之內。在柏氏學院中，天文學研究蔚為風氣，其中的問題之一即是以數學方式說明天體顯示的少數不規則運動。如果照一般推測，這個問題在柏氏撰寫《埃比諾米斯篇》時已經解決，亦即證明了眾多星辰終究是依數學規則在運動，那麼控制這些運動的就一定是心智了；如此一來，把諸神等同於星辰，毋寧是順理成章的結果。這樣做，不是要以新宗教取代舊宗教，而是要讓傳統的奧林帕斯諸神得到新生命與新意義。

綜觀柏拉圖的全部作品，我們發現始終如一的是他相信宇宙中有一個秩序以及一個目的，而諸神的意義則隨著不同年代的作品得到拓深及發展。《歐息弗洛篇》已經奏出了主調，清楚肯定道德價值是有絕對不變的實在性，不受任何意志的左右。這些價值與其他的實在界，後來冠以理型之名，但是依然優於諸神，並作為終極目的。

神與諸神 (θεός, θεοί) 二名並用，從最早期的作品即是如此，這是通俗意義的用法，指稱永恆而超越人性之物。此時所引述的神話中的諸神，亦為此意。可以肯定的是，此時諸神與理型都指稱超感官界的整體，諸神為理型之神話代表，因此兩者從不一起出場。

直到《費得魯斯篇》的神話中，諸神與理型一起出現，然後神性的靜態面與動態面才清楚區分開來，而諸神顯然局限於動態面。這兩面的關係問題隨即逼人而來；更寬廣的問題則是理型與感官世界之間的關係。解決的線索其實從開始就有了，亦即《費多篇》所極力強調的心智或知性。知性是靈魂的一種功能，因此諸神轉成了靈魂，由此亦使他們與有死之物建立了聯繫管道。《辯士篇》出現同樣的問題，而柏拉圖主張心智與靈魂無論如何必須是絕對真實者的一部分。靈魂可以領悟理型，又是運動與生命之引發者，因為唯有它能自行啟動，並且引發世間一切活動。

即使世界自古即存，《迪美吾斯篇》的創世神話也是一種方便說法，可以解釋在世間運作的各種力量之相對的優先性與重要性。造物者純屬神話，但是它代表完美狀態的靈魂，具備知性與運動能力，可以經由諸神與人類的靈魂而使世間萬物都依賴它。

由此可知，何以柏氏有時談到諸神可以幫助人類，有如君王，且是世界之父親與製造者。這些意象不可由字面去理解。譬如，他稱德米奧格為父親時，只是肯定他是萬物之起因與根源。他絕不是會愛護子女的那種父親。我們與其說是愛諸神，不如說是愛理型，而諸神也愛理型。但是諸神並不愛我們。在柏拉圖看來，愛樂斯總是向上仰望，而神的愛只能是我們感覺如此的結果。諸神雖不能愛我們，但是卻可以幫助及指引我們；我們在得知自己與宇宙目的立場一致、諸神也在努力體現善時，就會真力瀰漫，奮發向前了。

柏拉圖從來不曾主張完全的一神論，即使有些言論顯示此一傾向。他認為世界必定有目的，而且此目的為一；不過它的運作總是藉由眾多神性靈魂來進行。正如《辯士篇》所云，他的終極實在界在邏輯領域既是一又是多，所以他的神明同時是一位與多位，他也不加區分地使用單數與多數，以致對於熟悉一神論的現代讀者，顯得有些不近情理。

在柏拉圖體系中，宗教與哲學起初好像互相漠視對方，但是兩者之間並無對峙張力。他所堅持的信仰，是他認為經過辯證過程所建立的原則，就是：宇宙有秩序與目的，神的力量運作於整個世界及其各部分，以及宇宙的目的高高在上，不由人意所左右。

第八章　藝　術

柏拉圖創立學院時，宣稱唯有哲學可以引人獲得智慧，進而找到城邦生活與個人靈魂的善；這時他的角色無異於一名老師，專門教人什麼是善。在他之前，有兩種人扮演這樣的角色，就是：詩人與辯士。辯士自詡在這方面具有卓越的才能，但是並未得到普遍的認同，柏拉圖也不難以超然態度在許多地方指陳他們的缺失。詩人的情況則大不相同。他們自己並不侈言可以教人智慧，但是數世紀以來他們的作品雜揉了希臘的宗教信仰，使一般人轉向他們尋求指導與支持，並奉為行為與真理的裁決者。為此，柏拉圖必須一再探討有關詩的問題，並且常常要連帶談到教育。這並不表示他的動機是自私的，或者他有預設的成見。他是哲學家，也是藝術家，藝術自然是他鍾愛的題材；我們可以相信，藝術與哲學一開始就曾在他心中爭論不休。哲學勝利之後，他就更渴望向藝術家及世人證明他的抉擇是對的。我們稍後將看到他成功的程度如何。此外，柏拉圖的藝術理論有時集中在討論詩上，這是因為「詩人」(ποιητής) 一詞的希臘文原意是「製作者」，在當時用以指稱所有具創意的藝術家，甚至包括各種工匠在內。因此，在討論比較狹義的詩人時，也不可忽略它較廣的指涉。希臘詩人在自己的戲劇作品上演時，是由自己譜曲，並指導合唱團的舞蹈，所以「詩人」一詞的含意遠比今日所知者更為廣泛。「音樂」(μουσική) 一詞亦然：它通常指稱音樂，有時也包括一切與繆斯女神 (the Muses) 有關的藝術。因此，柏拉圖談到音樂教育時，他的真正意思是「各種藝術的教育」，這是當時雅典青少年的教育內容之一。

一、詩人與靈感

《自訴篇》談到一段軼事。蘇格拉底聽到戴爾菲神諭說他是希臘最明智的人之後，想要檢證這個說法，就四處尋訪雅典以智慧知名的人，希望發現他們比自己更為明智。結果呢？他們確實知道某些他所不知的事物，但是他們未曾察覺自己知識的限制。最後，蘇格拉底論斷：神認為他最明智，是因為他是唯一察覺自己無知的人，他從不強不知以為知。在尋訪過程中，他也找到詩人，請他們解釋自己作品的意義，但是幾乎任何一個旁觀者都可以講得比他們更好。於是，他說：「詩人的作品並非智慧的產物，而是自然的恩賜；他們像先知與神諭一樣，是受啟示而寫作的。」(*Apology*, 22c) 他們寫下各種美妙的事物，但是卻不知道自己寫的是什麼。

《依昂篇》對此作了更完整的說明。依昂是頗為出色的吟遊詩人，他宣稱自己在引述及討論荷馬作品方面，無人能及。不過，他也承認在討論其他詩人時，就難免讓人昏昏欲睡了。蘇格拉底請教他：詩人寫作的題材都是戰爭、和平與人生，那麼若不了解別的詩人，怎能了解荷馬？在其他藝術，如繪畫與雕刻方面，沒有人會宣稱可以不了解別人的作品而單單評論一人的。依昂聽了，頗感困惑。蘇格拉底提出解釋，認為依昂擁有的不是知識，而是靈感。

> 使你善於討論荷馬的，不是技藝 (τέχνη)，而是某種神性力量在推動，就像蘊藏在歐里披底斯 (Euripides) 所說的磁石中的力量，即使這磁石常被稱為赫拉克里亞 (Heraclea) 的石頭。磁石不僅吸引鐵環，也賦予鐵環相似的吸力，可以吸引其他鐵環，以致有時一大堆鐵環黏附在一起。這些鐵環的吸力都來自原始的磁石。同理，繆斯自己以神力啟發人，獲得靈感的再一一傳遞下去，集合了一群人。傑出的敘事詩人能寫出美妙詩篇，並不是憑藉技藝，而是有如受另一種力量所攫的人，身不由己。傑出的譜曲詩人亦復如此，他們就像科利邦舞者 (Corybants) 在忘我中狂舞一樣，也是在忘我中寫下美妙的樂曲。他們一觸及和聲與旋律，就像酒神附體的信徒……(*Ion*, 533d)

詩人依賴啟示或靈感，只能擅長一種詩體，不論它是悲劇體、抒情體或其他體；然後下一環是吟唱者，是詩人與聽眾之間的橋梁，他也專精於特定的一種類型；演員的情況也是如此。依昂強調自己在朗誦詩篇時，情感充沛，可以感動聽眾。在本篇接著的一段話中，柏拉圖表明了他對藝術的基本態度：成功的藝術有賴於情感之流，它由詩人流向演員，又由演員流向觀眾。

依昂並不死心，仍然堅持自己比任何人都更了解荷馬。但是，他最了解的是荷馬詩中的哪些東西呢？是駕御馬車的篇章嗎？當然不是了。駕車的權威應該是御者，釣魚的權威應該是漁夫等等。依昂最後只剩下戰爭這個題材了，他還一度宣稱自己是希臘最好的將軍。這個可笑的宣稱隨即失效。依昂沒有任何特定的知識可以自豪，只能安於蘇格拉底從一開始就為他準備的「神性靈感」。

《依昂篇》承認詩人受靈感啟發，其作品亦妍美可取；只要詩人不宣稱擁有知識，那麼哲學與詩之間可以相安無事。簡言之，詩人的工作是說故事 (μύθους)，而不是對事物作邏輯的敘述 (λόγους)。蘇格拉底在《費多篇》還談到，他除了在夢中得到指示要追隨繆斯女神之外，至今一直疏於練習詩與音樂，因為他不是「帶有故事心態的人」。這句話暗示我們，他得到的是更高的召喚，神說他是希臘最明智的人，並非毫無理由。

《理想國篇》完全從教育家與政治家的觀點討論藝術。其中不談諸神的啟發，也不就藝術家本身去考慮。關注的重點不在藝術作品的好壞，而在它的社會價值。藝術須以其社會價值為主，不可本末倒置。然而，柏拉圖在本篇中偶爾也提及另一種探討的角度。他認為藝術是城邦中極為重要的一個成分，廣泛影響了人們的生活，並且他也深深感受了藝術之美。以下一段話可以作為說明。

> 我們不只應該命令及強迫詩人，在詩作中呈現良好的角色，否則就不准在我們這裏創作，同時也要下令給其他工匠，禁止他們在圖畫、建築或任何其他作品中，呈現邪惡的、放縱的、刻薄的、粗鄙的角色。不遵此令的人不許在我們這裏工作；如此，我們的衛士才不會在惡的意象中培育，有如在惡的草地上咀嚼，每天一點一滴、耳濡目染接納許多東西，靈魂中不知不覺累積了各種惡。我們要找的工匠是精於尋求及表達美善之物的；如此，年輕人可以由各方面受益，就像那些住在健康之地的人，美的作品有如微風帶著清爽的空氣，洋溢於耳目中，使他們自孩提之日起，就不知不覺地熱愛、模仿理性之美，並與它協調無間。(*Republic*, 401b)

這是柏拉圖的基本立場，其中的一般原則在詳加分析之後，即使是徹底支持「為藝術而藝術」的人也不會一筆抹煞的。我們應該以此為依據，全面檢討他的相關看法與評論，而不必特別在意少數章節的不同含意。

《理想國篇》第三卷中，蘇格拉底談到衛士所須具備的條件及其教育計畫。他向來重視早期的訓練，包括應該告訴兒童哪一類故事，對藝術，尤其是詩，是否應該管制等等。有關諸神的荒誕軼事當然不可講述，也不可誇張描寫地下世界的恐怖，以免衛士產生恐懼死亡的心理。高貴的英雄不能表現過度的情感，譬如大悲或大喜。

在這個階段尚未找到善或德，所以不宜多談藝術的適當題材。蘇格拉底轉移話題到文體與韻律上。寫作方法有三：敘述法、模仿法與混合法。敘事詩屬第一種，戲劇為第二種，史詩則是混合法，作者有時為自己說話，有時為角色說話。但是，一個作者不能「模仿」他不熟悉的多種角色；的確，我們發現一個人無法同時撰寫喜劇與悲劇，這是因為人性各有特長，無法同時妥善做好或者模仿多樣事情。

> 前面說過，衛士應該摒除其他職責，專務於維護自由的城邦，所作所為皆以此為目的，別的一切他們既不該做也不該模仿。如果要模仿，就須自孩提時代起，模仿那些有助於他們職責的德行，如勇敢、自制、道義、自由等。卑屈的事，既不該做也不該巧妙模仿，可恥的事亦然，怕的是他們在模仿之後，也喜歡真的去做這些事。你難道不明白，從小開始的長期模仿，將會陶鑄一個人的習慣與本性，不論在體態、聲音或思想上，都是如此？(*Republic*, 395c)

二、藝術與模仿

「模仿」(μίμησις)一詞的原文有雙重意義，較寬泛的是指模仿，較特定的是指扮演，有如戲中角色。柏拉圖在《理想國篇》第三卷所談的主要是「扮演」(impersonate)。作家受繆斯啟迪，在情感上認同自己的角色，然後在直接扮演時，這種情感認同達到完全的程度。演員或吟唱者是第二個環節，經由類似的過程，使觀眾也得到啟迪。單純的敘事可以製造部分效果，但是實際扮演則感人至深，在柏拉圖看來也更為危險。不僅在藝術上如此，我們也會在某一程度上扮演讓自己心儀的人。柏氏深信我們會慢慢肖似我們所扮演的人；理想國中的衛士不能自由選擇偶像，而應該模仿善行，以符合他們的天職。柏氏不容許衛士在劇院中認同惡的角色與情感。為此之故，他排斥某些藝術，尤其是完全依賴扮演的戲劇；並且不滿當時藝術中的寫實主義，因為它不僅模仿低劣的角色，甚至模仿狂風暴雨的聲音，企圖在情感上對觀眾造成難以估計的影響。如果實在無法避免惡，就要讓它局限於敘事中。

柏氏承認其他類型的藝術可以帶來許多快樂，但是在理想的城邦中卻不宜如此，因為一個人應該做好一個工作，不許有雙重或多重角色。他的命令是：

> 如果有人聰明善巧，可以裝作多種性格並扮演一切事物，帶著詩作來到我們的城邦，想要公開表演的話，我們大概會向他深深鞠躬，有如面對一個神聖的、不可思議的、美妙無比的人。我們會說：我們的城邦中沒有這樣的人，法律也不容

> 許這樣的人留在這裏。我們會把香油倒在他頭上，為他戴上花冠，然後送他到別的地方去。我們自己會聘用一位比較古板、比較無趣的詩人，他所說的故事都是為了我們的善著想，他只「模仿」好人的言論，所說的一切都符合我們最初為教育衛士所定下的原則。(*Republic*, 398a)

以上是柏拉圖把詩人逐出理想國的基本立場，在此可以清楚看到，他逐出的不是所有的詩人，而是那些熱衷於扮演多種角色因而深具危險性的詩人。就我們所知，悲劇與喜劇在禁止之列，但是許多敘事詩、史詩以及敘事與戲劇的混合體是可以流通的。這種作法並未完全偏離希臘悲劇的傳統，差別只是讓傳訊者的敘述部分大幅增加。劇情中惡的行動可以用敘述方式在舞臺外進行，正如一般希臘悲劇中的謀殺部分那樣。

柏拉圖這種基本立場也適用於音樂與韻律。他避免談論細節，但是清楚肯定：只有單純的模式應該保存下來，因為它所「模仿」的是戰爭時勇者的行為與和平時高貴的人格表現。凡是造成時髦之狂歡的韻律與多弦的樂器，都應該遠離城邦。由詩人的靈魂深處流露出作品內容，並決定了風格體裁，再由此開展出韻律與音樂；而這一切的基調則是單純。同樣的規則，如上所云，適用於所有的藝術與技藝。

如果不曾認真研究善與生命，就不可能創作真實的藝術，因為這兩者互為表裏。藝術欣賞是教育的必要內涵之一，但是一切藝術作品都是預備性的，是為了迎接生命中的善與美。事實上，柏拉圖把「音樂」或「藝術修養」一詞的意義擴充，應用於所有的愛美之人身上，而愛美之人又無異於哲學家或思想家。這樣的人如果是藝術家，柏拉圖當然歡迎之至。至於這種藝術家能夠創造出何等作品，則未見任何描述。我們由一些片段資料可以得知：這樣的作品並非不可能，而且絕不僅止於複製事物；這種藝術家第一步可以做的，是把他在自然界所見的分殊現象整合起來，但是能否由此產生偉大的藝術作品，則不無可疑。不過，其他方面還是大有可為。蘇格拉底在別人質疑理想國的實際可行性時，說了一段話：

> 如果有人要畫一幅最美的人像，並且確實畫得栩栩如生，但是卻無法證明這樣的人存在，那麼你會認為他不算是個好畫家吧？(*Republic*, 472d)

進而，在為「哲學家君王」的觀念辯護時，他說：

> 有些盲目的人對真正的實在界毫無所知，靈魂中也缺乏清楚的模型，以致不能像畫家一般認真注視最真實之物，以之為判準，盡可能精確考察，並且在必要時建立我們有關美、正義、善的法律與傳統。這些盲目之徒與我們所說的人是大不相同的。(*Republic*, 484c)

這段話中值得注意的是：畫家懂得使用模型。柏拉圖稍後就把哲學家比喻為畫家，他以城邦及百姓為畫布，以神明為模型，先畫下初步輪廓，再仔細調整材料，使城邦的基礎完美無瑕。柏氏所排斥的藝術，是容易受群眾意見擺布的。如果有人研究群眾情感並在作品中反映出來，那麼他就是把無知的群眾當做自己藝術的裁判。

第十卷中的討論稍嫌含混，因為柏拉圖的「模仿」一詞兼具廣泛義與特殊義。開始時，意思偏重有樣學樣的模仿，蘇格拉底提醒大家他已經在前文排斥了過多的直接扮演法。列入名單的有悲劇、喜劇，以及有「第一位悲劇家」之稱的荷馬的作品。在演出時，不必使用反省能力，只須盡可能在形貌動作上肖似我們所扮演的角色。這種扮演完全缺少對價值的反省意識，在畫家而言就是照實描繪一個物體，所描繪者只是特定的一面而已。柏拉圖並不質疑藝術家須像鏡子一般反映自然界，但是卻責怪他們只做到這一步。他的批評基於兩點：一是理型論，二是心理學。就第一點而言，大意如後：

> 你可以帶著鏡子四處走，用映照的方式製造或呈現許許多多的事物。畫家的工作即屬此類。他所呈現的，不是床理型本身，那是神的作品；而是實際的床，那是工匠的作品，工匠把床理型置於心靈之前有如模型。於是，床有三個：理型床、實際床與畫中床。就真理而言，畫家站在第三位，因為他「模仿」個別的床，甚至只是模仿了此床的一面而已。這種「模仿」並不需要知識，從荷馬以來所有詩人的作品皆屬此類。許多人不明就裏，以為荷馬總是清楚自己在說些什麼，甚至追隨荷馬，奉他為師。事實上，對於那些相信他的知識的眾多追隨者，荷馬根本無法像辯士那樣提供指點。擅長模仿的詩人對於他所寫的東西毫無所知，他只是一個「扮演者」。若是去除音樂與韻律所造成的魅力，這種詩人的作品，「就像一個一點都不美的年輕人，在青春期的魅力消逝後所留下的面貌」。他能以文字或圖像來「模仿」任何技藝與任何藝術，但是卻對這一切毫無所知，甚至缺少工具製造者的正確意見，這種正確意見是依循工具使用者的實際經驗與指示而來的。

> 於是，他只能「模仿」那些討好群眾的東西，並且僅此而已。(*Republic*, 596d)

這段話暗示：「從荷馬以來所有詩人」與所有畫家都將被排拒在理想國之外。這種想法自然引起後代注釋者與藝術家的強烈譴責。不過，我們不宜如此急躁，因為柏拉圖所談的是一個由他來立法的「理想的」城邦，「一個在地球上任何地方都不存在的城邦」，對我們只能是「安置在天上的典範」。在這樣的城邦中，連伯里克利斯 (Pericles)、泰米斯托克 (Themistocles) 或梭倫 (Solon)，甚至曾經在世的任何政治家，都未必可以獲得保留的位置。那麼詩人何以應該例外呢？連荷馬都離完美的程度很遠，而柏氏也明確指出他的缺失所在。必須強調的是：柏氏並不排斥詩本身，只是排斥以模仿為主的詩作。他的用語也顯示一定的謹慎，如「悲劇家」(這無疑是模仿專家) 與「模仿的詩人」，是受到他指摘的。

畫家的問題比較複雜。柏拉圖曾以畫家為喻，暗示畫家有可能直接模仿理型，但是同時他又對繪畫表示很低的評價。畫家確實是在複製個別事物，詩人也是如此，所以都將遭到驅逐的命運；現實世界中的政治家與演說家也無法自外於此。有無可能出現好的畫家與好的詩人？當然可能。好的藝術家若想創作優美的產品，必須對於他要創作之物先有所知，但是他的知識與大多數希臘人心目中詩人的知識，是大不相同的。它與哲學家的知識處於同一層次，屬於同一種類。

模仿式藝術的產品站在距離真理的第三層位置，因而受到排斥。其次，還有心理學上的理由可以用來反對它們。感覺帶來混淆，如竹桿入水成彎曲狀，而化解這一類矛盾現象，則是知性的職責。可是，「繪畫與一切模仿式藝術」只會增加這種混淆，讓情況變得更糟。它們的性質就是要複製人的各種行動，不論那是愉悅的或痛苦的，自願的或被迫的，並且要毫無區分地重現人的各種情感。然而，一個悲傷的人應該在別人前面抑制情感，表現莊重的儀容。不必向困擾還擊，而應該設法平息靈魂的創傷，使它更為強壯，因為耽溺於痛苦的回憶既是懦弱的也是不理性的。

> 模仿的詩人與具有自制力的知性之間，並無自然的關聯。如果他想在群眾中贏得名聲，就不會把智慧用在知性上，而會用在人的情感部分與善變的狀態，因為這些是模仿的好對象。
>
> ——顯然如此。
>
> ——我們可以理直氣壯地批判他，把他列於畫家之類，因為他的作品內涵是次級的真理，並且他所熟習的是靈魂的較差部分，未能取法乎上。一個妥善治理的城邦當然不會接納他，因為他喚醒了靈魂的這個部分，滋養它，使它強壯，以致毀滅了理性。這就好像我們在城邦中使壞人強壯，把城邦交給他們管理，以致迫害了好人。同理，我們認為模仿的詩人在個人靈魂中造就了壞的政府，容忍不智之舉，無法分辨大小，相信同一事物既大又小——專門製造意象，遠遠離開了真理。(*Republic*, 605a)

在真實生活中我們無法贊同濫情的表現，但是，當英雄在舞臺上耽溺於過度的情感並使人深受感動時，我們會稱頌詩人的精采傑作；習以為常之後，自制的理性鬆懈下來，我們也變得漫無節制了。這就是荷馬與悲劇家為我們所做的；所以我們要拒絕此類作品，只保留那些頌揚諸神與善人的詩篇。我們要逐出快樂的繆斯，以免苦與樂取代了法律與理性，成為城邦的主宰。柏拉圖承認，這一類的詩作是不易排斥的，我們歡迎任何人為其辯護，但是除非真能證明它既對人有用又使人愉悅，否則還是不能留情，以免我們的心態墮落到幼稚的激情與情感中。

第十卷中的這一類討論，大部分是第三卷內容的補充，擴大了對不良藝術的批判，並加上繪畫在內。他基於形上學與心理學的理由，排斥了模仿藝術，從理想國中驅逐最受珍愛的希臘詩作；不過，他並未引介任何新理論。許多學者把這些篇章當做柏氏反對一切藝術的證據，而事實上並非如此，何況柏氏還一再推荐好的藝術，就是「哲學家詩人」的作品。

《費得魯斯篇》的神話乍看之下，好像推崇靈感勝過知識，因為整篇神話都在稱贊「瘋狂」(μανία)，亦即靈感與忘我的別名。其中一段談到瘋狂與節制的對照，而人們以為瘋狂當然是一種惡。蘇格拉底說，人們的想法錯了，因為瘋狂是許多祝福的緣由，古人為我們證明了「來自於神的瘋狂，比來自於人的節制更好」。這裏指出了瘋狂與神的關係，不僅如此：

> 一個人走近詩的門檻而沒有繆斯的瘋狂，卻相信他靠技巧就可寫出佳作，那麼他自身就是有缺陷的；一個清醒的人所寫的詩，比起瘋狂的人所寫的詩，簡直是毫無可取。(*Phaedrus*, 245a)

「瘋狂」一詞似乎過於強烈，但是在柏拉圖看來未必如此，因為他以瘋狂描寫那種在激情的欲望(即愛樂斯)中彰顯的情感力量，以及人在靈感高峰被外力所攫的忘我感受。

在柏氏筆下，瘋狂有四種：一是預言，來自阿波羅；二是神祕儀式，來自狄奧尼索斯；三是詩的瘋狂，來自繆斯；四是愛的瘋狂，來自愛樂斯與阿芛若狄特。柏拉圖重彈老調，指出位於最高階層的愛的瘋狂，其實正是對美與真的愛，就是使人沈思永恆價值或理型，因而成為哲學家或思想家的那種激情。哲學家的地位依然高於詩人，但是他對真理與知識的激情，同樣是像詩人那樣被啟發的、深刻無比的、瘋狂的。蘇格拉底不是故事敘述者，但同樣是受啟發的；在柏拉圖看來，他受啟發的程度只有更深。失去翅膀的靈魂墜落人間，其中最好的就是曾在天上觀看永恆真相最清楚的，現在成為「哲學家」，亦即愛智愛美者，真正的藝術家。詩人的地位呢？在柏拉圖的構想中，列出十個等級如後：⑴哲學家或真正的藝術家；⑵守法的君王、統治者或將軍；⑶政治家與商人；⑷身體訓練師；⑸預言者；⑹詩人；⑺工匠；⑻農夫；⑼辯士；⑽暴君。詩人位居第六，實在並不光采。在他之前的五等人應該都是分享了某種真實知識，並且各依其分盡好職責的。

《理想國篇》提及有關好壞藝術的區分，這一點在《辯士篇》得到進一步說明。首先，模仿藝術被畫歸製造業，可以製造某些東西。接著，埃利亞的陌生人堅持模仿藝術在教育上的重要性；他說，危險在於：那些年輕時誤以模仿為真實之物的人，在成年之後，必須忘掉基於這個錯誤而有的一切意見。模仿者中，他特別提到了畫家與修詞學者。然後，模仿技藝區分為兩種：一是忠實的複製，可以由遠處看出正確的比例；二是僅僅模仿表面，結果遠看有些像，近看就大為走樣。後者包括繪畫與其他模仿藝術。細部區分可以表列於後：

製造的技藝
- (1)製作真實的產品
- (2)製作意象
  - (1)精確的複製
  - (2)表面正確的複製
    - (1)知道自己複製的是什麼
    - (2)不知道自己複製的是什麼

藝術畫歸於「表面正確的複製」。文中提及「任何在裝扮或聲音上肖似你們的人」，顯然是指演員與吟唱詩人。有趣的是，就被模仿的對象而言，這種模仿可以是基於知識，也可以是基於意見。前者知道他模仿的是什麼，他的知識如果正確，至少還有機會製造柏拉圖所認可的藝術作品。

三、藝術與快樂

《菲勒布斯篇》從另一觀點肯定哲學優於藝術，亦即這兩者所帶來的快樂之性質有別。觀賞悲劇與喜劇時，快樂混雜著痛苦，因而是不純粹的，也是較低級的。荷馬談到憤怒時說：「它甚至為智者帶來痛苦，但是流露的甘甜更甚於蜂蜜。」悲劇的壯觀景象使人既苦且樂，「我們覺得快樂，但又不禁哭泣。」(*Philebus*, 48a) 喜劇的情況較不清楚，不過經由分析可知，喜劇總是牽連著嫉妒或怨恨的感受，這顯然是痛苦的情感。可笑的言行總是伴隨著無知。人可能對自己的資產、體態或心靈缺乏自知之明，心靈方面的無知尤其適合作為嘲弄的目標；但是被嘲弄的對象如果太過強大，也可能使人心生恐懼。不幸的事發生在非敵人身上，卻使我們感到高興，這種心態絕對離不開痛苦的嫉妒感，因此我們觀賞喜劇時的感受是混淆的，快樂也是不純粹的。相形之下，探尋真理的快樂當然較為優越。

《法律篇》對藝術的討論是到目前為止最成熟與最完備的，不過，在此所談的不再是理想國了。本篇第二卷指出，藝術有兩種功能：第一，年輕人學會如何適當欣賞藝術，將能孕發正確的感受，在理性成熟之前由正確的事物獲得快樂，並且，最初的教育必須透過繆斯與阿波羅。第二，它在我們年華漸老時，可以帶來鬆弛與休息。

> 諸神同情人類及其勞苦，為了使他們得到休憩，就建立一連串的神明慶典，派遣繆斯與阿波羅為他們的領袖，狄奧尼索斯為他們的伴侶，一起參與慶宴，希望他們與這些神明分享豐盛的飲食，身心恢復充沛的活力。(*Laws*, 653d)

由此可見，融入這種慶典中的藝術，對兒童算是教育，對成人則有提振活力與休養生息的作用。它的根源是人人具備的運動本能，只要看看幼小的嬰兒與動物難得一刻靜下來，就可以明白個中道理。不過，儘管所有生物都具備這種本能，卻唯獨人類有能力覺察運動中的秩序，亦即所謂的韻律與和諧。因此，教育的作用在於把秩序與韻律引入歌聲與舞蹈，也就是引入運動與言語，使年輕人可以分辨隨之而生的美。這種美不僅是就表演的專門技巧而言，也是對表演的意義作適當的欣賞，因而接近在正確的事物中獲得快樂這種原則。內容依然比技巧更重要。

> 我們若能在歌聲與舞蹈中認出美，就可以正確分辨誰受過教育以及誰沒有受過教育。(*Laws*, 654d)

《法律篇》所謂的歌聲與舞蹈是廣義的，不僅包括《理想國篇》

中的詩，也包括幾乎全部的悲劇與喜劇。柏拉圖依舊堅持檢查制度。藝術的美，必須呈現善人的作為與言論；藝術的美與人生的善仍然緊密相聯。對一個人來說，壞藝術的影響就像壞朋友，因為，「我們欣賞什麼，就會變得像什麼，即使我們羞於贊美它。」(*Laws*, 654e) 繆斯的教育與遊戲都應該有所約束；詩人不能以創作的快樂為藉口，就任意把作品展示給年輕人欣賞。我們最好找出藝術美的基本類型，以法律規定任何人皆不得違背。埃及藝術的制式化作風已有數世紀之久，可見一般的規範原則是可以確立的。我們不計任何代價也要避免現在盛行的這種追逐新潮的狂熱風氣。

下一個問題更為深入，就是：為何所有的人不會由相同的藝術作品中獲得快樂？許多人強調，藝術應該完全由它所提供的快樂來判斷。到底真相如何？我們所欣賞的表演，是與我們的本性及習慣相互呼應的；本性與習慣若是一致，我們就稱贊及欣賞同樣的事物，但是，

> 有些人本性善而習慣惡，或者本性惡而習慣善，那麼他們的贊美與他們的快樂就出現分歧了。他們說某些事物使人快樂，但卻是惡的。他們在明智的人面前羞於露出身體的反應，羞於唱出這些歌曲，因為這樣做會公然顯示他們的認同；但是私底下他們還是以之為樂。(*Laws*, 655e)

若以快樂為唯一標準，那麼各種藝術如何分出高下？可以想見的是，隨著判斷者年齡與性別的不同，結果一定是眾說紛紜。藝術誠然必須由快樂來判斷，但是，由誰的快樂呢？由正義之士的快樂。不能訴諸暴民的快樂，像在雅典那樣，法官被群眾的嘈雜喧鬧所左

右。法官應該是群眾的老師，而不是群眾的學生。簡而言之，廣受歡迎並不是藝術之美的證據，快樂也不是藝術之美的嚮導。「我們以為自己做得對時，就會滿心歡喜；我們滿心歡喜時，就會以為自己做得對。」(*Laws*, 657c) 是否真的「對」，就要靠立法者去判斷了。

那麼，要如何在藝術方面作出正確的判斷呢？我們可以從三個角度來看藝術作品：一是魅力，就是它所帶來的快樂；二是技巧的精確程度；三是它所貢獻的善。快樂在許多事物上出現，但只是作為副產品，譬如：食物帶來快樂，但是我們判斷食物時考慮的是它能否使人健康；學習帶來快樂，但是使學習名實相符的是它的真理與有用性；藝術作品的情況亦復如此。如果真有在效果上不好也不壞的藝術作品，這種「純戲劇」就只能依其快樂價值來判斷。

一切模仿皆須以真理為標準來判斷，藝術自不能例外。因此，在判斷藝術作品時，我們必須先知道藝術家想要模仿的是什麼，其性質為何。例如，要判斷一張人像，你必須知道什麼是人，他的身體四肢之比例與關係如何。唯有這樣才能判斷這幅作品在技巧上是否正確。

事實上，任何加諸藝術的判斷都有兩個階段：第一步，先確定藝術家想要呈現的是什麼，我們再回顧自己對這個模型的知識，然後決定他的呈現是否正確。第二步，我們要判斷它是否成功，就是能否為觀眾與聽眾帶來善的效果。這裏所論不只限於畫家，因為對任何藝術作品都可以問：「藝術家想要做什麼」以及「他是否達成了目標」；然後我們再去提出道德的判斷。因此，技巧的正確性是不容忽視的。

繆斯不會錯得這麼離譜，把男人說的話配上女人的態度與腔

> 調，把自由人的腔調與舉止拿來搭配那適合奴隸與小人的韻律，或者在自由的韻律與舉止上表達相反的歌曲與言語；他們也不會把野獸、人類與樂器的聲音混雜在一起，好像在模仿一個模型似的……(*Laws*, 669c)

換言之，柏氏在「精確性」的要求中，加入了一貫性與特質描述。譬如，一首歌曲若包含合宜的內容，就是精確的；不然就是錯亂的。

最後一個階段是要判斷藝術作品的善惡；這不是一般百姓做得到的，也不是詩人能力所及，而是法官的職責所在。正如在一場宴飲中，大家越喝越醉，言詞也漸漸放肆，但是主人必須保持清醒，並且使狂歡者不要偏離基本的禮儀與尊嚴，同樣的，戲劇的法官也須保持清醒，並且要貫徹他的命令。他不能讓情感的浪潮襲捲自己，卻要密切注意表演的效果是善或惡。

有趣的一點是，柏拉圖雖然堅持詩人必須服從立法者，但是他也承認作品的道德價值並非詩人該管的事。在某種意義上，他放棄了《理想國篇》與《費得魯斯篇》有關「哲學家詩人」的理想；他同意詩人與觀眾雙方都可以由藝術作品的「精確性」表現中，得到審美的快樂。不過，如果作品的道德效果是壞的，表演將受到禁止，這種快樂也就不復存在了。柏氏明白區分審美標準與效益標準，並以後者為最高的要求。道德判斷是最後階段的事，在此之前須考慮藝術家是否實現其目標，以及作品在技巧上或審美上的價值。

四、從教育看藝術

《法律篇》稍後各卷談到教育時，一再提及藝術。柏拉圖不厭其煩地批判當時的藝術作品雜亂無章，尤以音樂為最。他說，至少在古代，各種各類的藝術是釐清範圍的。一個人寫的是頌神曲、輓歌、歡樂詞或飲酒詩，都有各自適當的韻律與旋律。現在這一切都混淆難辨了。所有的噪音同時呈現，詩人沈醉於快樂中，根本看不出什麼是正確的。藝術上的所作所為都是為了取悅暴民；「劇場統治」(theatrocracy) 取代了「精英統治」(aristocracy)，亦即群眾取代精英而占據了統治地位。柏氏有鑒於此，才想明確規範各類藝術，避免標新立異的情況出現。藝術家必須服從立法者與檢查團的指示。檢查團的成員包括教育部長、法律衛士以及其他年逾五十的市民代表。

本篇中的雅典人在對談中，試圖為好的藝術找個例子。他曾提及的包括：歷代作家描寫善的生活、頌揚諸神、稱讚偉人的文字，前輩之中也有撰寫同樣題材的作品，即使藝術性稍低也無妨。在此，他以自己的作品為例：

> 我並不是完全找不到例子。以眼前來說，我回顧我們從天亮以來所談的這一切，似乎就可以歸為某一類文學作品。當我把發自內心的這些論證看成一個整體時，應該會覺得愉悅，這大概是不足為奇的。在我看來，它們比我向來知道或聽過的有關詩或散文的說法更為豐富，對年輕人的耳朵也是最美妙與最合宜的。我不認為我還能推荐什麼更好的模型給衛士或教育家了。……(*Laws*, 811c)

柏拉圖寫下這段話時，大概年近八十，他著重語氣的說法應該不只適用於《法律篇》。也許他是要以自己的作品來回答那些批評他完全抹煞「詩」的人。當時許多希臘人習慣背誦長篇詩作，既無法分辨好壞，也未能留意內容。這種盲目的背誦只能帶來浮面而散漫的知識，無法培養真正的見解。

關於戲劇，還有一點可說。悲劇若不通過檢查制度，就只好另謀出路；喜劇的情況較難判斷：

> 如果一個人真想獲得智慧，他若不知道什麼是可笑的，就無法得知什麼是嚴肅的，因為對任何事物的知識都隱涵了對其反面的知識。由另一方面看來，如果他要分享一點點善，就不該兩者都寫；正是為了這個理由，他需要正反兩種知識。以免由於無知而做出或說出可笑的事物。
>
> 我們必須下令：只有奴隸與受僱的外國人可以呈現這一類事物。不許任何人把它們當真。不論男女，學習這些事物的顯然不能算是自由人；我們應該永遠對它們保持距離。(*Laws*, 816d)

總結以上所論，我們可以更清楚了解柏拉圖以藝術為模仿之說。「模仿」一詞的用法常是寬泛的，在《理想國篇》則取其狹義。《法律篇》出現的「藝術即是模仿」這種一般論述，在其他對話錄亦屢見不鮮。可能有人辯稱這種論述並無太大的意義，因為整個自然世界都可以說是理型世界的模仿。藝術作品為何不能是同樣的情形，就是直接表現自然世界中的理型而毋須以其中的模型作為中介？依柏拉圖對這兩層世界之間的關係所持的看法，沒有任何理由一定要排除上述觀點。換言之，藝術家並非不可能擁有真知，直接模仿理型。可惜的是，柏拉圖在批評藝術家皆為模仿者時，他看到的是這些藝術家都以感覺世界中的特定現象為其模型。

在柏拉圖的批評中，可以看出藝術與人生的密切關聯。藝術家不只是個說無聊故事的人，他還是個教育者；這一點符合當時希臘人的感受，亦即把詩當做善的人生之助益。這裏顯示了對所有藝術的尊重。人們崇敬古代詩人，自然會以他們為人生的引導。柏拉圖充分肯定詩人的引導功能，同時也急於指出他們自身並非絕不犯錯的引導。他們並未擁有知識，而唯獨知識是絕不犯錯的。他明白否認想像或詩意直觀之類的官能要比思想更卓越。藝術家與其他各行各業的「製造者」一樣，必須服從那些關心城邦之善並且知道如何去追求的人所下的命令。

他在《理想國篇》嚴詞抨擊藝術家誇張的功能。他們並無關於善惡的知識，也未能採取批評的態度。他們全憑靈感啟發，就任意描寫人生並且在情感上認同自己筆下的角色。模仿在此意指「扮演」。他的意思是：詩人、演員或吟唱者認同某一角色，暫時變成了這個角色，因為我們「模仿什麼就變成什麼」。用於其他藝術上，尤其在第十卷裏，模仿的意思較為寬泛，但是基本內容相同，都是指：未經批評地複製一個對象，並且在情感上不由自主地受其影響。《理想國篇》所說的「模仿的詩人」正是如此。自荷馬以來的所有詩人都無法免於這種標籤，也都無法在理想國中立足。不過，這裏所談的只是一個「理想中的」城邦。

廣泛說來，所有的詩人都是模仿者，但是《辯士篇》區分兩種模仿：一種基於知識，另一種則否。《理想國篇》所指稱的全屬後者。柏拉圖使用術語時並不嚴謹，這一點在其他領域也有不少例子。

在《理想國篇》,「哲學家詩人」不但不是貶義的模仿者，甚至根本不稱之為模仿者。問題是柏氏在撰寫《法律篇》時，似乎已經放棄了對「哲學家詩人」的盼望，正如他幾乎放棄了對「哲學家君王」的盼望。於是，他規定所有的詩人都必須受檢查制度約束，他甚至不再期許詩人去關心作品的道德效果，而讓政治家去操心。

藝術家作為模仿者，是指模仿具體的事物而言。即使是完美的藝術家也是如此。在現代人看來，把藝術家置於真實存在階層中的工匠之下，實在是難以接受的觀點。不過，就柏氏對真實存在所作的分析而言，卻是可以理解的。藝術家只是模仿者嗎？今天很少人會同意這種看法,很少人會認為藝術家沒有能力直接表現抽象之物。柏拉圖本人就善於借用神話來表達人的知性無法以科學方法企及的真理，這不是自相矛盾的作法嗎？即使我們同意他的信念，如藝術家的想像是一種低於知性的官能，以及想像絕不是走向神的捷徑；即使我們同意他有權輕視那些喜歡他的神話甚於喜歡他的數學的人；但是，他也堅信藝術具有教育上的價值，這種價值不僅是因為它再現善人的生活，使年輕人找到難得的楷模，而更是因為藝術家多多少少朝著知性所無法企及的真理在前進。情況不正是如此嗎？柏拉圖在此顯然有失公允，並且無法自圓其說。

藝術家所要呈現與模仿的，既是個別事物也是普遍的理型。柏拉圖的模仿理論有其見地，因為藝術家至少在他的意象中必須複製自然界。柏氏說得對，你在畫一幅人像之前，必須知道什麼是人；你在寫一齣悲劇之前，必須知道人生。在模型與藝術作品之間，一定有某種對應關係。如果沒有，那麼它就不是一幅人像或一齣人生的戲劇呈現，甚至可能不是一件藝術作品。《理想國篇》談到的城邦之舟的寓言，不可能出自一個對城邦與舟都毫無所知的人。其中描述的生動畫面不是直接緣於城邦與海上之舟之間的密切對應關係嗎？對一個完全不了解世間法官有何作用的人，審判日神話不是向壁虛構嗎？依此而論，繪畫、詩、雕刻，幾乎一切藝術皆須從真實生活得其意象。我們應該記得，對希臘人而言，音樂是與韻律體操密切關聯的，因而它更接近的模仿對象是舞蹈的韻律與活動。即使在今日，音樂在我們心中喚起某種情感時，它也是再造並且在某一意義下「模仿」人類生命中流暢的情感以及引發這些情感的韻律。柏拉圖甚至認為建築物的宏偉架構是在重新製造人的性格與感受。

沒有人比柏拉圖更深刻地相信或更強烈地表示：藝術對人類靈魂的發展有著重大的影響。他是基於此一信念，才堅持檢查制度的必要性。也許他的想法錯了，但是每一個文明的城邦都曾採用他的主要原則。這一原則在不同時代、不同文明中的應用情形也許極為偏差，甚至造成許多不幸；但是若要反對這個原則，就須完全否定檢查制度的需要。事實上，一般法律中的誹謗罪、冒瀆罪、猥褻罪都是檢查制度的延伸。

柏拉圖眼見過度的自由可能帶來嚴重的災難，於是走向另一極端，提出前所未見的藝術檢查理論。我們今日看到壓制手段所造成的無數罪惡，自然難以苟同他的想法。

不過，根本說來，檢查原則的用意是要使藝術屈從於善。像「為藝術而藝術」這一類說法，在柏拉圖眼中恐怕是荒謬的。野蠻的檢查制度固然令人厭惡，但是如果全無檢查，那麼現在許多文明國家中的禁書固然可以重見天日，而許多電影也可以偏離常軌了。柏氏認為藝術應該順應城邦的善；如果否定這一點，就須在維護偉大藝術的同時，也維護春宮影片的權利了。如果真有人這麼做，也很可能是由於相信如此可以使群體的利益得到平衡；這又與柏氏的想法無異，就是把善擺在第一位，美則與有用同列。

此外，還有一個問題。在明白了柏拉圖的模仿理論、檢查制度、知性高於想像等觀點之後，我們仍不清楚在柏氏心目中偉大的藝術是什麼樣子。柏氏始終不願清楚肯定藝術家可以直接模仿理型。不過他承認藝術家的意象必須得自真實生活，就像人們用來作任何東西的材料必須得自現實世界一樣。這種立場與他的哲學的任何部分都不會衝突，而且可以幫他肯定一項信念，就是藝術作品具有教育價值。柏氏對當時的藝術風氣極為不滿，他也嚴詞批判了荷馬等大悲劇家；但是這個理由不夠充分。「快樂繆斯」必須離開，但是他為何要驅逐所有的繆斯呢？

答案也許在柏拉圖的性格發展過程中可以找到。柏氏本人對藝術之美極為敏感，這一點在他的早期作品中尤其明顯。他自己是一名世界頂尖的藝術家及思想家，必定早已發現「人生的悲劇與喜劇」遠比舞臺上演出的任何戲劇，更能吸引他的興趣；並且沈思人生也能帶來更大的快樂。正如蘇格拉底在《普羅塔哥拉篇》所說的，勤於思考的人不需要藝術家向他們解釋什麼是世界。

柏拉圖心心念念都在人類社會的改善上，難免對人性中的頑固與愚昧深感憤怒，他的晚期作品也經常流露悲觀及失望的情緒；這一切說明了他的關懷焦點始終是人類生命本身。他後來成為數學家與哲學家，發現了永恆理型；隨著年齡漸長，他體認到最大的快樂應該是：發現新的概念，建立新的關係，解決抽象的數學、邏輯、天文學上的難題。比起身體上的快樂或觀賞藝術作品的快樂，這一切也許不那麼強烈，但是卻更為持久也更為真實。到了最後階段，他對自己的藝術才情也缺乏耐心了。《法律篇》中許多精采的章節足以證明他到最後還是偉大的藝術家，但是毫無疑問的是，《普羅塔哥拉篇》戲劇化的神韻，《饗宴篇》無與倫比的美景，《費得魯斯篇》生動煥發的想像，已經不再出現於晚期作品了。他管制自己的藝術，讓它屈從於理性之下，重視作品中的材料更甚於形式，進而把全部藝術的功能定位於年輕人的教育及成年人的休閒上。於是，藝術對整體人生的貢獻大為減少，對那些未達理性年齡的人又有極大的影響，好像一旦失控就會帶來毀滅似的。這樣的藝術有如兒童的遊戲，重要性依然，但是必須由「哲學家政治家」為他們妥善安排。「哲學家政治家」對價值有穩健而正確的知識，這不是一般百姓或藝術家可以企及的。

第九章　快　樂

公元前第五世紀後半葉，批判思想盛行。原有的法律與傳統無不受到強烈的質疑。辯士派學者是這種批判精神的代表人物，他們在某些議題上，提出相當偏激的主張。以倫理學上的基本問題為例，當責任與快樂發生衝突時，他們質疑的是：為什麼應該為了責任而犧牲快樂？許多辯士主張不必如此，他們認為這種衝突是出於「自然或本性」(φύσις) 與「法律或習俗」(νόμος) 之間的對立狀態。因此，一個強者如果有辦法突破多數弱者所設下的法律限制及其懲罰，他自然而然會去尋求自己的快樂與幸福。

與此針鋒相對的，是蘇格拉底與柏拉圖的觀點，他們大膽論斷：像強者這種野獸般的行為完全是不自然的，並且違反了真實意義的人性。柏拉圖的《對話錄》從未放棄此一觀點，但是他對快樂原則所持的態度，則有前後期的差異。年輕時的他，深富理想主義的情懷，在《高爾加斯篇》表現了有如清教徒般的反快樂主義；他晚年時在《法律篇》的說法就比較溫和委婉了。《法律篇》對某些類型的罪惡固然規定了嚴厲的懲罰，而事實上柏拉圖的想法到了這個階段已經較為平衡，對快樂表現了更深刻的理解，並且容納了他在年輕時所排斥的一些見解。

柏拉圖的快樂觀主要表現於以下幾篇對話錄中，就是《高爾加斯篇》、《普羅塔哥拉篇》、《費多篇》、《理想國篇》、《菲勒布斯篇》與《法律篇》。以下分別探討。

一、對快樂主義的批評

《高爾加斯篇》的主旨原是討論修詞學及其在城邦中的功能。高爾加斯 (Gorgias) 是退休的演講術教師，他的思想可以畫歸粗糙的快樂主義。蘇格拉底認為他把演講術這種危險的武器交給學生，學生若不妥善使用，將會造成禍害。卡里克勒斯 (Callicles) 是蘇格拉底在本篇的主要討論對手，他正是這樣一位不負責任的學生。另一位學生波魯斯 (Polus)，則像他的老師一樣，不大清楚自己的基本預設是粗糙的快樂主義。

本篇對話錄開始不久，高爾加斯就同意蘇格拉底的論點，認為可以比擬自己為一位教導拳擊、摔角、擊劍的老師，進而主張：學生用這種技巧來做任何事，都應該自行負責，而不能歸咎於老師。這原是合理的主張，但是卻有損這位著名辯士的尊嚴與面子。經過一番詢問，他不得不表示：如果學生不知道如何分辨是非，他當然也會開導他們。這裏出現了明顯的矛盾，就是他認可了前面所否定的老師的責任。談到這裏時，高爾加斯顯得頗有倦意，乃先行告退。

波魯斯接著上場。他清楚看到高爾加斯無法自圓其說，於是坦白承認：修詞學的目的是快樂；快樂對他而言，則是一件既善且雅的事。蘇格拉底的回答是：修詞學誠然使人有能力去做自己認為合適的事，但是一個人真正需要的是去做對自己為善的事，這兩者未必相同。他進而大膽主張：寧可受過也不要犯過。波魯斯無法苟同，因為犯過者顯然比受過者更快樂。蘇格拉底對此再提出反駁。討論於是乎難以進行，直到波魯斯承認：雖然受過比犯過更糟糕，但是犯過是更醜陋的。這一讓步，「行惡是醜陋的」，為後續討論提供了共同基礎。蘇氏進而要求波魯斯同意：一物為美，是指它是有用的或使人愉悅的，或者二者兼具；一物為醜，則指它是使人痛苦的或者是壞的。如果犯過要比受過更醜，但又較不痛苦，那麼它一定更壞，亦即更惡。波魯斯不得不同意如此，剩下的就容易談了。犯過確實比受過更壞，而所有的人都需要對自己為善之物。果真如此，則人們應該喜歡受過更甚於犯過；然後蘇格拉底在此可以盡情發揮他那聽來吊詭而其實十分誠懇的信念：只有在正義的行為中才能找到幸福；犯過的人應該渴望改過遷善。當時希臘人的觀念裏，認為「善的」與「有用的」兩者可以畫上等號。他們並不區分「本身為善的」與「對某人或對某物為善的」。

接著，卡里克勒斯加入討論，他本人不是辯士，但卻是辯士教育下的典型成品。他直言無諱自己是徹底的、不妥協的快樂主義者。他與蘇格拉底的一場討論，是柏拉圖筆下極富戲劇性的一頁。一造是追求快樂、熱愛享受，另一造是追求真理、熱愛知識，雙方壁壘分明，展開攻防。卡里克勒斯的高談闊論顯示了流暢的口才與修詞的技巧。他特別指出習俗與本性之間的對照。他說，波魯斯所謂「犯過是醜的」，純粹只是習俗之見，未必可取。至於當前流行的道德觀念，則只是弱者用來約束強者的方便法門而已。他說：

> 不過，我認為，如果一個人擁有足夠的天賦能力，他就會搖撼、掙脫及突破這一切約束，把我們構想的機制、詭計與魅力，以及一切違反本性的法律，都踩在腳底。他原是我們的奴隸，現在高高站起來成為我們的主人，並且讓天賦的權能

> 發出光芒。(*Gorgias*, 484a)

他繼續說，哲學對年輕人有好處也很適宜，但是對中年人而言，就顯得十分可笑，並且有礙男子漢的事業發展。然後他誠懇建議蘇格拉底拋開這一類幼稚的東西。

> 蘇格拉底，你沒有關心那些你應該關心的事物，你把自己靈魂的高貴本性扭曲為幼稚的模樣；你沒有能力在法庭上適當地進行一場辯論，也未必有能力去勸服或明確指引一般人。不過，蘇格拉底，請不要生我的氣，我是為你好才說的；你和那些追求哲學過了頭的人，處在我所指出的這種情況中，難道不覺得慚愧嗎？如果真的有人逮捕你或像你這樣的人，把你拖進監獄，以你不曾做過的惡行控告你，你知道你會茫然不知所措，目瞪口呆，無話可說。在法庭上，即使你的控告者既邪惡又低劣，他若要求以死刑懲罰你，你就會被判處死刑。蘇格拉底，像這樣的一種技藝怎能算是明智的東西呢？它控制一個高貴的人，使他心智變差，沒有辦法幫助自己，也不能從最大的危險中救出自己或別人，卻任由敵人剝奪一切，住在自己的城邦而幾乎沒有任何權利可言。(*Gorgias*, 485e)

由此可見，蘇格拉底面對的是一位頭腦清醒並且堅持自己信念的人。他要如何應付這種徹頭徹尾的快樂主義呢？方法還是一樣，首先要請卡里克勒斯界說他的名詞。據他所云，正確或合義，是最強者的特權。意思是：誰最強，誰做的就是對的。換言之，更強的與更好的是同義詞。

但是，誰是更強者？在某一意義下，多數比少數更強，因此他們就是對的。卡里克勒斯不以為然，強調他不是在說形體上的強，不然一群為數較多的奴隸就可以統治我們了。這一點當然是個重要的限制。等到他接受「更強者是更明智者」這個界說之後，焦點轉到什麼是「特權」？由字面看來，特權是指「比別人有的更多」；更多什麼呢？食物，飲料，衣服？卡里克勒斯提出抗議：

> 我一直在告訴你那是什麼。首先，我所說的更強者不是指鞋匠或廚子，而是指能夠明智管理城邦的人。他們不但明智而且勇敢，有能力徹底執行他們的意圖，不會因為心軟而失敗。(*Gorgias*, 491a)

在他看來，自我控制絕不是一件好事；反之，自我放縱才是他的目標與理想。如果有人主張幸福即是沒有任何需要或欲望，那就無異於贊美石頭的生活而不是人的生活，然後一具屍體將是最快樂的人了。針對這一點，蘇格拉底引述歐里披底斯 (Euripides) 與奧爾菲教派的聖賢所云，指出也許情況正是如此。以意象對付意象，蘇格拉底認為卡里克勒斯的理想可以比擬為地獄中的一種苦刑，就是要人去裝滿一個篩子或有漏洞的壺，這是既痛苦又永無終止的工作；但是，自我控制的人卻好比有一個沒漏洞的壺，可以裝好放進去的東西。試問這兩者孰優孰劣？

這些都是意象而不是論證，因此卡里克勒斯不為所動。篩子、壺、急流，隨你去說；快樂的人生依然是：飢則食，渴則飲。蘇格拉底立即加上一句：癢則搔，搔的時候不也快樂嗎？這只限於搔頭嗎？還要繼續往下說嗎？卡里克勒斯聽到這樣的話，並不覺得難堪，只是更加厭惡蘇格拉底的粗俗言詞。

卡里克勒斯依然堅持快樂與善是等同的。辯論繼續進行。他同意善與惡是對立的兩端，不能同時用於同一物；譬如，健康與疾病不能同時存在於一人身上，而是此去彼來。以這個想法為前提，蘇氏努力駁斥「樂即是善，苦即是惡」的觀點。口渴之苦若是惡，則解渴之樂就是善；但是除非口渴，否則你不會感覺喝水的快樂；苦若不在，樂亦停止。於是，樂與苦不僅同時存在，也互相以對方為條件。這種情況不像善惡那樣，不是真正的對立，所以「樂即是善，苦即是惡」的說法不能成立。此外，卡里克勒斯曾說強者既明智又勇敢，但是現在他承認愚昧者可以感覺到明智者同樣多的快樂，懦弱者可以感覺到勇敢者同樣多的快樂。如果快樂是唯一的善，那麼一個人只要感覺到快樂，他就是善的。那麼，卡里克勒斯說明智者與勇敢者是更善的人，又有什麼意義呢？

至此，卡里克勒斯被迫轉移陣地，他的語氣開始鬆動：

> 我一直在聆聽並且同意你的說法，蘇格拉底，我也不斷指出你是如何樂於堅持某些論點，使人在開玩笑中向你讓步，好像你是個小孩一樣。你真的以為我或任何人會否認有些快樂較好而有些較壞嗎？(*Gorgias*, 499b)

蘇格拉底抓住這個機會強調，有些快樂是善的，另外一些則是惡的；他隨即讓對方同意他所指的是：有些快樂是有用的，另外一些則是有害的。前者明顯使我們得到某種善，我們也是為了這種善而尋求它。既然如此，我們就應該接受有益的痛苦，亦即對我們為善的痛苦。這種想法提供了另一個判準，使我們可以藉此選擇快樂，同時快樂不再是我們的終極目的。我們是為了善的緣故而選擇快樂，不再本末倒置。至於認清何種快樂是善的，則是一個學習的題材，需要特別的知識。走到這一步，我們又回歸了蘇格拉底的基本立場：知識是人生的目的，而哲學的地位也可以得到確立。

接著，蘇格拉底沒有費太大力氣，就使卡里克勒斯明白自我放縱只能導致混亂、疾病與不幸福。我們應該奉為目標的不是快樂，而是善，如秩序、知識與自我控制。

> 在我看來，這才是我們終其一生必須懸為目標之物。我們的一切行動，不論公開的或私下的，都應該努力做到：讓那些想要幸福的人都具有正義與節制。我們必須如此立身處世，不能允許激情蔓延，不能妄圖滿足它們，過一種海盜般的生活，陷於漫無目標的邪惡中。這樣的人既不是人的朋友，也不是神的朋友。他沒有能力與人合作，沒有合作的地方，就沒有愛。卡里克勒斯，智者告訴我們：合作、愛、秩序、節制、義行，是使天、地、神、人團結在一起的原因；為此之故，我的朋友，他們談論的是宇宙的秩序，而不是宇宙的混亂與悖德。……(*Gorgias*, 507d)

《高爾加斯篇》展示了問題的核心，以及蘇格拉底與柏拉圖的基本立場，所以值得較詳盡的介紹，雖然其中的論證與理解不算太深入。在此，柏拉圖對快樂充滿敵意的態度，幾乎像個清教徒。有些快樂是善的，或者引人為善，但是本篇針對的是壞的快樂，偏重物質欲望的滿足，所以要嚴加批判。我們得到的印象是：快樂本能是令人遺憾的，我們也不宜輕易論斷它是人的自然本能。不過，蘇格拉底也承認：真正的說話藝術其實無異於哲學，應該繼續探究快樂的性質。

二、知識與快樂的關係

柏拉圖早期的另一篇對話錄《普羅塔哥拉篇》，接著討論《高爾加斯篇》留下的問題。快樂與善並不等同，因為有些快樂是善的，另一些則被認定是有害的，而蘇格拉底就此論斷：我們的目標應該是善，而不是快樂。但是，一定必須如此推斷嗎？蘇氏首先指出，一般人的看法是：有些快樂是善的，另一些則是惡的。然後，討論的主題是德行的統一性，在談到勇敢能否化約為知識的時候，蘇格拉底引進了快樂問題。

> 「我說，普羅塔哥拉，你同意有些人活得好，有些人活得不好嗎？」他同意。
>
> 「如果一個人活在痛苦與煎熬中，你會認為他活得好嗎？」他說不會。
>
> 「如果一個人直到死前都活得愉快，你會不會說他活得好呢？」
>
> ——我會，他回答。
>
> ——那麼，活得愉快就是好的，反之則是壞的？
>
> ——他說，如果一個人在正當的事物上得到快樂，則情況確是如此。
>
> ——那是什麼，普羅塔哥拉？不要告訴我，你像多數人一樣，

> 稱某些快樂為惡的，某些痛苦為善的。我的意思是除非確有不同的後果產生，否則事物只要使人快樂，不就是善的嗎？事物使人痛苦即是惡的，其情況不也是如此嗎？(*Protagoras*, 351b)

普氏並不完全贊成此說，討論繼續進行。雙方首先達成一項協議：統治人們的不是衝動，而是知識與理性。以此為前提，接著必須解釋人們受激情、快樂、愛所擺布，而放棄自己更好的判斷時，又是怎麼回事？一般人不易抗拒物質欲望與眼前的快樂，但是未必都會順從之，因為他們知道由後果的苦樂來判斷好壞。鍛鍊身體、接受牙醫治療，當然較為痛苦，但是結果是健康這種更大的善。因此，為了避開更大的惡或得到更大的善，眼前的痛苦也可以是好的。惡的情形亦復如此。由此可知，這種加了限制的快樂主義依然是純粹的快樂主義，因為判斷善惡的唯一標準是快樂或痛苦。問題在於：判斷常有失誤。眼前的小樂可能帶來以後的大苦，反之亦然。若要正確衡量評估，則需要的還是知識。快樂主義者依然必須以知識為其目標。唯有知識可以告訴我們什麼是善，亦即真正有益的快樂。

《費多篇》進一步區分身體的快樂與其他快樂。眾所周知，本篇明確區隔了身體與靈魂，而哲學家的本務就是要盡可能擺脫身體的激情與欲望。在此所謂的快樂仍然是指身體方面的快樂，如吃、喝、性愛等。快樂主義者的計算方法再度出現。一般人因為恐懼遭遇更大的惡而變得勇敢，他們的這種品德是偽裝的。

> 他們害怕會被剝奪他們所渴望的別的快樂。他們避開某些快樂，是因為他們被另外一些快樂所征服。被快樂所統治，他

> 們稱之為貧乏；但是他們能夠征服某些快樂，正是因為他們被另外一些快樂所征服。這就變成我們現在所說的：他們的自我控制，完全是由於他們的貧乏。
>
> ——看來似乎是如此。
>
> ——西米亞斯，這不是走向善或品德 (ἀρετή) 的正確途徑；這是以樂易樂，以苦易苦，以恐懼換恐懼，以大錢幣換小錢幣；但是唯有智慧是我們應該用一切去換來的適當資產。只有憑藉智慧，勇敢才是真勇敢，自制才是真品德；至於有無快樂或恐懼或其他任何東西，都是不相干的。(*Phaedo*, 68e)

蘇格拉底肯定了：適當的行為標準只能奠基於知識。一般人的生活方式是錯誤的，因為他們的用心在於衡量快樂價值；哲學家則以知識為據。《費多篇》的善是指超越的善理型，它是知識對象，哲學家就是在這種知識中找到唯一可靠的判準，可以用來選擇快樂。於是，快樂本能在思想家的生活中沒有起什麼作用。身體與靈魂二分法，到了《饗宴篇》出現轉機，亦即愛美的欲望可以帶來極大的快樂，情感的地位由此得到確認。這兩者又要如何協調？

《理想國篇》在理論上為上述兩種對立觀點提出協調的辦法。步入對話的場景時，有一段關於快樂與老年的溫和討論，不過基本立場仍然一樣。談到的快樂還是限於感官方面，如飲、食、性愛；老年人無法享受這些，會不會覺得遺憾呢？事實正好相反，年輕時為身體欲望所困擾，到了老年正是擺脫的大好機會。悲劇家索佛克利斯 (Sophocles) 的一則軼事談到：在有人問他是否還能享受性的快樂時，他說：「啊！朋友，我慶幸自己擺脫了它，就像奴隸終於逃離了一個野蠻而瘋狂的主人。」本篇前面幾卷的立場大致如此。

到了第九卷，才有新的思考焦點：義者與不義者，誰比較快樂？或者，善人與惡人，誰比較快樂？由於本篇主旨在於建立理想城邦，話題中的例子最後成為：像暴君這樣的人是最不快樂的。第一個證據訴諸經驗，譬如在暴君的朝廷中，不是敵對者就是諂媚者，那麼這樣的暴君如何可能快樂？

討論快樂時，首先強調的是：靈魂的每一部分都有其特定的快樂與激情。靈魂有三個部分，生命也有三種類型：一是愛智者，有追求真理的激情；二是野心家，有追求名譽與勝利的激情；三是狂熱的人，為了滿足身體欲望而累積財富。這三種類型的人，哪一種最快樂？

> 你知道，你若輪流問這三種人這三種生活何者最快樂，每一種人都會說是他自己的這種最快樂。勤於賺錢的人會說：比起個人所得的利益，名譽或學習的快樂一文不值，除非它們也能帶來財富。(*Republic*, 581c)

其他二人也會以類似方法為自己辯護。那麼要如何判斷何者為是？蘇格拉底認為正確判斷必須考慮三點：經驗、知識與表達能力。上述三人何者能在這三點上占得優勢？以經驗來說，賺錢者完全不清楚發現真理所帶來的喜悅，而哲學家應該是從小開始就會體驗到金錢的特權與身體的快樂；名譽伴隨成功而來，是這三種人都可以得到的，所以哲學家也明白它所提供的樂趣；但是就探求真理的快樂而言，只有哲學家可以獨享了。因此，在經驗方面，他勝過別人。至於智慧與知識，那是人們從事判斷時所需要的技能，正是他的專長所在。至於語言，則是知識的工具。

因此，唯獨哲學家擁有經驗、知識與表達能力，可以進行真正的比較與評估；他的意見因而也是真實可靠的。由此可以肯定：心智的快樂是最大的快樂，名譽的快樂次之，身體的快樂殿後。柏拉圖並未說身體的快樂是幻覺，或者名譽是空虛的東西。他只是指出：如果與探求真理所得的快樂相比，這兩者實在微不足道。接著可以考慮快樂本身的性質，因為理型論已經在本篇前幾卷中出現，亦即區分好壞快樂的客觀判準已經建立了。現在要肯定的是：哲學家的快樂是最真實的，其他的快樂則不是全然真實的，不是純粹的。

快樂存在，其反面的痛苦也存在，但是還有一種既非快樂也非痛苦的心靈狀態：介於這兩者之間的，是靈魂休憩的狀態。人在強烈的痛苦之後，會感到快樂，正如久病之後的復原；那麼，強烈的快樂之後，似乎是痛苦的，而實情並非如此。快樂與痛苦都是主動狀態，都是活動。並且確有某些快樂不需要先前的痛苦，譬如嗅覺的快樂。我們必須想像高低二區，以及兩者之間的一點。由低區抵達此點的，會說它高；由高區抵達此點的，會說它低；正如有人以灰色與黑色對比，會稱之為白色，因為他不曾見過真正的白色。關於苦樂，情況也是如此。柏氏認為，有一種真正的快樂是唯獨哲學家才知道的。他還主張，不能以缺乏痛苦為快樂，或以缺乏快樂為痛苦，因為快樂與痛苦都是主動的狀態，而不是消極的缺乏狀態。所以幸福並非單純的無干擾狀態，或者像伊比鳩魯派 (the Epicurean) 奉為理想的無欲望、消極順應、無知無覺的狀態。

為了說明心智快樂是真實的，柏拉圖提出一個論證。一切身體快樂都是在「填滿空虛」，正如《高爾加斯篇》所說的篩子與壺的比喻；在某種意義下，心智快樂也是如此。不過，如果用較為真實之物去填，並且容納器本身也較為真實而恆久，那麼空虛就會被較為真實地填滿。現在，心智由真實界的理型所填滿，它本身又與理型有親緣關係，所以它被較為真實地填滿，而它在填滿過程中所感受的快樂也是較為真實的。這個論證基於一個比喻，看起來不太有說服力。不過，它的要點是指出：知識對象具有穩定性與恆久性；這些對象所提供的快樂也具有穩定性與恆久性。接著出現了一段生動的篇章：

> 那些向來只知道飲宴作樂而不曾體驗智慧與品德的人，總是被拖到低處（亦即痛苦，低於中間或中立狀態），再回到中間狀態，如此一生徘徊於兩者之間，而永遠無法向上抵達高處。他們既不仰望高處，也不被帶到高處，永遠不曾得到真實存在之物的填滿，永遠不曾品嘗確定而真實的快樂；他們總是向下看，像覓食的牛一般低垂著頭，在宴會桌旁吃喝、發胖、交配。為了攫取更多這樣的資源，他們以鐵製的角與蹄，互相踢撞砍殺，因為他們貪得無厭，因為他們自身有一個真實存在又能帶給他們滿足的部分從來不曾品嘗過實在界。(*Republic*, 586a)

接著，柏拉圖還就現實情況，讓了一大步：

> 至於靈魂的貪婪部分與野心部分的欲望，如果它們服從理性的命令，並且藉著理性的幫助去尋找及掌握智慧所指示的快樂，那麼它們也能獲得在可能限度內近似真理的快樂。(*Republic*, 586d)

如此說來，在哲學家的靈魂中，每一部分都找到自己的快樂與滿足，形成完美的和諧。若是不由理性而由靈魂的其他部分來發號施令，就不可能得到善果。談到快樂的比例時，柏拉圖運用想像力，宣稱暴君比哲學家君王更不快樂的程度，差距是七二九倍。由此可見兩者相距之遠。

柏拉圖的快樂理論在《理想國篇》已經頗有進展，大意如後。粗糙的快樂主義早經批判而不復可信；若要判斷快樂，顯然需要客觀的判準，亦即理型，推到究竟，則是善的理型；並且，靈魂分為激情、感受與理智三個部分後，理智快樂就其免於痛苦而言，是最真實與最純粹的；其他二個部分若能接受理智引導，也不妨各有其樂。

三、快樂的四種分類

柏拉圖在《菲勒布斯篇》提出有關快樂之最完整與最深刻的討論。本篇一開始還是重複舊的話題：快樂與知識何者重要，或何者為善。首先出現的難題是快樂的多樣性：

> 這個名詞並不簡單。快樂是一回事，但是它會襲取各種形式出現，這些形式互不相同。請你考慮：我們說放縱之徒覺得快樂，而節制的人也在其節制中覺得快樂。滿腦子愚昧意見與幻想的無知之徒，覺得快樂；明智的人則在智慧中覺得快樂。一個人如果不是裝瘋賣傻，又怎能說以上這些快樂都是類似的？(*Philebus*, 12c)

如果稱一切快樂為善，就是在各色各樣的快樂所共同具備的「快樂性」之外，再加給它們一個根本的性質，也就是在經驗所提供的印象之外，為它們設定一個更大的相似性。不過，這並不表示它們不會針鋒相對，因為同屬一類之中，確有真正對立之物，如形狀中的方與圓，和顏色中的白與黑，即為顯著的例子。那麼，在快樂與知識之上的善是什麼？它超越兩者，既完全又完美，恰到好處，可以作為一切欲望的目標。光靠快樂不足以勝任此職，因為離開了心智、記憶或意見，我們無法知覺任何感受，更無苦樂可言。這又怎能是人的生活？至於心智，請看：

> 我們之中，有誰會同意這樣的生活：擁有智慧、理解、知識以及完備的記憶，但是完全無法感受任何苦樂，完全沒有任何這一類的經驗？(*Philebus*, 21d)

普洛塔克 (Protarchus) 對此作出唯一可能的回答：「我不會選擇上述兩種生活中的任何一種，我也不認為有誰會這麼做。」柏拉圖早期的純粹主知主義不再有效，情感與感受的地位也不再受到歧視了。

善的生活必須兼具知識與感受，是知性與快樂的混合體。確定了至高的善之後，排在第二位的是什麼？為了辨明這個問題，必須先對作為標準的至高實在界有些認識。柏氏在此寫下一段形上學的討論。實在界包含了未定物與加於其上的限制或度量，兩者混合而成個別事物；在這三者之外還須加上混合的原因或運作者。接著，他把快樂比擬為未定物，可以作無限的延伸；而知性則比擬為原因，作為「天地之君王」。如此一來，只要接受他的形上學假設，就必須肯定知性的優越地位。不過，實際的快樂，正如其他任何現象一般，只能在混合物中出現，因為我們無法離苦言樂。其起源如下所述：

> 我主張，生物體中的和諧遭到破壞時，它們的自然狀態被瓦解，隨之產生了痛苦。
>
> ——應該是這樣。
>
> ——等到恢復和諧，回歸自然狀態，快樂就出現了；簡單說來即是如此。(*Philebus*, 31d)

蘇格拉底進一步用飢與渴為例，說明這一段話：

> 渴是破壞、痛苦、分解，而滿足這個乾燥部分的能力則是令人快樂的。任何不自然的隔離或分解，如遇上乾旱，是痛苦的；而涼爽與回到常態則是快樂。(*Philebus*, 31e)

快樂的性質與起源約如上述。根本上，快樂不再是人們必須克服或否定的敵人，而是善的生活中令人愉悅的伴侶，即使是身體快樂也不例外。有待澄清的問題是：邪惡之徒的快樂如何納入這個說法？這是柏拉圖稍後要探討的，他現在必須對快樂進行剖析及分類的工作。他提出四種分類法，他的提法有些鬆散，彼此也有重複之處。

第一種分類法最簡單，就是把快樂分為身體的快樂與靈魂（或心智）的快樂。身體的快樂如前所述，但是蘇格拉底現在努力指出：這種快樂不僅影響身體，也影響心智或靈魂。換言之，根本沒有純粹身體的快樂這回事，因為任何意識都有靈魂在運作。身體快樂首先影響身體，再經由身體抵達靈魂或心智。相對於此的，是記憶與期待的快樂。這兩者源自記憶與渴望，完全屬於靈魂，亦即不由任何感官知覺所直接引發。只要肯定了這種快樂，就等於預備了下一步，可以深入探討心靈的快樂。

第二種分類法是就上述期待之樂進一步區分為真的快樂與假的快樂。為了認定某些快樂為假，最簡單的出發點顯然是那些奠基於對未來的盼望之上的快樂。蘇格拉底指出，由於盼望與期待有真有假，依賴於它們的快樂也有真假。乍看之下，說某些感受為假或非真，似乎是個明顯的錯誤，也是普洛塔克所無法接受的。不過，柏拉圖不僅不排斥它，反而進行深入討論，那是因為他在強調一個非常真實的區別。快樂感受，就其為感受而言，當然是真實的，即使它奠基於假的盼望上，因為假的盼望或錯的意見本身也是一個事實。是事實，並不表示它不是假的。不論快樂是真是假，都不能否定快樂被感受到這一事實。從另一方面看來，基於事實的盼望或期待，與不基於事實的盼望或期待，兩者之間仍有十分明顯的差異：真的信念所帶來的意象是真的，假的信念所帶來的意象則是偽的。

問題是，我們在期待時，不論所期待的將來是否實現，都會覺得快樂。蘇格拉底的意思比較清楚，他認為善人的心理幻象與事實相應，惡人則不然。正如盼望與意見若為假，則亦為惡，快樂也有假的，因而也是惡的。無論如何，基於假的盼望之上的快樂不能說是正確的或真的。事實上，我們並不就快樂與真理的關係來判斷快樂，而柏拉圖的意思卻正是要我們如此。值得注意的是，他非常細心地界說他的用語，並且他所作的區分也是真實的。如果有人逃避繁瑣的事務，轉而在不可能實現的白日夢中尋找樂趣，或者總是在想像及談論他將來要做的偉大事蹟，以致忽略手邊該做的小事，那麼我們不是會說這種人的快樂是「假的」快樂嗎？柏拉圖繼續引申，最後竟把多數人在日常生活中可能得到的大多數樂趣都判定為假的。他也許言過其實，但是他所謂假的快樂，無可否認是常常偏離現實情境的。在遇到苦樂混雜的時候，不是需要「衡量之學」嗎？有些快樂意象會使我們的期待失去焦點，使我們無視於隱藏在小小快樂後面的更大的痛苦。

為了尋找假的快樂，柏拉圖對快樂作了第三種分類，亦即依強度來分。在分級的底部，其實不該列入分類中的，是一些感受不到的輕微的身體活動。如前所述，這些是用來證明中立狀態的存在；有些思想家認為它們可以等同於快樂本身，但是此說受到柏拉圖的嚴厲批評，正如《理想國篇》之所為。由強度的觀點看來，最大的快樂顯然是身體的快樂。例如，性愛的快樂為整個身體系統帶來的震撼，顯然比任何知性探討都大得多。柏拉圖接著說，如果我們找的是強度，那麼在健康或節制上不會找到。人在患熱病時，飲水之樂最大；飢餓不堪時，吃的快樂無可比擬。這樣的強度怎能作為我們的目標？以疾病與過度為條件，所得的感官快樂是強烈的，但卻不是人生的正確指引。蘇格拉底的意思如後。

> 回答我，你在放縱的生活中還是在節制的生活中，可以看到更大的快樂——我不是指更大的數量，而是指在激烈與強度上的更大？請你想清楚再回答。
> ——我懂你的意思，我看到的差別很大。節制的人向來較為謹慎，受大家熟知的格言「凡事皆勿過度」所約束；但是無知而放蕩的人就耽溺於快樂，直到像發瘋一般狂野叫囂。
> ——說得好。如果實情如此，那麼最大的快樂與最大的痛苦，顯然都會出現在心智與身體的惡的狀態中，而不會出現於傑

出狀態或品德中。(*Philebus*, 45d)

至此所談的快樂都混雜了痛苦，柏拉圖由此進展到第四種分類，就是混雜的快樂與純粹的快樂。混雜的快樂可能出現於身體、靈魂，或兩者皆然。首先，身體在患熱病時，會同時感覺熱與冷；身體的苦樂即使不同時出現，也可能前後相隨。其次，在身體感覺缺乏之時，靈魂可能感覺期待的喜悅。第三種狀況是，靈魂本身會有混雜的感受，如忿怒、恐懼、渴望、悲傷、愛戀、嫉妒等各種情感。譬如，觀賞悲劇的快樂是基於悲傷，而觀賞喜劇的趣味則離不開嫉妒與對自我的無知。

再談純粹的快樂，這是全篇討論的重點所在，值得引述較長的原文。

> 談過混雜的快樂之後，我們自然應該轉而探討純粹的快樂。
>
> ——說得對。
>
> ——關於這樣的快樂，我即將設法為你作一描述。我完全不同意某些人的說法，以為一切快樂只不過是痛苦的停止；不過，我曾說過，我認為他們的說法可以用來證明：有許多表面看來明顯的快樂不是真實的，另外也有許多強烈的快樂只是想像中的。這些快樂都與痛苦密切糾結，要由身體的大苦與靈魂的大惑中解脫出來，才能得享。
>
> ——不過，蘇格拉底，我們應該如何了解真實的快樂呢？
>
> ——造成這些快樂的，是那些稱為美麗的顏色，是那些形式，各種香味，聲音等；因為我們若缺少這些東西，並無特別感受，也不會痛苦，但是一旦感受到它們的出現，就會覺得快

慰，並且不會有後續的痛苦。

——你說的是什麼意思？蘇格拉底。

——我承認，我的意思一時還不清楚，我必須再作說明。我所謂的形式之美，不是指一般人所想像的，亦即有生之物與由此而來的圖畫，我的意思是指某種直與某種圓。從直與圓可以引申出許多直的或圓的形狀，在陶器上形成二度空間或三度空間，或者，如果你懂我的意思，就是用度尺與四分儀畫出的。若與其他東西比較，我會說它們不是美的；但是它們依其本性而言卻總是美的，並且自有其特殊的快樂，這種快樂與搔癢的快樂完全沒有共通之處。顏色方面也有這種東西，也帶有類似的快樂。你了解了嗎？

——我正在設法，蘇格拉底，請你說得更淺顯一些。

——我所指的是，有些音調圓滑而清晰，表現了簡單而純粹的聲音，它們本身即是美的；我所指的是在聆聽它們時的快樂。

——是的，有這些東西存在。

——嗅的快樂屬於較不神聖的一種，但是它們也不會牽繫於不可避免的痛苦。只要發現確有這種情況存在，我們就有了與其他快樂不同的快樂。你知道，這是兩種快樂。

——我了解。

——談了這些之後，我們可以加上學習的快樂，如果你同意在學習上沒有飢餓這回事，並且人在渴望學習時原本並沒有痛苦的出現。(*Philebus*, 50e)

結論則是：在純粹快樂中，對美與真的沈思是至高無上的。上述論證的每一步都在幫助我們了解這一點：它們是靈魂所獨享的快樂，如果在過程中身體的作用是必要的，那麼感官所得的快樂也是附帶的。它們是真實的快樂，並且由於它們得自沈思真理，就不可能對我們作假；它們的確不像身體快樂那麼強烈，但是正如它們出現於健康與和諧狀態中，因而也是更持久的；最重要的是，它們不受先存的痛苦所制約，因而不可能與解脫痛苦互相混淆。無可置疑的，我們在此可以找到快樂的真正性質：一點點純粹的快樂，就是不牽涉痛苦的快樂，顯然要比大量但是混雜了痛苦的快樂，更為真實、更為美好，也更為快樂。

蘇格拉底再度證明快樂不能等同於善；因為它在本性上即是不斷變遷及出現的，而善卻是永恆不變的絕對之物。

四、真實的快樂

前面談過，快樂或知識都不能要求占有至高地位。對人而言，這兩者的混合才是唯一的善的人生；在這種混合中，任何事物只要與至高的善有親緣關係，都可以被接受；對至高的善最準確的描述，是從「度量、真、美」三面來看的一個實在界。唯有以善為判準，才能評估快樂。柏拉圖進而指出，「均衡、真、美」這三者更接近的都是知識而不是快樂。

柏拉圖在人生各種善的階梯排出了順序：⑴顯示秩序與度量之物；⑵一切美的與均衡的事物；⑶分享真理的知性與智慧；⑷個別的學問、技藝與正確信念；⑸純粹而不混雜痛苦的各種快樂；⑹人的生活所不可或缺的快樂，亦即自然需求之適度的滿足。

在《菲勒布斯篇》之後，討論快樂的材料不多，不過《法律篇》

有幾段十分重要，其中並未另立新說，而是表現更接納快樂的態度，視其為善的生活之必要而有價值的成分。

本篇極其強調對快樂本能的訓練，認為這是教育的重要步驟之一。柏拉圖再度批評快樂主義的計算法，並且宣示他的基本立場：

> 城邦中任何人，如果聲稱曾經有過邪惡的人過著快樂的生活，或者聲稱有益的與合義的行為之間有所差異，都會遭受幾乎最嚴厲的懲罰。
>
> 如果情形不是如此，父母或立法者如何可能要求或期許年輕人追隨正義的生活？
>
> 沒有人心甘情願被勸服去做一些快樂少於痛苦的事。任何事物由遠處看都是模糊而不確定的；對一般人是如此，對小孩子更是如此。立法者應該矯正這種情況，以光明取代黑暗，總要設法藉著習慣、贊美或論證來顯示人們對善惡的看法是多麼含混，因為他們所見的不義的行為正好與義人所見的相反。一個不義的人看不義的行為是愉悅的，而正義的行為卻是最可憎的；但是在正義的靈魂看來，情況完全與此相反。
>
> (*Laws*, 662b)

柏拉圖強調，這並不表示正義的生活不需要辛勤工作，而是肯定它最後可以獲得純粹而持久的快樂。本篇的觀點可以總結為下述一段話：

> 我們已經討論了一個人應該依循的生活方式，以及他應該成為哪一種人，但是我們的討論範圍限定在一般所謂的屬神的

或神性的，而不曾提及純粹屬人的或人性的。不過，現在我們必須這麼做了，因為我們不是在為諸神說話，而是在為人類說話。就其性質而言，快樂、痛苦與激情是最能代表人性的；人們無不依之而生，深相糾結。所以，我們必須贊美最善的生活，不僅因為它是思慮最周詳的，也帶來好的名聲；並且因為下述理由：如果一個人願意尋求它，在年輕時不背棄它，它就會超越人人追求的最好的事物，讓一生都能樂多苦少。如果一個人以正確方式探尋它，不難即刻清楚發現上述說法是無可置疑的。但是，這正確的方式是什麼？這也是我們在討論中所要探究的；不管它是出乎我們的自然天性，或者是徒勞無功又有違自然的，我們都須藉著比較各種快樂的與痛苦的生活，來加以考察。情形如下所述。

我們都欲求快樂，對痛苦則既不選擇也不欲求。遇到與苦樂無關的事物，我們即使不奢求快樂，也希望遠離痛苦。小苦若有大樂相伴，我們會選擇；大苦加上小樂，則受我們排斥。苦樂相等時，我們就沒有選擇的方法了。我們前此的選擇方法是看雙方在量上、數目上、強度上有何差異，或者雙方是否相等。

一旦面臨兩者而無所逃避時，我們會選擇快樂較多的生活，而排斥相反的狀態。遇到苦樂旗鼓相當時，我們必須如此推理：我們要選擇對朋友較為愉悅的，而不是對敵人較為愉悅的。換言之，我們在考慮每一種生活時，都須明白我們在天性上就離不開苦與樂，然後再反省我們依此天性自然會選擇的是哪一種生活。

如果我們的主張有別於上述那種選擇方式，我們對人生所說

的一切就是出於無知與缺乏經驗。(*Laws*, 732e)

以上這段話的語氣與《高爾加斯篇》的語氣大不相同，但是其中並無根本的矛盾。柏拉圖自始至終都反對那種短視的倫理觀，就是以快樂本身為人生目標。這樣的倫理觀毫無價值可言，因為任何一種生活都會有些快樂，即使邪惡之徒也有他的快樂。快樂的力量使人們迷惑；這是柏拉圖向來關心的問題。開始時，他採取負面的態度，批駁卡里克勒斯這種極端快樂主義者的說法，並且在蘇格拉底所稱讚的善的生活中，快樂尚無地位。他在《普羅塔哥拉篇》指出，許多真誠的人即使不是自覺的也是未經思索的快樂主義者，並且，當我們說自己被激情與快樂所征服時，意思是我們無法看出一個特定行動長遠的快樂價值，亦即我們實為無知；而無知的對治之道即是知識。柏拉圖明白一般人尚無能力認識永恆理型及其普遍價值，所以並不責怪他們以快樂主義為一種自然的生活方式。他能做的，只是矯正他們的計算方法，盡可能讓他們知道確實有遠比他們所能夢想的更大的快樂存在。他們若是實在看不出，就須相信那些知道得更多更好的人。接著，是《理想國篇》的主題：善人比惡人更快樂。《法律篇》坦白承認，渴望快樂是人類自然而普遍的本能，我們必須接受並考慮這一點。不僅如此，任何再偉大的人也曾經歷嬰兒期與青少年階段，當時理性與知性都尚未成熟，如果沒有好好訓練，也可能誤入歧途。他們當時的情況與大多數人無異，很容易受惡影響，也很容易受善影響。對這樣的人而言，如果有優秀的數學家指導，那麼快樂主義的計算法也不失為一有效而合理的生活方式。在柏拉圖看來，我們經由數學才能了解普遍理型。但是，那些把善定義為快樂的人，則是把附帶之物當做本質來看。善的事物令人愉悅，這只是附帶的現象。哲學家知道快樂不等於善，也清楚其理由何在。宇宙奠基於普遍理型的和諧上，一個人的作為若是與世界目的相協調，那麼只要看到任何實現理型或接近理型的事物，就會覺得快樂；這樣的人有責任像教育家一般引導眾人步上正途。他知道一切純粹而恆久的快樂價值，都須推源於接近及實現那些主宰世界的價值；並且，現象世界「分享」絕對理型的價值越多，它也變得越真實、越和諧，同時也越能帶來快樂。

不過，大多數人對這一切只能略微知悉，而不得不依循他們的快樂本能；只要他們接受勸告去追隨善的生活，不要在品嘗它之前掉頭而去，那麼，他們不妨繼續主張快樂主義，如此他們的機體可以按照應有的方式運作，並且在回復健康狀態時，得到快樂這項副產品。以上所論，至少是柏拉圖個人的信念。

第十章　教　育

一、知識與德行合一

蘇格拉底相信：善是屬於知識方面的事。他試圖把一切卓越的品德都化約為某種知識，並且深信「沒有人是故意為惡的」，因為沒有人是情願無知的。柏拉圖清楚接受這種立場，並在《對話錄》中反覆闡述，尤其在《法律篇》更是如此。因此，我們在評估這種理論時，不能輕易否定它，說它忽略了人格建構的重要性以及意志力的問題；柏拉圖對這兩點批判有充分的體認，連蘇格拉底對此也未必忽略。我們應該在《對話錄》中找出德行與知識的關係是如何形成的，設法理解這種知識的性質；至少不能忘記一點，就是知識與善的關聯頗為密切，否則何以大家會認為教育可以改善人間，使人類免於混亂及毀滅？

蘇格拉底的主張有兩點：(1)善是知識；(2)沒有人故意為惡。這兩點又與當時戴爾菲神殿的阿波羅神諭有關，就是：「認識你自己」。

知識與善的密切關係，在《利西斯篇》得到最簡要的表述。利西斯承認父母愛他，但是只允許他去做那些他有知識的事。無知的盲目行動是危險的；有知識，才有用處。工匠知道如何製作，才能善盡職責。希臘人習慣把「有用」與「善」畫上等號，並且「德」(ἀρετή) 這個字兼指特定的才幹與一般的品德。工匠之德，即是善於製作。我們現代人會說「善的木匠」，但不會因而說這是木匠的「善」。希臘人卻會這麼說。因此，蘇格拉底的公式毋寧是十分自然的；它的主要意思是：「善於某事，是屬於知識的事」；延伸的意思是：「善，是屬於知識的事。」

為了說明這個公式，柏拉圖要考察的是：個別而特殊的品德能否化約為知識？有幾篇較短的對話錄談到這個問題。譬如，在《拉克斯篇》，兩位將軍拉克斯 (Laches) 與尼夏斯 (Nicias) 提出「勇敢」的定義。勇敢不只是在戰場上堅守崗位，它更是指靈魂的一種堅毅性。然而，若無知識，靈魂可能在錯誤的立場上堅定不移。因此，知識不可或缺；但是，需要的是哪一種知識呢？當然不是使用武器的專業知識。一個人對武器一無所知，在戰場上往往更勇敢。蘇格拉底認為，我們若明智，則我們為善；意思是：我們「善於」做到我們所知之事。果真如此，則勇敢這種知識，大概是指知道：什麼是我們真正應該畏懼的，以及什麼不是。換言之，勇者知道應該畏懼什麼，譬如他知道有比死亡更讓人畏懼的事，所以他坦然面對死亡。但是，要想知道應該畏懼什麼，推到究竟就須對未來與善惡有所知，這些進而再推到對一切德行有所知，結果則是無法區別勇敢與其他德行的差異了。

其次，《查米德斯篇》的定義對象是節制或自我控制。節制不只是溫和靜默或管好自己的事，還應該包括認識自己。節制若是一種特別的知識，這種知識所要求的正是對自我的知識。但是一種知識如何可能以自己為對象呢？亦即，認知主體能夠成為知識對象嗎？換言之，節制者擁有對知識的知識，他有辦法辨認在自身與在他人身上的知識。蘇格拉底換一個角度發問：除非我們自己懂得醫學，不然我們怎能指出某人是不是好醫生，亦即他是否懂得醫學？我們若不知道某人知道的是什麼，又怎能知道他確實知道？推到根源，柏拉圖想要尋找的是：(1)一套邏輯系統，就是清晰思考及推論的方法，後來他依此形成了辯證法；(2)一個客觀的實在界，可以作為這種超級知識（亦即對知識的知識）所指涉的對象。

在討論這種知識的對象之前，可以先探討「認識你自己」這句神諭。在《阿昔別德斯第一篇》❶中，蘇格拉底認為必須「照顧自己」，但是自己不是指身體，而是指靈魂。自我即是靈魂；這可以暫時用為定義。因此，當神命人認識自己時，意思是人應該研究他自己的靈魂。然後，《歐息弗洛篇》嘗試為虔敬下定義，看看能否將它化約為一種知識，結果並未成功。由此觀之，像勇敢、節制、虔敬等德行是否都可以化約為知識？這種知識是否在任何情況下都是一致的？然後，各種不同的德行究竟是否同一種德行？《普羅塔哥拉篇》觸及這些難題，蘇格拉底換個角度提問：德行可以教嗎？這無異於提問：善是否知識？德行若是可教的，那麼它是一還是多？試問：它是像臉上的每一部分之不同，還是像金塊的每一部分之相同？答案應該是前者，因為人可能勇而無義，義而無智等等。但是，蘇格拉底以他的邏輯技巧，設法排除這些差異，把諸德一一化約為某種形式的知識。最後推出的是善。善成為一種技術、技巧或知識；

❶ 《阿昔別德斯第一篇》(*Alcibiades* I) 在許多專家看來，不能列為柏拉圖所作，但是其中有兩個觀點卻常被引述來說明柏氏立場。一是：身體是靈魂的工具，靈魂才是真正的自我；二是：正如眼睛只有在鏡子反映中看到自己，人的心智也只有經由觀看自己的思想在另一心智中的反映，而充分認識自己。

這種特別的知識研究什麼呢？這是不易回答的。

蘇格拉底認為，知識對於幸福是不可或缺的。要想「做好」任何事，必須知道如何做。財富、健康與美麗都是無用的，除非用得恰當，如此就需要知識或智慧。這些財物或特質，本身是無善無惡的；只有在明智使用之下，它們才成為善的。因此，只有知識是善的，只有無知是惡的。問題是：這裏所需要的究竟是何種特別的知識？它顯然不是具體的技術，像醫治、演說、狩獵、捕魚等；也不是專門的學科，像幾何、天文或代數等，因為這些學科的結果也涉及如何應用的問題，也須交到辯證家手上。正如將軍攻下城市之後，要交由政治家去統治一樣。那麼，政治本身又是什麼？困難在於：其他的技藝必須依從於政治或君王的技藝，但是政治本身並沒有另外單獨存在的領域。我們只能肯定知識與幸福密切關聯，並且這種特定的知識稱為辯證法。

談到這裏，可以暫時總結柏拉圖的構想。他指出，善於做好任何事，是需要知識的；我們必須有知識，才能善於做好生活的技藝。他把善所涵蓋的各種品德，化約為某種知識，再說明一切品德在本質上為一；即使以快樂為目標，我們也須具備選擇快樂的知識。他省思這種知識是否關於自我的知識，詢問這樣的知識如何可能，並且判定自我是指靈魂而言。最後他描述這種超級知識不僅位居其他知識之上，並且必須應用其他知識。

就一般的知識或技藝而言，有能力為善的人，也有能力為惡。在任何情況下，只有知道真相的人才會撒謊。如果知識是善的，那麼有知者比起無知者應該是更好的人。有知而犯錯者，因而也比無知而犯錯者，是更好的人。這當然不是法律所能接受的觀點。換言之，技術或知識可以為惡也可以為善，要看如何使用而定；因此，德行若是一種技藝，它應該另有特色，可以保證它不能用於惡的目的。

由此看來，知識與善不能完全畫上等號。人若不善，不可能明智；但是人若不明智，卻有可能為善。後者之所以可能，則是因為在知識之外，還有正確的意見或信念可以使人為善。城邦的三個階級中，只有為數最少的統治者擁有知識，擔任助手的衛士以及眾多百姓就只有靠「正確的意見或信念」來指導行為了。他們由教育得到正確的意見或信念，再推源於統治者的智慧，亦即對理型的知識。理型就是超級知識或知識的知識之對象。至於這種知識何以能夠保證善，將在討論了柏拉圖的教育體系後再談。

關於「沒有人故意為惡」這句公式，柏拉圖在其他對話錄中也作了不少闡釋。《理想國篇》強調靈魂的秩序與和諧。哲學家應該如此，因為對他而言，一切品德為一，皆來自他對理型的知識；即使是最低階級的人也須如此，因為節制與正義不能離此而言。哲學家的德行與一般人的德行不同，但是皆可抵達靈魂的和諧。德行有兩種，邪惡也有兩種。

在《辯士篇》中，柏拉圖清楚區分靈魂裏的兩種邪惡：第一種類似身體上的疾病，是「意見與欲望，感受與快樂，理性與痛苦」之間的失調，因為在較低劣的人身上，這些不同的部分各行其是。由此衍生了怯懦、腐化、不義等。第二種邪惡比較基本，不像疾病而更像醜陋，就是無知。所有的人都要求善，但是在尋找善時卻因為缺乏知識而錯失了目標。人們通常只注意第一種邪惡，看到靈魂中的失調狀態，而忽略更根本的邪惡是無知。由靈魂失序所造成的邪惡，譬如無法自制，確實應該受罰；但是若要對付無知，則須教導真理。最糟的一種無知，是相信自己知道。在此，教育的作用遠勝於法律對行為的矯正。

《迪美吾斯篇》所用的術語不同，分類則是相似的。一切惡行都是靈魂的疾病，所有的邪惡都是愚昧或缺乏智慧的結果。愚昧有兩種：發狂與無知。發狂是指靈魂失去平衡，為激情所操縱。至於無知，則並未多作解釋。值得注意的是，在此，發狂與生理因素有關，但是關係如何則並未深究。

《法律篇》第九卷中，雅典的陌生人由法律及司法的角度考慮惡的問題。其中分辨了傷害與犯罪，傷害可能是無意的或有意的，但是犯罪卻不能說是有意的，因為犯罪 (ἀδικία) 是指靈魂的殘缺狀態，所以沒有人是明知故犯的。

關於無意的傷害，著墨不多。法律對此有清楚的分辨，人們也都知道它是怎麼回事。有意的傷害則是討論的重點所在。不過，在這兩種情況下，法律所考慮的，主要是評估傷害的程度以及如何予以補償；由於立法者也是教育者，他會設法使傷害痊癒，轉化為友誼，因為罪惡的部分是緣於「靈魂的疾病」。他會教人愛慕正義，如果勸說與懲治都無效，犯人將被處死，以示儆尤。只有在這種沒有希望改善的情況下，才會判處死刑。

有意的傷害分為三種：一是出於脾氣，如憤怒、恐懼與其他感受，它相應於靈魂的第二個部分。二是出於快樂，相應於靈魂中最低的激情部分。三是出於無知。無知又分為單純的無知，以及更壞的一種，就是自以為知道的無知。前者為害較小，後者若是強壯有力的人，就會釀成大禍。這三種傷害的來源，顯然是靈魂內部的戰爭，亦即是靈魂有病的後果。病人做出惡事，並不表示他是罪人。沒有人是明知而犯罪的。出於無知之罪，則不是故意的。結論則是：(1)靈魂內部的紀律是不可或缺的，寧可讓理智帶領走上歧途，也不要內部一團混亂；(2)在世間造成最大禍害的不是罪惡，而是無知。

為了矯正無知，不能只靠懲罰，終究還是需要知識與教育。由此不難回到蘇格拉底原先的肯定：善是知識。

二、教育的全盤構想

柏拉圖在《普羅塔哥拉篇》，談到當時雅典的教育方法，詳情如後：

> 當一個孩子開始聽得懂別人對他說的話時，護士、母親、看顧的奴隸，以及父親本人，都要爭相努力使這個孩子變得很好。他們所教的一言一行，都是要告訴他分辨對與錯，美與醜，敬與不敬，該做的與不許做的。有的時候，他會樂意聽從他們的勸導。若是不聽從，就像對付樹苗長得扭曲變形，他們會設法以威脅與打罵來矯正他。到了一定年齡，他們送他上學，並且特別叮嚀老師：在教導孩子書寫與音樂時，更應該注意他的行為舉止是否合宜。老師認真管教每一個孩子，在他們學會閱讀並且像以前聽得懂話那樣看得懂書上的文字時，就把大詩人的作品放在他們的課桌上，規定他們去閱讀及學習。在這些作品中，他們發現許多勸言，念到各種故事，以及對古代善人的稱贊與頌詞；然後，他們充滿熱忱，想要效法先賢，希望自己也能變成這樣的人。
>
> 音樂老師的作法也是如此。他特別留意學生的合宜行為，使他們不做任何壞事。除此之外，當他們學會彈豎琴時，就要進而誦習傑出詩人的作品以及抒情詩的曲調。這些節奏與旋律若能保存在孩子的靈魂中，他們就會變得更溫和；若是孩

子能夠融會消化節奏與旋律，他們在言詞與行為上就會有更優異的表現。理由是：人的整個生命需要好的節奏與和諧。接著，要為學生找一位體育老師，訓練他們身強體壯，以便為有用的思想服務，也免得因為體格孱弱而在戰場或其他地方成為懦夫。

父母盡一切可能做到上述步驟，最有辦法這麼做的是富裕者；他們的子女入學比別人早，離開學校比別人晚。孩子離開學校之後，城邦強迫他們學習法律，以法律為生活中必須遵行的模式，免得因為缺少指導而魯莽行動。老師教導初學者寫字時，會在石板上畫上字形的虛線，規定學生依線填字；同樣的，城邦也會描下法律的草圖，以古代立法者的發現為藍本，讓學生亦步亦趨。學生必須學習統治及被統治，違令者就要受罰。這種懲罰在你們城邦與在其他許多地方，稱為矯正，因為正義就是要使人由壞歸正。

我們在公開及私下場合，如此費心於培養品德，試問你們何以還弄不清楚品德是否可教的？(*Protagoras*, 325c)

這是在蘇格拉底之前，一般思想家對雅典教育的簡單描繪。教育以德行與節制為目標，這並不是新的觀念。蘇氏考慮的是：教育者自身是否清楚知道他們在教什麼？並且，誰是勝任的老師？當蘇氏詢問德行是否可教時，他要強調的是：如果德行可教，它必須是某種類型的知識。他對老師是否勝任，也持比較嚴格的標準。孩子學習讀、寫、彈豎琴時，困難不大；大家都知道誰可以任教。但是德行呢？普羅塔哥拉的答案是父母與城邦；城邦是指議會中與私下場合的一般市民，以及政治領袖。辯士當然也算在內。但是，在《美諾篇》，民主人士對辯士擔任教師的激烈反應是：但願他的家人、朋友、市民都不要遇上這批辯士，以免受到傷害及腐化。

柏拉圖對辯士的態度，充分表現於《高爾加斯篇》、《普羅塔哥拉篇》與《辯士篇》：即使是最好的辯士也未曾考察過自己立場的隱涵意義，他們有的只會教修詞技術，有的只會取巧，說些暴民喜歡聽的偏見。他們不明白知識是什麼，也不清楚知識的對象，他們教給人錯誤的東西。蘇格拉底所要指出的是：大家公認的老師，像辯士、政客、詩人或一般市民，都算不上真正的老師，因為他們沒有確實的知識。他們答應要教人德行，但是卻無法告訴我們德行是什麼；他們答應要助人獲取公眾生活中的名譽與成功，但是這些對一個不清楚人生需要什麼的人有何意義？人所能學習的最重要的一件事是：不要在種種裝飾及資財虛名中尋找幸福，而要在自己的心靈中尋找。市民的首要職責是做個好市民，人的首要職責是做個好人。但是，好或善是什麼？這應該在內心尋找，人生最要緊的是照顧自己，而人的真實自我就是靈魂。因此，人有責任認識自己，正如阿波羅神諭所言。《自訴篇》說得好，未經省察的人生是不值得活的。自我教育的觀念由此登上舞臺。

蘇格拉底一方面設定個人良心為最後裁決者，另一方面又堅信人必須服從城邦的法律，否則就要承擔後果；因此他的論點變得模糊了。他曾站在反對政府的立場，譬如在三十人執政時，他毫不猶豫地準備接受懲罰。他不認為內心信念與雅典法律會有衝突，但是他在受審時，又被一般市民判定為違法，然後他尊重市民的判決，並且拒絕逃亡。

蘇格拉底把這種「對靈魂的照顧」，亦即使個人日益為善，解釋為愛智的表現，就是在道德問題上尋找真理；發展這種對智慧的愛，即是柏拉圖認定的教育最高目標。他清楚分辨教育與指導的不同。他的回憶理論強調：人在追尋真理方面，擁有一種特殊的能力；就是：人的心靈中有一樣東西，只要轉到正確的方向，就可以「看到」真理。在《美諾篇》中，一個年輕的奴隸在蘇氏問答法的引導下就學會了幾個數學算法。這是最簡單的事例。

《理想國篇》談到教育的基本原理。蘇格拉底提出洞穴比喻，描寫人們如何由現象世界的黑暗中與信念所造成的不確定狀態中，提升到知識的光明領域。

> 教育不是有些人宣稱的那樣。這些人說他們把原來不在靈魂裏面的知識放進靈魂，正如把視覺放進瞎眼中。
> ——他們的確這麼說。
> ——不過，我們目前的論證顯示這種能力存在於靈魂中，可以作為每一個人獲取知識的工具。情況就像一個人要把眼睛由黑暗轉向光明時，只有靠移轉他的整個身體才能辦到，現在他要靠整個靈魂配合，才能脫離變化的世界，直到最後才有辦法沈思實在界以及實在界中閃亮無比的善。
> ——是的。
> ——因此，教育的技藝涉及下述問題：一個人要如何才會做到最容易及最完全的轉向？關鍵不在於給他視覺，他本來就有視覺。他面對錯誤的方向，不去看他該看的方向。這才是困難所在。(*Republic*, 518b)

《理想國篇》的教育計畫分為兩部分。第一部分在第二卷及第三卷中，就是理型論出現之前，其中所談的是整個衛士階級的教育，包括統治者與軍人。這是柏拉圖討論雅典通行的體育與藝術教育的部分。第二部分較為高深，是有關哲學家統治者的教育，要帶領他們理解永恆的實在界，並且只有他們可以抵達這個層次。

柏拉圖自始至終都像現代的心理學家一樣，非常重視一個人在生命初期的訓練。《理想國篇》第二卷中，談到孩子的可塑性極高，很容易接受大人的指示。護士與母親所說的故事對孩子有重大的影響。柏拉圖為此主張藝術須受檢查制度的約束。不過他並未談到嬰兒教育的任何細節。大概是隨著年齡漸長，他更能感受這種教育的重要性，所以在後期的《法律篇》作了較多討論。首先探討的是各種藝術教育。詩與音樂一如往昔受到特別注意，柏拉圖表現了典型的希臘人想法，認定這兩者對塑造性格至為緊要。不過，他批判與排斥許多廣受尊敬的詩人及其作品，卻十足顯示了革命意味。他指出，一個人除非認清並且能夠分辨節制、勇敢等不同的「理型」，在其本身與在其影象的不同狀況，否則不能算是真正受過教育。接著他扼要說明了快樂與自制無法並存，再以禁止同性的性交為總結。

在體育訓練方面，柏氏特別強調：訓練身體的真正目的，是為了使靈魂不受阻礙，可以扮演它應有的角色。好的靈魂擁有卓越品德，將使身體也顯得超群不凡，但是光靠身體卻不能美化靈魂。訓練身體的原則，無異於音樂陶冶，即是「單純」。飲食節制而簡單，才能帶來健康；正如音樂上的單純可以使人學會自我控制一般。這樣的人最有可能成為自己的法官與自己的醫生。

藝術與體育是教育所不可或缺的項目，將對靈魂產生正面效益。光靠體育，人會變得粗糙而性急；光靠藝術，人又會變得太柔弱。只有兩者取得均衡，人才有穩定的脾氣與學習的熱忱。以上是教育的主要原則，細節則依情況需要而定。整個體系的目的是為了使年輕人養成正確的習慣及思考方式，亦即明白「正確的信念」，因為衛士階級的德行就在於有能力一生堅持這些信念，不受任何歧視與成見所影響。整個城邦的健康，有賴於衛士階級的正確教育，因此我們必須對任何快速的革新計畫保持戒心。我們在體育與藝術教育方面，不應該做個「革命者」。藝術上的任何變化，都會左右城邦的風氣。藝術上漫無章法，城邦生活也將雜亂無序。因此，我們要教導孩子以秩序井然又合法的方式，從事遊戲活動。實施教育之後，法律訴訟案件會減少，誠實的商業往來會增加，人們的生活也將更上軌道了。

柏拉圖認為，城邦的統治者或真正的愛智者，應該進而追求確定的哲學知識。就衛士階級而言，早期的教育將使他們得到好的習慣與信念。大多數衛士的程度僅止於此。其中少數人素質較佳，他們記憶力強、聰明機智、心胸寬大、溫文優雅，進而會熱愛真理、正義、勇敢與節制，然後可以接受更高級的培育。他們必須學習早期對話錄中所謂的至高的知識，亦即本身就是善的知識；換言之，他們還須學習領悟理型。那麼，他們需要什麼樣的教育呢？

柏拉圖的答案很清楚：數學是哲學的預備學科。先學習算術，因為有關數字的知識是一切科學思考與實際技藝的基礎。我們如果無法分辨多樣性中的統一性，就根本無法思考，也不太可能行動。理由很簡單：人的感官知覺經常自相矛盾。我們一旦跨越感覺的範圍，想要了解形狀、重量、寬度、軟硬時，就會立即發現自己面對許多矛盾的情況。個別事物的這些性質是相對於其他事物而定的。同樣一個東西在不同的對比下，可以又硬又軟，又大又小，使我們深感迷惑。數字的知識帶我們脫離困境：它教我們「一與多」的意義。它教我們這些性質如何在不同狀況下表現為多樣，而其實仍是統一的，然後帶我們走向真理。數字知識可以實際應用於商業與戰爭中，也可以藉此說服大眾接受我們的法律。不過，教育者最關心的是，它比任何知識都更能引導人們去了解真理。這門知識相當困難，但是又非學不可。在數字知識中，柏拉圖加入許多屬於邏輯領域的知識。

接著要學的是幾何。幾何是探討兩度空間的數字。它也可以作實際的應用，但是它的適當對象並非具體實物，而是假設中的完美平面，因為實際事物在任何地方都不可能存在於兩度空間中。隨後要學的是立體學，或三度空間的知識；再接著出現的是天文學。立體學並非有關具體實物的知識，而是探討假設中的三度空間的形狀；同理，天文學也不是研究那些有形可見的星辰。事實上，柏拉圖心裏想的根本不是天文學，而是動態學或動力學，亦即研究運動法則，探討完美的數學物體（自然世界並無這些物體）如何在數學空間中運動。這個階段的最後一項是和聲學，或研究聲音的知識。它探討何種數學上的對稱與比率，可以產生和諧的聲音。畢達哥拉斯學派的說法在此得到引申。

以上五門學科，算術、幾何、立體學、天文學、和聲學，彼此之間有根本的關聯；它們可以合作帶領人去進一步了解真理。不過，這些只是奠基的工作，更上一層的是辯證學，就是「提出及接受對事物的一套解說」。辯證學的性質顯然是：以邏輯方式思考及表達自己的能力。由於柏拉圖主張邏輯思考的對象，亦即理型，確實存在，他認為辯證學就是發現理型的途徑。但是，它也是對科學方法（或知識方法）本身的研究。簡而言之，辯證學是指培養領悟理型及從事邏輯思考的能力，使一個人的思想內容可以相應於實在界。

辯證家由此可以認識理型界，最後領悟至高的理型。他們有能力根據各種理型來為事物分類，以問答法探討完美的真理與完美的邏輯。辯證法是「整個科學結構的底基」。稍後在《辯士篇》我們看到這些理型本身是互有關聯的，而辯證家在發現及認識理型時，也是唯一有能力了解及陳述這些關聯的人。唯有他可以看出真理是一個整體，並且可以應用其中各部分的組合關係。在介紹了高等教育的這一領域之後，柏拉圖回到教育立法的問題。他再度提出準哲學家必須擁有的一系列特質。他們若想順利完成學業，就須在年輕時出發。強迫的手段不足為訓，孩子應該在遊戲中開始學習。

因此，在藝術陶冶與體能訓練的一般教育課程之外，孩子必須在遊戲中接觸上述各種預備學科。青少年階段的最後二、三年，幾乎完全要放在體能訓練上，還包括一段服兵役的時間。各級老師從一開始就觀察學生，以便選拔未來的統治者。選拔在年輕人二十歲時舉行，成功者獲享特殊榮譽。他們以前學一些零星的科學知識，現在得到有計畫有系統的傳授。這段學習將長達十年。

三十歲時進行第二次選拔。這次選拔極為嚴格，因為獲選者將學習辯證法，探討各項第一原理；如果不是表現最均衡的學生，這種課程可能引發一些危險，所以要慎重防範。通過嚴格考驗的人將學習五年辯證法。到三十五歲時，他們必須參與公共事務，在城邦任職，以免在實際經驗上比其他的人落後。這段服務公職的期間長達十五年。如果他們表現良好，到了五十歲，就可以退出實際的業務。這時，他們才是真正所謂的統治者，可以用大部分時間來沈思「善」，然後輪流出面管理城邦。他們未必樂意承擔管理的重任，但是必須為了城邦而奉獻，繼續培養像他們這樣的接班人。他們去世時，將得到至高的榮譽。以上所說的，同時適用於男性與女性。

在探討《法律篇》的教育觀之前，應該介紹柏拉圖對道德教育的獨到看法。如前所述，惡有兩種，無知為其大者。道德教育也有兩種，一是直接以道德教條訓示犯錯的孩子。這種常見的方法收效甚微，因為無知者並非情願犯錯，並且他們以為自己知道，根本排斥學習。另一種是蘇格拉底的方法。他指出，那些明白困難何在的人，會有下述作法：

> 他們看到任何人相信他自己在某一主題上表達某種有價值的觀點時，他們就要對他提出詢問。由於一般人的意見游移不定，所以他們認為這種考察並不麻煩。他們在對話中收集這些信念，並排陳列出來。他們指出這些信念在有關同一主題的同一觀點上是互相矛盾的。學生一旦認清這點，就會對自己不滿，而對別人更客氣了；他們以這種方式消除自以為是的各種驕傲而固定的信念。這種消除或解脫的過程，對旁聽者甚為愉快，對受害者則頗為持久。醫生認為除非身體去除內在的阻礙，否則無法由滋養品受惠；靈魂的情形也是一樣，那些推動淨化過程的人認為：除非一個人考慮了別人的意見之後，覺得慚愧不安，願意移開擋在知識途中的信念，否則任何再好的知識也無法使他受益。依此方式進行之後，一個人變得純淨，不會再認為他的知識超過他實際知道的範圍。
> ——那真是一種令人羨慕的處境。
> ——為了這種種理由，泰提特斯，我們必須說：這種檢驗是一切淨化過程中最偉大最有力的。未曾經歷這種檢驗的人，即使是波斯皇帝本人，也在最重要的事物上算是受腐化的，好像不曾受過教育又醜陋笨拙的人一樣。在這些事物上，一個人想要真正獲得快樂，就應該變得最美麗最純潔。

(*Sophist*, 230b)

蘇格拉底的信念檢驗法，是一切真正教育進行之前所不可少的。柏拉圖認為這種方法在當時是一種創新之舉，因為教育的目的是要使人認識自己並且孕育自己的觀念，由此走上王者的學問。擁有這種學問的人，也有足夠的知識作為自己的主人；至於一般大眾就只能奉命行事了。

三、教育的細節規畫

接著要談《法律篇》中的教育體系。由於本篇側重實際狀況，所以較少論及哲學家的教育。至於《理想國篇》粗略規畫的早期教育，則得到詳細引申。首先受到強調的是：孩子必須及早形成正確的習慣。在原文中，雅典人表達他的見解：

> 我要說的是，如果一個人想要善於做任何事，他必須從幼年期就開始練習，把遊戲與學習的時間都花在與目標相符的活動上。舉例來說，一個人想要成為好農夫或好建築師，就須在遊戲中練習蓋玩具屋或者布置玩具農場。撫養孩子的人必須提供相關行業中真實事物的小模型，使他們很早就學會特定行業的基本技能。譬如，木匠須學習量尺與秤重，軍人須學習騎馬，別的行業依此類推，都在遊戲中進行。我們要設法在遊戲中，把孩子的快樂與欲望引向他們最後必須達到的目標。教育的主要部分就是要進行訓練，帶領孩子在遊戲中專注於某些技巧，使他們長大之後成為同行中的佼佼者。不

知你是否同意我前面所說的？

——當然同意。

——我們要留意，不要讓教育的意義變得模糊了。就目前的情況來說，在贊成或指摘人們的教養過程時，我們會說我們之中如何如何的人是受過教育的，但是對某些完全被訓練去從商、航海或這一類職業的人，我們會說他們沒有受過教育。我們的說法似乎指明了：教育不是尋求這些專門的技術，而是從一個人的幼年時代就關注於道德上的卓越表現，使他們充滿渴望與熱情，想要成為完美的市民，就是明白如何做一個合宜的統治者與一個合宜的部屬。依我淺見，這種教養過程並且唯有這種，才是我們辯論時所謂的教育。至於尋求財富或訓練某種專長，或培養與正義及知識無關的某種特殊技巧的，都是低劣而奴化的作為，根本不值得稱為教育。讓我們不再咬文嚼字，一起同意下述明確的結論：受過適當教育的將成為善人；教育絕不能遭到輕視，因為它是至善之輩最可貴的資產。如果它誤入歧途，就應該加以矯正；這是每一個人終其一生必須盡力去做的事。(*Laws*, 643b)

由此可見，教育與專業的技術訓練是不同的。教育中的知識應與品德密切關聯。這種知識仍是最終目標；但是《理想國篇》清楚指出：大多數人的善只是基於正確的信念，而這種信念最後必須推源於別人的知識。道德掙扎是所有的人共同的命運，教育必須告訴大多數人在道德掙扎中的致勝之路。

柏拉圖接著再一次界說教育的目的：

> 我說，孩子最初覺知的是樂與苦。藉著這兩者，善與惡首度進入靈魂中。至於知識與正確的信念，即使一個人到了老年才領悟，也算是幸運的。完整的人，是指一個人獲得了它們以及伴隨而來的一切善的事物。因此，教育是最先來到孩子眼前的善：在孩子還不能靠理性掌握事物時，正確的事物就在他們的靈魂中引發快樂與好感，痛苦與憎惡；等到他們可以使用理性時，已經養成良好的習慣，可以作正確的對應；這種對應整體而言就是品德。
>
> 在我認為，確實應該分辨上述雙重過程中對苦與樂的適當培養，使孩子一生都憎恨那應該憎恨的，愛好那應該愛好的。這就是教育。(*Laws*, 653a)

由於正確的習慣在生命過程中，很容易被腐化，所以諸神為我們設立慶典，以多采多姿的方式來表達。青少年生性好動，靜不下來，他們渴望唱歌、跳舞、吶喊。動物世界也是如此。

> 不過，其他的動物在運動時沒有秩序感或混亂感，因此談不上節奏與和諧。我們說的那些奉派參加我們舞蹈的諸神，正是那些賞賜我們對節奏與和諧產生快樂感受的神明。(*Laws*, 653e)

柏拉圖明白肯定：最初的教育是透過繆斯與阿波羅而有的；其說如後：

> 我們第三度或第四度得到同樣的結論：教育就是帶領及引導

> 孩子去追隨法律所規定的正確而合理的途徑，這種途徑是前輩們的經驗所證實為正確的。我們所謂的歌曲，其實是對孩子靈魂的咒語，其目的是為了使孩子的靈魂對快樂與痛苦的感受，不致違背法律以及那些恪守法律的人。……歌曲有熱切的目標，就是要達成前文提及的和諧對應。由於年輕的心靈無法承受嚴肅的事物，這整個活動稱為遊戲與唱歌。有人患病、身體衰弱時，我們在可口的飲食中加入他們所需要的營養，並且把對他們不利的食物弄得難以下嚥，然後他們才會喜歡有利的而討厭有害的。同樣的，優秀的立法者將會勸說，或者在勸說無效時就勉強藝術家，要他們配合適宜的旋律與音樂，以優雅的言詞去贊頌自制、勇敢而善良的人，正確表達他們的卓越行為。(*Laws*, 659e)

以上是《法律篇》的前二卷所論。接著，柏氏提到教育主管，說他是「城邦中最重要的官員」，因為良好的教育固然使人變得溫文有禮，肖似神明，而錯誤的教育卻可以使人成為「地球上最野蠻的生物」。因此，城邦要選擇最佳人物來擔任教育部長，這種選擇是無比的嚴肅認真。部長的任期是五年。

本篇第七卷出現了柏拉圖最完備的教育論述，適用對象是大多數市民。首先強調的仍是孩子部分。照顧孩子不能靠法律，而要靠勸言與訓誡，因為教育場所是在家庭中。立法不宜太苛細，免得執行不徹底；並且，真正主導市民生活的是不成文的法律與傳統。養護與教育的目標，是盡可能使身體與靈魂日趨美善，試問，誰不同意「一切植物與動物的初期成長是最重要的大事」？一個人二十歲時的身材比起五歲時，大了何止一倍？因此，青少年時期適度的運動是最重要的。我們其實應該鼓勵「胎兒期的運動」，明白規定：

> 懷孕的婦女必須多多散步，要塑造孩子有如尚未成形的蠟。直到兩歲前，孩子必須使用特製的嬰兒衣。我們要以法律的懲罰為威脅，規定護士經常攜帶孩子到鄉村、寺廟四處走動，或者訪問親友，直到孩子可以完全站直為止，即使這時也要小心，以免孩子站立時稍微扭曲了雙腳；並且直到孩子三足歲前，都要不厭其煩地抱著他走動。(*Laws*, 789e)

活動是非常有益的，因此母親常須搖著孩子入睡，同時唱歌給他聽。柏氏認為，嬰兒期的靈魂處於混亂中，所以外在的活動有助於安撫內在的無序狀態。這個階段裏，恐懼在生命中扮演了重要的部分，孩子必須學習克服自己遇到的各種恐怖情境。這一切都是以勸導方式提出，而不必正式立法。

對孩子不可溺愛也不可虐待。溺愛會使他脾氣惡劣、難以相處；虐待會使他自認卑微，形同奴隸。嬰兒一出生就大聲嚎哭，因此，

> 護士必須弄清楚他需要什麼，這時只有拿給他各種東西才能辨明。如果拿給嬰兒某樣東西，他就安靜下來，護士認為這樣東西對了；如果他繼續哭喊，這樣東西就錯了。嬰兒只能以哭泣與眼淚來表明他要什麼或不要什麼。這種方法往往未必見效。然而，這種情形長達三年，而三年是一生中養成好習慣或壞習慣的漫長時期。(*Laws*, 791e)

嬰兒在這段期間如果每一個需要都得到滿足，絕不是一件好事；

事實上，這是對他所能做的最壞的事，將對他的性格造成長期的傷害。善的生活並不在於攫取每一種快樂或者避開每一種痛苦。在生命初期，性格是由習慣塑造的；其他時期的習慣則沒有這麼大的力量。

三歲到六歲的孩子需要遊戲。為了使他們免於恣意任性，也需要適度的處罰，不過處罰不可重到讓孩子憎恨的程度。這段期間裏，孩子可以自行玩樂、互相取悅，並且設計新的遊戲方法。孩子們一起相處，白天聚集在地區的神殿，由婦女委員會的成員擔任指導，並在必要時施以處罰。

六歲是一個新的階段。男女分開相處，正式開始學習。男孩學習騎馬、射箭、投擲；女孩亦然。左右兩手都應該訓練，以利於戰場技能。他們還須學習背誦課文、韻律體操、全副武裝的舞蹈，以及正規的摔角。後續談到的是藝術陶冶與體育訓練，大致內容如前所述。柏拉圖特別指出，即使是孩子的遊戲與比賽，也以墨守成規為宜，不應該任意變化花樣，否則很難塑造正確的觀念與習慣。舉行慶典時，包括舞蹈與禮儀，都應該有固定的一套方式。

要設公立的體育場與學校。三所設在市內，三所設在城牆外，使年輕人可以練習騎射。要付錢從外地請來體育老師。教育是強迫規定的，任何父母都不能找藉口讓孩子逃避。男孩女孩機會均等，因為女人與男人一樣要為城邦服務。由於奴隸的代勞，市民可以省去許多瑣碎的工作，享受閒暇生活，但是不能疏忽一點，就是：致力於品德的人生絕不是可以輕鬆達成的。學校當然要有教師；孩子先是由母親與護士照顧，隨後由奴隸與教師指導，因為「孩子是一切動物中最難相處的」，必須勤加管束。看到孩子行為失檢，每一個市民都有責任予以糾正。

孩子到了十歲時，通過了運動場上的體能訓練，接著就要學習語文，使他可以閱讀、書寫，進而演算簡單的數學。他們花三年的時間學習讀與寫，到達可以自由運用的程度。從十三歲到十六歲，注意力要轉到音樂科目，學習彈奏豎琴，同時研究經過審核的文學作品。音樂、舞蹈與閱讀，要搭配均衡，並且盡可能由教育委員會作明確的規定。

然後，在科學方面，一個自由人應該學習三樣東西：⑴計算與有關數字的科學；⑵平面與立體幾何；⑶天文學。不學這些，連數目都算不清，又怎能做個市民？但是，學到什麼程度呢？泛泛的認知可能使一個人自以為知道他所不知道的；如果學得不好，又比不學的後果更糟。這三種科學都可以在實際應用中學會，柏氏舉了埃及人的例子說明。以上是為一般市民所設計的教育學程。

總結以上所論，柏拉圖的教育體系可以分為三個階段，這與他的心理學三分法可以相通。在深入了解第一階段的嬰兒期時，我們想起《迪美吾斯篇》的一段描寫，談到人與世界的初步接觸。人的靈魂就像世界靈魂一樣，包含「同」與「異」這兩個各自運動又交相錯綜的圈子。當諸神把這個靈魂放進一個物質的身體中，並在靈魂中加入會死的部分時，乃立即產生嚴重的混淆現象。不死的知性立刻聯結於無理性的感受與激情，然後再一起綑縛於一個身體上，這個身體是個物質，有自己的活動，總是處在變化之中。不僅如此，感覺又由外面帶入各種訊息，引發更多的困擾。所有這一切混亂都必須在人可以自行發展之前，恢復到有秩序的狀態。柏拉圖有鑒於此，才強調小孩在三歲前要一直保持活動。外在的活動，如搖晃與抱著走動，將有助於平息內在的風暴。事實上，孩子的首要責任就是：控制內在的混亂狀態，設法自我調適。我們終身都在進行這種努力，但是早期的影響最為關鍵。嬰兒的不規律活動應該加以輔導，他們的發展完全在於感覺層次。他們必須學習以正確方式去感覺，同時也須控制身體的當下欲望，如餓與渴。這一階段所牽涉的是靈魂中位居最低的欲望部分。

第二個階段大體上專注於外在世界。孩子現在對於初生時的內在混亂已經有些控制能力了。建立初步秩序之後，他開始尋找其他的快樂。他想要擁有一些東西，注意力轉向外界，面對了誘惑、產生了野心。他的感受必須加以訓練，這時要靠藝術的影響與正確信念的灌輸，使他明白什麼快樂可以追求，什麼快樂必須避開。藝術陶冶與體育訓練的目的，就是要使身體與靈魂順利發展。不過，靈魂中直接涉及的部分無疑是意氣或感受。這是至今為止，大多數人所接受的教育。他們當然也獲取了某種想法，但並非柏拉圖所謂的知識。在適當訓練了欲望或廣義的愛樂斯之後，人逐步走向對真與美的哲學之愛。不過終究無法走得很好，因為他的知性所受的訓練都局限於實用科學上。

在上述兩個階段都有優異表現之後，才能進入第三階段，接受哲學家君王的教育。此時相對應的顯然是靈魂中最高的知性部分。這種高等教育在《法律篇》雖然沒有系統介紹，但絕不表示柏拉圖不再談論它。我們看到零星而重點的說明，如：智慧仍是終極目標，城邦的組織必須以它為基礎；真正的德行是指性格與理性相符，這只有最傑出的人到了老年才能達成等等。此外，柏拉圖在本篇最後幾頁充分說明了：城邦想要全盤成功，須靠統治者擁有《理想國篇》的哲學家所擁有的同樣的智慧。政治家必須知道政治運作的目標，否則城邦何去何從？政治運作的目標只能有一個，就是善。衛士階級必須明白這一點，也要能夠分辨各種品德的差異。這裏需要一種「更準確的教育」，因為他們必須把一化約為多，並且把多化約為一；他們必須掌握眾多個體背後的統一的理型。明白這些之後，他們還須認識美、善，以及所有重要的事物。其他人只會服從法律的指示，他們卻有能力解說諸神的存在，甚至解說一切可以作合理解說的事物。

四、愛智的根本意義

柏拉圖終身堅信人們因無知而犯錯，那麼，這種知識的性質究竟是什麼？比較準確地說，它稱為睿智 (νοῦς, νόησις)。「睿智」一詞，在安納撒哥拉 (Anaxagoras) 的哲學中，代表指導宇宙運行方向的力量，但是他只用它說明運動的開始而未涉及其他領域，使蘇格拉底大為失望。蘇氏認為：宇宙的運行若有一個目的在引導，這個目的就應該用來解釋宇宙的每一部分。人們無法知道一樣事物為何如此，除非他們可以解釋這樣事物如何可以符合宇宙中一切事物的普遍秩序。人們若能獲得這種知識，就會無可避免地依照此一目的來行動。並且，柏拉圖相信，世界若有方向，一定是向著善的。為了認識睿智，最好先分辨它不是什麼。

柏拉圖的早期對話錄已經指出：睿智不是技術性的知識。《法律篇》第一卷也說，一個好的將軍必須擁有的不僅是策略知識，還須有能力克服恐懼。他不但要具備專業技術，也須具備德行，如勇敢。如果一個人擁有正確的信念，像《理想國篇》中的助理衛士們那樣，也可以做到這一點。但是這種正確的信念所依靠的還是真正統治者的知識。因此，睿智一方面與任何特定的技術或科學都不同，另一方面又須應用各種技術與科學。

睿智這種智慧，也不一定是毫無分辨地渴望認識一切事物，因為那樣做只會得到雜亂無章的一堆資訊。《理想國篇》有一段話，清楚區分真正的哲學家與那些尋求新知、到處探聽時髦消息的人。後者固然有心求知，但是他們想看想聽的都是個別的事物。他們愛好美的景觀與音樂。但是哲學家卻要探討美本身的性質。哲學家關心的是美的理型，而不只是美在視聽上的表現。

然後，睿智也不只是脫離了終極道德價值標準的聰明反應。聰明反應是指頭腦靈光，而睿智遠多於此。《法律篇》在批評了無知就是讓靈魂中的激情去悖離理性之後，接著指出：

> 我們相信這一點，並且要再說一次：凡是在這方面顯示無知的市民，我們將不賦與他城邦中的任何權力。即使他們聰明伶俐、嫻熟各種心智上的技巧，我們也要指摘他們是無知的。處於相反狀態中的人，我們倒要稱之為明智，即使他們如傳言所說，既不會閱讀也不會游泳；我們還要賦與他們權力，因為他們是明智的。(*Laws*, 689c)

柏拉圖在此所強調的是：靈魂中不能沒有和諧。少了這種和諧，頭腦再聰明也無法領悟睿智或善。他的意思當然不是說：即使不具備閱讀能力也可以獲得至高的智慧；他要指出的只是：有些學識與技巧都豐富的人，要比那些有心學好的粗野百姓，更遠離了睿智。這一點十分重要。睿智絕對不只是一個人從事心智活動的能力。那些只為個人利益而使用頭腦的人，並非明智之輩，而是惡棍。一知半解對人無益；若是尚未準備尋求善的人生，就不夠資格學習辯證法。

簡而言之，睿智不是技術性的知識，不是毫無分辨地渴望求知，也不只是頭腦聰明。為了認清它是什麼，可以由三個角度著手，就是：形上學的、邏輯的與心理學的。這三者分別側重了：這種知識的對象或內容，它作為一種思考方法，以及它作為一種心理學上的過程。

這種至高知識的對象，顯然是理型。對理型的知識，不只是對真理或世界結構的了解，而且也須了解其中道德的及審美的實在界，它在萬物中的目的與理由。這種知識包括我們所謂的「對真價值的領悟力」，可以分辨善惡、美醜及真偽的知識。技術性知識可以告訴我們如何做一件事，哲學家則知道為何與何時應該做什麼事。對至高真理的知識，就是對自然法則的知識；認清這種法則即是善，將能使人產生道德價值感。哲學家認識永恆的理型，隨之可以明白這一切。柏拉圖不認為他解決了宇宙的一切奧祕，也不認為他或任何人擁有完全的實在界知識；但是他相信自己指出了正確的探索之路。

其次，作為一套思考方法，睿智是科學的方法，包括歸納法與演繹法的使用。先要探討證據，提出假設，再檢查後果，因為任何猜測都不能與事實衝突。接著要研究這個假設本身，在為它提供說明時，再追溯到應用範圍更廣的更基本的假設。假設若是有違事實或者不符更高級的真理，就須毫不猶豫地放棄。每一門科學都由一個或幾個公理出發，但是並不探討這些公理背後的究竟。這種在一定限度內的推理過程，柏氏稱之為“διάνοια”，就是推理能力，或者直接稱之為科學。不過，哲學家必須走到這些基本公理的背後，在較高級真理的引導下測試它們，一直要達到那可以解釋一切的至高真理才停止。也許柏拉圖認為只要適當理解了統一性的意義，就可以在邏輯上推衍出數學裏的各個分科；只要理解了善，就可以推衍出一切倫理學說。美的情形亦復如此。因為，在根本上，柏拉圖認為這一切都是同一個實在界的不同側面。

辯證法在本質上是綜合法，這在每一個階段都是如此。它把個別現象集中到一個理型之下，成為同屬一類；它也會掌握理型與理型之間可能的關係，把分類法帶入認知的世界。當然，任何分類同時也是一種區分，因為綜合法也須排除不相關之物。此一過程既是合成大組，也是分為小組。區分時盡可能以明確的二分法進行。它能成功運作，是因為每一類都有某種共同性質，亦即有某種理型使其成員可以集中在一起。由於柏拉圖認為唯有理型是真實的存在，並且這種方法也要靠掌握理型才能成功，所以當他描述辯證學的根本性質時，會特別強調綜合的一面。

然後，柏拉圖談到領悟理型之心理學上的過程時，語詞有些含混，並多次使用比喻。實情也只能如此。他清楚分辨睿智與那種在既定前提下的推理能力。這一點對探討心智的心理學相當重要，因為負責演繹的推理官能與負責歸納的官能大不相同。不論你收集多少證據，都未必由此領悟普遍因素。正如蘇格拉底在《美諾篇》所說，把全世界的蜜蜂都集中在一個地方還是不夠，因為這樣做並不能給你一個蜜蜂的定義。你必須「看見」它們的共同性質是什麼。同理，數學家也須看見一個結論中隱含的前提。在這兩種情況中，都需要出現心智的跳躍。這就是要「看見」一個理型。柏拉圖總是使用光明與視覺的比喻，來表達領悟一個理型的過程。他是最先使用「靈魂之眼」這種說法的人，並且充分引申其意義。譬如，在至善與太陽的類比中，在黑暗洞穴的比喻中，以及其他許多地方，都可以看到。

我們或許可以稱這種過程為「直觀」，但是，若不先經過漫長而艱辛的科學教育，它是不會出現的。它不是替代知性的方便利器，而是知性研究的顛峰成果，是在針對主題作了徹底的探討之後，終於像閃電一般得到的洞見。這才是柏拉圖所謂的睿智，這種至高知識只能勉強說是領悟或理解。它的意思是：心智掌握住個別事物之外的普遍者，同時認識了終極的道德及審美價值；這時它有能力作清晰而合乎邏輯的思考，看出現象世界中各種普遍的關係；它在充分認清所有相關的事實之後，有能力直接跳躍到一個正確的結論上。

不過，我們還是可以問：這種知識為何不能被誤用？為何一個人擁有這種智慧之後，就不可能故意為惡？柏拉圖對教育與對愛樂斯的看法可以回答這一類問題。除非一個人的情感得到適當的訓練，除非他的原始激情已經重新導入欲望的管道並且向著真理前進，他就不可能在內心產生必要的動機與力量，使他走在科學研究的艱難道路上，不斷向上提升直到可以領悟普遍的理型與價值。另一方面，如果他認識了真正的價值，如果他知道什麼是真的與善的，如果他明白世界存在的目的，他就不可能為了自己的目標而作出違反世界目的的行為，因為這個目的既真且善又美，因為它的美將帶給愛樂斯至高的滿足，若無此種愛樂斯或對美的愛，他根本不可能走到這一步。他不得不如此盼望，就是使感覺世界盡量接近他所沈思的美的理型，他除了努力促成此一盼望之外，沒有其他的選擇餘地。他拋開瑣碎的利益，專注於熱愛至高真理，這時他的靈魂已無內在衝突，成為一個和諧美好的生命。柏拉圖心目中的哲學家看到任何地方有混亂時，都會努力帶來和諧，也就是設法把惡轉變為善。他所謂的知識就是善，其意在此。

第十一章　政　治

我們在柏拉圖身上所看到的，是哲學家的角色遠比詩人的角色重要。不過，儘管他在理論上與實際上都對自己的藝術成就表示謙遜，他仍是歷史上的偉大作家之一。他另外還擅長兩項本領，就是教學與從政，只是這兩者在現實生活上是不能兼顧的。他正是因為無法在當時的雅典政壇上施展抱負，才矢志從事教育工作。他的政治理論堪稱完備，卻苦於沒有實現的機會。他提出政治理論的目的，是為了表達：在一個健全的社會裏，根本不應該有任何衝突矛盾或勢不兩立的情況。

柏拉圖在《第七封信》說明他為何無意於公職生涯。公元前400年，雅典進入三十人專政的階段，柏拉圖當時二十三歲。他的舅父克里提亞斯 (Critias) 是執政團的領袖，大家都認為以他的貴族家世與訓練背景，應該會有光明的政治前途。政壇上的親戚與朋友也歡迎他的加入。起初他滿懷熱忱，並且相信他們的唯一目標是要改正民主政治的各種偏差與罪惡。但是，他很快就不滿他們的高壓手段，尤其對他們企圖強迫蘇格拉底等人參與謀殺的計畫，更是深惡痛絕。於是，他離開了公職。等到雅典恢復民主政治之後，他又重燃希望。民主派人士在報復政敵的手段上，顯示了值得稱贊的節制與約束，而柏拉圖似乎也準備要再度從政。這時發生了蘇格拉底受審事件。蘇氏是柏拉圖最敬重的師長與朋友，他的死亡使年輕的柏拉圖深感失望與痛心。無論寡頭專政或民主政治，看來都無法使政治上軌道。他再一次放棄從政的念頭，以後也不再涉足雅典政壇。他看到不適任的人掌握權力，法律訂得很多，但未曾認真執行。真誠的人無法在政界發展。柏拉圖得到的結論是：希臘的所有城邦都是無知之徒在胡作非為，世間的唯一希望在於「對哲學作正確的研究」，只有智慧與知識可以提供解決問題的途徑。於是，他從此專務於探討及教導這種知識。

在《第七封信》中，我們也讀到他的西西里島 (Sicily) 之旅。他曾接受狄昂 (Dion) 邀請，前往西西里島教導西拉古斯 (Syracuse) 的君主，希望培養一位他在《理想國篇》所描寫的那種賢明領袖。他曾作了兩次嘗試，第二次是在六十七歲時，結果還是不得不承認失敗。他在年輕時夢想要治理自己的城邦，到了老年也不願拒絕唯一的機會，遠赴異邦設法落實他的理論。據他自己說，他的主要理由是：若是發現自己只是一個理論建構者，他將深以為恥。我們所關心的不是他最後成功與否，而是他曾努力嘗試，知其不可而為之。

一、對現實政治的失望

然而，以柏拉圖的出身背景加上後來建立的卓越名聲，即使他在雅典也不可能與政治完全絕緣。這裏的問題不在於如何教導一個人，而在於如何教育全體群眾。但是，群眾只對動聽悅耳的話有興趣，他們不能容忍柏拉圖，柏拉圖也不願哄騙他們。蘇格拉底在《自訴篇》的一段話可以描述這種狀況。

> 各位，你們很清楚，如果我在多年前試圖參與政治，我早就被處決了，那樣對各位或對我本人都沒有什麼好處。請不要責怪我告訴你們真相，就是：凡是真正反對你們或其他任何群眾，並且阻止你們在城邦中胡作非為的人，都不可能活命。如果一個人真要為正義而奮鬥，他就必須遠離公職，過一個平民的生活。(*Apology*, 31d)

使柏拉圖卻步的，不是從政帶來的危險，而是從政根本無濟於事。他在《理想國篇》談到真正的哲學家時，也透露出他對現實政治的失望與不滿。原文如後：

> 有的人品嘗過哲學，知道擁有它是多麼甜美而幸福，他如果同時也充分了解群眾的瘋狂，就是大多數人在公眾事務上其實從來不曾理性地做過任何一件事，並且一個人若想為正義而奮鬥就根本找不到任何同伴；這時他若是活著，就像一個掉進野獸群中的人一樣，既不願意加入別人一起為惡，自己的力量又不足以反對別人的野蠻行為，因為他在為城邦與為自己做出任何有益的貢獻之前，就會被消滅，這樣對自己或對任何人都沒有好處。考慮了這一切之後，他就會保持緘默，只管做好自己的事。就像一個遇到狂風沙或暴風雨而躲在安全的牆下的人，哲學家心情愉悅；他在看到別人猖狂妄行時，只期盼自己一生不要有違法與不敬的行為，到了死時可以懷著慈悲、善意與美好的希望。(*Republic*, 496c)

事實上，當時的雅典雖然失去往日的高貴與榮耀，但還不致於像柏拉圖所說的那樣惡名昭彰或全面腐化。問題在於柏拉圖本人的性格：貴族的家世背景加上卓越的知識水準，使他沒有耐心去與愚蠢之輩周旋。如果他無法容忍同代的人的無知與偏見，那麼他就不適合擔任政治領袖。因為，除了大權在握的獨裁者以外，即使是最優秀的民主派政客，也不得不對群眾採取妥協的手段與策略。

了解柏拉圖個人的經驗以後，我們才會明白他對政治人物為何會有如此嚴苛的批評。這一點在他的早期作品，包括《理想國篇》在內，顯得特別清楚。他的態度到了後期還是維持一致，只是原先的憤怒轉變為失望。不過，柏拉圖的失望並不完全是消極的；即使他必須放棄理想，他仍然設法指出城邦的改善之道。

在柏拉圖的早期對話錄中，還沒有十分完整的政治理論，不過基本觀念已經出現了，就是：政治是一門科學（τέχνη，亦指知識或技藝)，其目的在於使市民成為更善的人。因此，它是某種形式的知識，亦即有關善與惡的知識。政治家若是無知，就該受到嚴厲的抨擊。這種立場在《高爾加斯篇》表達得非常清楚。其中卡里克勒斯 (Callicles) 不但是享樂主義的代表，也是渴望從政的人。蘇格拉底告訴他：在政治上若想成功，就必須盡可能像群眾一樣，因為每一個人都喜歡聽到順從自己性格的言論。結果則是：群眾成為你的靈魂主宰，而不是你去統治群眾。但是政治的真正目的是要造就更善的市民。這一點還沒有政治人物做得到，即使是伯里克利斯 (Pericles)、齊蒙 (Cimon)、密提亞得斯 (Miltiades) 與泰米斯托克 (Themistocles) 也不例外。如此批判雅典歷史上最受尊崇的名人，在卡里克勒斯看來是大為不敬的；但是蘇格拉底以幽默語調繼續證明他的觀點。伯里克利斯的工作是照顧人們，但是情形似乎是：他沒有善盡職責，因為人們在他臨終時對他的態度甚至比以前更惡劣，亦即他不但沒有約束人們的邪惡衝動，反而有助長的嫌疑。以蘇氏早期對醫生與糕餅廚師的區分為例，雅典的大政治家就像廚師一樣，他們興建港口、軍械庫，製造各種商品，有如提供甜食給百姓，而忽略他們的真正福祉。這些政治家根本不關心善。即使他們不該為當前的亂象負一切責任，但是至少是難辭其咎的。蘇氏的結論是：他自己大概是唯一真正的政治家，因為只有他在努力使人們變得更善。

早期對話錄中的批判大致屬於這一類，焦點定在無知造成的困境，亦即不明白政治是一門知識。關於這門知識，政治人物好像沒有辦法教給別人，由此可見他們自己並未擁有；事實上，有些政客甚至不明白這是一門知識。在《阿昔別德斯篇》中，蘇格拉底指出：野心或抱負不是政治生涯的必備條件。蘇氏詢問阿昔別德斯：如果當政的話，要勸導雅典人什麼事？這位年輕人的回答是：那些他比其他人懂得更清楚的事。進一步探討之後，答案變成：有關什麼時候應該做什麼，也就是有關是非對錯的知識。阿昔別德斯大為驚訝，發現原來他並未擁有這種知識。其中也談到城邦所需要的是善意與共同目標。後來《理想國篇》繼續發揮這一要點。

普羅塔哥拉宣稱要教導政治學的知識，但是又把它由真正的科學知識區別開來。他說：算術、天文學、幾何、音樂，都是不太必要的。他要教的是一門特別的卓越德行。針對這點，蘇格拉底從兩個角度提出批評。首先，大家不認為政治是一個教學的主題，譬如，雅典人允許任何人對一般政策表示意見，並且政治人物沒有辦法教導自己的孩子懂得政治等等。其次，辯士在回答時所提到的創世神話並未真正解決困難，因為這套神話主張德行既是天生的又是可以教導的。接著，蘇氏再把焦點轉到德行的統一性上面，強使普羅塔哥拉承認諸德為一。既然如此，人就不可能只教一種卓越德行而不觸及其他。並且，辯士所排斥的科學教育，後來在《理想國篇》也成為訓練政治家的一個基本部分。

《美諾篇》設法區分知識與正確的意見或信念。如此一來，衛士階級即使尚未達到知識的水平，也有可能為善。政治人物也有同樣的可能，就是行事正確而未必知道理由。不過，在此也曾強調，信念畢竟是很不穩定的。

在《歐息德木斯篇》有一段討論，蘇格拉底試圖簡單界說至高的道德知識。他稱之為「君王之學」以及辯證法。這種學問將會使用其他一切知識，並且，就此而論，倫理學與政治學並無差異。這種等同說法在柏拉圖看來並不奇怪。它隱含在辯士們的主張中，並且是一般希臘人的看法。他們在好市民與好人之間不作區別。柏拉圖宣稱政治學的目標是為了增進市民道德上的福祉，這種說法對於當時以城邦為宗教、社會、藝術與政治生活的核心的市民而言，是可以理解的。市民如果在道德上與身體上不健康，城邦又怎能算是健康的？希臘人的看法正是如此，倫理學與政治學的密切關係可以由此想見。

二、理想的城邦設計

以上是早期《對話錄》的觀點，要旨在於：政治活動的目的是使人們變得更善，為了達成這一點，需要有關善惡的知識。政客並不具備這種知識，他們如果表現不錯，充其量是因為運氣好。為了成為真正的政治家，必須懂得「君王之學」，以此指導其他知識。此外，唯有透過自我之知，才能獲得有關對錯的真正知識，導正自己的行為，並且為城邦提供建言。

《理想國篇》第一卷就談到政治層面的問題。辯士特拉西馬克(Thrasymachus) 把公理或正義界說為由強者所決定。他所謂的強者是指城邦中有權力的人；這些人按自己的利益制訂法律，而一般市民應該服從這些法律。經過蘇格拉底的質疑，他很快就發現自己陷於困境。因為蘇氏指出，統治者對於什麼是他們自己的利益，也可能會弄錯。那麼我們還要服從他們的安排嗎？接著，蘇氏談到，統治者若犯錯，就不能算是真正的統治者，正如醫生若是開錯藥方就不能算是行醫。這種說法的含意是：政治也是一門科學，也是知識的一種。特拉西馬克以為政治學的目標是嘉惠於懂得政治學的人，但是蘇氏指出其他一切技藝或科學均非如此。每一門科學都有它所關懷的對象，政治亦然，它須照顧人民，使他們盡可能更善與更快樂。的確，醫生或政客可以賺大錢，但是這不是因為他們擁有高超的本行技藝，而是他們另有賺錢之道：

> 因此，特拉西馬克，很明顯的是，任何一種技藝或管理都不是為了自身的利益，而是為了服務別人。它要照顧的是比較弱勢的人而不是比較強勢的人。這就是為何我現在要說：沒有人真的渴望要去統治，並且試圖幫助別人整頓事情的。他要索取報酬，因為凡是有心以專業能力妥善治理城邦的人，絕不會為了自己的利益而施政，卻總是遵照他的技藝所要求的，謀求人民的福祉。(*Republic*, 346e)

實際的報酬，如財富或名譽，也許無法吸引善人去從政。但是，善人若是拒絕統治，那麼他所受的懲罰就是被更差的人統治。如果一個城邦都是善人，他們就都會設法逃避統治責任，因為他們不必擔心自己受到惡劣的統治。

在第二卷中，蘇格拉底繼續建構理想的城邦。他揭示的首要原則是：政治組織是基於人與人互相的需要。人無法獨自生存，合群才能共存。首先，我們需要食物、住所與衣服，因此不可缺少農夫、工匠、織工與鞋匠。他們各司其職，再互相交換產品。這樣做的理由有二：第一，每一個人天賦的才幹不同，原本就是各有所長。第二，專業分工的效率無疑是更高的。然後，文明若要進展，還須增加一些行業，如獵人、仿造者、音樂家、詩人、吟遊詩人、演員、舞者、立約人、各種家具的製造者，以及美容專業人。我們還需要更多的商人、護士、理髮師、廚師、養豬戶、養牛戶等。在這種繁榮的城邦中，光靠土地生產無法滿足人們的需求，尤其在有人累積財富時更是如此。他們貪求鄰人的土地，最後引發了戰爭。戰爭的根源是貪婪；想要擁有更多私產，是一切社會罪行的主因。柏拉圖社會哲學的要旨，就是在於認定私有財產的各種罪惡。城邦若有戰爭的危險，我們就須組織軍隊，並且基於專業分工的原則，我們需要一支職業性的軍隊。

職業軍人的任務是保衛城邦，因此我們通常稱之為「衛士」(φύλακες)。不過，同樣重要的是，他們不可使用武力對付自己城邦的居民。因此，我們必須特別留意衛士的教育。這種教育結合體育與藝術，主要的目標是同時培養堅定的意志與溫和的自制，以均衡發展人性中原本難以協調的兩端。這種奇妙的混合性在良犬身上表現出來：牠們對陌生人戒備，對熟人則親近。衛士也須如此。蘇格拉底在此逞其機智，說「親近熟人」就是「愛已知者」，就是「愛好求知」，就是「愛好知識」，也就是「愛智」，與哲學無異。

哲學在此登上舞臺，而事實上職業軍人作為衛士，其意義絕不只是一般所說的軍人而已。他們已經成為城邦中的一個卓越階級。我們也許會奇怪柏拉圖在他的理想國中為何賦與軍隊這麼大的權力。不過，我們應該記得他所謂的軍隊不是通常所指的意思。他們所受的教育可以保證這一點。不僅如此，希臘軍隊是一個市民集合體，或者以特殊方式把市民集合為一體，因此始終受到基本的尊重。換言之，柏拉圖的衛士是十足的市民，只是他們還須負責執行一個非常重要的任務。海軍的情況有些不同，當時雅典人對海軍已有偏見，因此柏拉圖沒有把他們列入衛士階級。柏氏理想國中對衛士階級的生活方式有特殊而詳細的規定，使他們不會有集體干政或侵犯市民的危險。

在此之外，我們還需要統治者。統治者的教育更不可等閒視之。原則上我們要由衛士階級中，選拔較為年長、明智並且值得信賴的人擔任。如此一來，城邦中形成三個階級：統治者（不只一人）、衛士群（現在稱為助手）以及其他市民。三個階級的高低位序在「大地生人」的神話中得到闡明。蘇格拉底藉此說明：人由大地而生，因此必須愛慕那給人生命的泥土。

> 這個故事要告訴城邦中所有的人，就是你們大家都是兄弟。然而，神在造你們時，他把金的成分加入那些有能力統治的人身上，因此他們受到最高的尊敬。他用銀造成了助手們；用鐵與銅製造農人與其他行業的工人。你們都有親緣關係，並且在多數情況下將會生出肖似你們的後代，不過有時金的父母會生出銀的兒子，銀的父母會生出金的兒子，亦即每個階級都可能生出不同階級的後代。現在，神頒給統治者的第一道最重要的命令是：他們的首要任務，是必須仔細檢查所

> 有孩子靈魂中的金屬成分。如果他們發現自己的兒子有銅或鐵的性質，他們絕不能心生同情而須按照孩子的天性去評估，並使其加入工人或農人的行列。如果農人或工人有屬於金或銀的孩子，他們就須把孩子撫養成衛士或助手。因為，神諭如此規定：城邦若由銅質或鐵質的衛士來統治，將遭到毀滅的命運。(*Republic*, 415a)

以上是柏拉圖對人性所提出的貴族式觀點。這種貴族式不是由出生背景而是由本身價值來決定。他從不幻想人類生而平等，因為事實並非如此。他的主要關懷是：最傑出的人應該出來統治。雖然，一般說來，金父生金子，但在評估時，仍有公平的機會。無論如何，任何人都有學習與統治的能力，只要表現優異就可以出人頭地。

在這樣的組織架構中，必須確實防範衛士階級濫用特權地位，或者藉著權力去謀取私利。他們必須不富也不貧，因為財富與貧窮對於工作效率有同樣的破壞性。蘇格拉底說，一個製陶匠發了財，難免變得懶散，無心於工作，結果技藝越來越差。但是如果他窮得買不起工具，他的工作也將降低品質。這種情況在各行各業都一樣。因此，兩種極端都要避免。許多城邦內部有嚴重的貧富對立問題，勢同水火，難以並存。我們的衛士階級必須是人民的真正保護者，對內壓制違法暴行，對外抵抗敵軍入侵。為了保證做到這一點，蘇格拉底主張衛士應該依共產式的原則來生活，不能擁有任何私產。他們住在營區中，由公家供應衣食，有足夠薪資可以購買裝備與生活必需品，但是到了年終並無盈餘。他們與賺錢的行業絕無任何瓜葛。不僅如此，他們甚至沒有自己的家庭。蘇氏在此提出了他著名的「共子、共妻、共夫」的共產主義綱領。這個奇怪的綱領經常受人誤解；若要了解它，那麼第一個要點是：它對所有適婚年齡的人都作了嚴格的性行為管制。經由統治者安排，許多青年男女在每年特定的慶典中，以抽籤方式配對「結婚」，婚期只有舉行慶典的那幾天。慶典一結束，結婚也告一段落。統治者若屬意某些健康的男女多生幾個後代，那麼這些男女可能有多次結婚的機會。不過，每一次的婚期都是幾天而已。孩子出生後由公家撫養，父母不知道誰是自己的孩子；他們最多只知道自己的孩子如果活著，應該在幾歲的那一組。這種制度也須特別留意不要發生直系血親結婚的事，但是兄弟與姊妹之間則無法防範。

任何人讀了《理想國篇》的這一段話，幾乎都會覺得這樣的綱領既不可行又不可取；不可行，是因為它要求不自然的禁欲，抽籤配對，以及在多數情況中形貌的相似會洩漏親子關係；不可取，則是因為它傷害了人類最深的情感，完全忽略了結婚男女的愛情因素，並且剝奪了個人在家庭中的安全感。那麼，柏拉圖為何在理想國中還要提出這樣的主張？部分原因是他想控制人口總數，而城邦的主動干預是比較有效的方法。不過，主要的理由是他明白：家庭是私有財產以及隨之而來的一切罪惡的核心組織。因此，他以這種令人反感的方式去抨擊家庭。家庭利益在實際上常與整個社會的利益發生衝突；男人努力賺錢以保障妻兒的安全，如此一來他與其他市民的關係即使不是敵對也是競爭。柏拉圖把家庭當做「排他性的中心」，未免有些言過其實，但是不可否認的是，男人的忠誠在家庭與社會之間確有矛盾，以致為了家庭而常有反社會的行為出現，並且家庭情感常是盲目、自私而占有欲較強的。即使我們不接受柏拉圖的偏激說法，也不能否認上述特質確實有問題。他的用意不是要消除親子之愛，而是想讓它普及整個城邦，就是使它的衛士階級形成一個大家庭，為了共同的目標與福祉而攜手合作。然而，家庭關係真能普遍化於整個階級，再擴及整個社會嗎？情況恐怕不是柏氏所想的那麼樂觀。

城邦的設計大致如上所述。這當然是以一個希臘城邦為藍本。它的幅員不能太大，以免城邦無法形成一個單元。蘇格拉底建議，城邦總人口以五千人為宜，其中一千人是衛士階級。他再度強調市民的早期教育至為緊要，因為正確的習慣都在那時養成。只要做到這一點，就不需要在行為與儀節方面多訂法律條文，也不需要詳細規定商業交易的細節。傳統的法律已經夠用了。

> 如果不這麼做，他們就須花上一生的時間，去設計各項法規，不斷加以修正，並且還認為他們這樣可以達成最好的狀況。(*Republic*, 425e)

立法者在制定法律方面費盡心力而效率不彰，因為他們對於法律的終極目標與基本原則都沒有任何明確的觀念。柏拉圖自始至終都主張教育比法律重要。這個問題要留待他的晚期作品再作發揮。

在建構完備的城邦中，必須顯示下述德行：明智、勇敢、節制或自制、正義或正當。蘇氏指出，明智在本質上屬於統治者，因為城邦若有明智的統治，它本身就顯得明智。勇敢顯然屬於統治者與衛士階級，然後，即使是平民階級也須具備節制。正義則是大家都需要的。節制是指自我控制，要管好激情與欲望，正義是指「做好自己份內的事」。這兩者的區分不是很清楚，不過，在城邦中，節制似乎是指：每一個人應該對自己分到的資源與地位感到滿意，然後設法約束自己尋求更多權益的欲望。如此才能產生和諧，達成共同目標。「正義」在此加上一份積極的欲望，要人認真做好自己的工作，主動與其他市民合作，善度共同的城邦生活。

三、哲學家君王

這樣的城邦是否可能實現呢？蘇格拉底面對此一問題，說出一段最著名的柏拉圖式的吊詭：

> 葛老康，我認為，任何城邦都無法免於陷入罪惡的結局，人類亦是如此，除非由哲學家擔任統治的君王，或者讓那些帶著君王或統治者名號的人，真誠而適當地研究哲學，亦即除非政治權力與哲學結合為一。就目前來說，這兩者分道揚鑣，以致任何一邊的追隨者都發現自己沒有機會實現抱負。(*Republic*, 473e)

這種說法確實是吊詭而兩難的，但是我們不必以為抽象的玄學家可以憑著思想來統治。在希臘文中，「哲學家」是指「愛好智慧的人」，並且，柏拉圖認為：運作哲學如蘇格拉底這樣的人，才能算做「所有雅典人中唯一真正的政治家」；當然，柏氏對自己也有同樣的信心。哲學家應該具備永恆理型的知識，其中蘊含一套對價值的真正意識，對主導世界的原理有所了解，對真與美的愛，以及高度發展的推理能力。達成這些目標的唯一途徑，是以精確方式教育心智，亦即柏氏當時所知的數學研究。政治人物不能沒有一套完整的心智訓練，這一點是沒有人可以否認的。

事實上，柏拉圖所要強調的是：政治家想要名副其實，就必須同時是個思想家，他必須具有哲學的外觀，注意根本原則，懂得辯證法，有能力看出事物之間的普遍關係，可以由既定的前提引導出正確的結論，並且在結論與現成的事實不符時，隨時可以修正他的前提。柏拉圖這種立場除了那些無法達到標準的職業政客以外，大概沒有人會反對。

哲學家君王並不輕估實際操作的能力。君王之學原本就須用到一切專業的技能，把它們都帶向正確的目標，亦即市民的真正福祉，這種福祉須以正當的行為為其基礎。我們也許認定這種完備的知識是不可能的，柏拉圖自己對此也逐漸感到懷疑。但是，政治家依然有責任朝著這個方向努力。並且，像這樣的哲學家，才可以解決柏拉圖自己內心的種種衝突。完全的和諧也許是另一個不可能實現的理想，但是無論如何也該避免讓歐斯底里的統治者去故意引發人們低劣的本能，如憎恨與殘暴。

至於哲學家在政治上有無用處的問題，蘇格拉底以著名的「城邦之船」的寓言來回答：

> 這艘船的所有者（亦即民眾）在人數上及力量上都超過船上的其他人，但是他聽覺有礙，又相當近視，對航海的知識也殘缺不全。水手們對於掌舵的事爭吵不已，即使他們不曾學習掌舵的技藝，也無法指出自己受教於誰或何時學過，但是每一個人都認為自己應該出任舵手。他們甚至主張航海是無法教的，並且準備把任何宣稱航海可教的人撕成碎片。他們一直圍著主人（亦即民眾）喧鬧，懇求他並設法以各種方式影響他，讓他把掌舵大權交給他們。有的時候，他們未能得逞。於是他們殺死掌舵者，不然就把他丟入海中，再以藥品、

> 酒或任何方法來操縱他們那高貴的主人。他們開始統治整艘船，盡情享用儲藏的貨物，一面航行一面吃喝玩樂。不僅如此，他們對於想出辦法使他們得以統治的人大加贊美，不論這辦法是靠勸說或以武力威脅主人。他們稱呼這樣的人為舵手或航海專家，並且苛責其他人為無用。他們完全不知道真正的舵手必須研究星辰、季節、風向以及所有相關的技藝，然後才能勝任成為船的統治者。他們也不認為他可能獲得航海的技術與演練，以及舵手的技藝，不論他們是否希望他實際操作。當這樣的事在船上發生時，你不認為真正的舵手會被那些實際掌舵的人稱為占星者、饒舌者與毫無用處的人嗎？(*Republic*, 488a)

《理想國篇》中間幾卷的主題是探討哲學家君王的特質。他是理想的統治者也是理想的人，他還擁有關於至高的實在界的知識；這一段討論不僅是倫理學與政治學的完美組合，也是形上學的傑作。這種外觀上的統一，也表現在政治學與心理學的密切關聯上。柏拉圖其實正是政治心理學的奠基者。在第三卷中，他從分析城邦的德行談到個人靈魂的德行時，清楚指出：在城邦與組成城邦的個人之間，無論就意氣、愛好學習或貪婪而言，兩者都是相對應的。他所選用的性質可以直接套在靈魂三分法上，而事實上一切性質莫不如此。有時我們覺得希臘人的城邦觀點是抽離了市民，為了全體而犧牲個人；事實上，古代希臘人比當時任何地方的人享有更多的自由。蘇格拉底聽到有人抱怨衛士生活不會快樂時，他說，我們的目的不是某一階級的快樂而是全體市民的快樂；他的意思當然是：不能為了某一階級的快樂而犧牲其他市民的快樂；農夫、衛士或哲學家都不能被忽略。

城邦的各種性質其實正是市民的各種性質的擴大表現。什麼樣的市民占多數，就會有什麼樣的政府。因此，在區分城邦的種類時，同時也會描述多數市民的種類。柏拉圖先談最好的典型，再逐步往下分析。他所說的與歷史上的真實發展無關，因為完美的城邦未曾存在過。根據柏氏的理論，政治類型有五種。

第一種是貴族政體 (Aristocracy)，不過他所謂的「貴族」與門第或血緣無關，而是指知識上、道德上的傑出人物；換言之，這是一種菁英政治，是理想的共和國，與它相應的個人是哲學家；亦即，城邦與個人皆由智慧統治。

第二種是名譽政體 (Timarchy)，由衛士階級統治，主導的原則不再是智慧，而是名譽。抱負與野心受到最高的推崇。在追求名譽的前提下，城邦尚能奮發圖強。

第三種是寡頭政體 (Oligarchy)，又可稱為富人政體 (Plutocracy)，由有錢人出來領導城邦，大家一起累積財富。財富難免引發個人之間利益的衝突，由此滋生各種罪惡。

第四種是民主政體 (Democracy)，強調所有的個人之間與所有的激情之間都以「自由與平等」為原則，而其結果則是完全喪失了穩定性與價值感。柏拉圖在此對雅典的民主政體嚴詞批評，不留任何餘地。

第五種是暴君政體 (Tyranny)，由無知而充滿激情的獨裁者統治，顯示了殘酷與野蠻的特質。這種暴君比之於正義之士或哲學家，正好是兩極中的另一端，壞到無以復加的地步。蘇格拉底曾以暴君與哲學家對比，詢問：他們二人誰比較快樂？答案不言可喻。

《理想國篇》代表柏拉圖政治理論的一大進展。它並未牴觸早期對話錄中的構想，而是提出一套明確的系統。其中第一卷重述了基本立場：政治是一門科學或知識，其目的在保障受統治者的福祉，而不是謀求統治者的利益。在建構城邦時，根本的原則是：人們無法自給自足，所以需要分工合作，各依所長就業，共組一個城邦。這個原則進一步推廣應用時，我們發現：若想靠知識來統治，就須有一個專務於治理並擁有必要知識的統治階級，再輔以一個專務於保國衛民的衛士階級。只有透過規畫詳盡的教育體系，才能使合宜的人成為衛士；而統治者必須具備的知識則是關於永恆理型的知識。的確，只有哲學家才是政治科學的真正實踐者。為了使衛士們和諧相處並尋求共同利益，必須摧毀自私自利的兩個原因：私產與家庭。最後，城邦的類型與市民的類型之間有密切的關聯，因此政治家若想治好城邦，就必須使市民變得更善。

《政治家篇》並未脫離柏拉圖的基本信念，就是：倫理學與政治學終究是二而一的。不過，其中開始認真嘗試界說政治學本身，因此討論範圍有相當的局限。即使在此，埃利亞的陌生人也強調：統治技術在城邦與在家庭是一樣的。君王、管家與政治家都是同一種技藝的實行者。他先肯定政治是一門科學或一種知識形式，接著設法界說政治家，方法則是依照理型作邏輯區分。最初的幾步區分值得特別注意：知識可以分為兩種，一是用以製造以前不曾存在的具體事物，二是關於認知方面的，如數學。政治學屬於後者。認知的知識可以再分為二，一是純粹思考性的，如算術，二是用以指導人們行為的。政治學屬於指導性的知識。指導性的知識又分為二：一是提供至高指示的知識，二是只管執行別人指示的知識。這種二分法繼續推展下去，後來區分出有一種生物是由君王統治的。君王其實就是人群的牧者，或稱為牧人者。除了君王，另有不少人宣稱自己屬於統治階級。他們的宣稱還須再作探討。

此時對話錄的內容轉到一則神話，大意如後。世界是一個具體實物加上靈魂；它是受造之物，本身並未擁有進行永遠相似的運動的能力；它的生命以兩種方式運作，間隔很長的時間輪流更替。第一階段中，由神親自下達指令，並由較低的諸神負責安排世界上的不同種族與不同部分。一切順利進展，既沒有戰爭也沒有任何衝突。到了第二階段，神讓世界引導自己，較低的諸神也放手不管。這時世界靈魂為自己負責，其他的靈魂也為自己的部分負責。一切開始背道而馳，因為雖然世界試圖回憶造物者的指令，它本身屬於物體的部分卻產生越來越大的阻力，並使它走向完全的毀滅。幸好，新的時期來到，神及時出面指引，避開了上述結局。人類生自大地，逐漸成長，慢慢形成現在的狀況。這段神話值得留意的一點是：在上古的克羅努斯 (Kronos) 時代，人們過著田園式的單純生活，吃些蔬果、不穿衣服，一片快樂氣氛。何以如此？因為大家休閒時都在探討哲學。這種圖像與《理想國篇》初期的單純城市生活十分近似。我們可以看出柏拉圖的心意。唯有哲學家君王的統治可以比美於神明的引導，但是這種時期與這種君王已經可遇而不可求了。

四、法律受到重視

君王的技藝也是某種形式的知識。在原則上，政府可以分為兩種：一是依知識來統治，二是只靠法律來統治。沒有知識的人出面統治時，才需要法律的約束，甚至需要臣民的同意。我們不會要求一個醫生在拯救病人的生命或幫助他們恢復健康之前，先去說服病人相信他；我們也不會擔心醫生是富是貧。同理，只要統治者擁有知識，以善為目標，只要他使人們變得更善，我們就不必加給他任何限制。法律在本質上只是次佳的選擇。它的缺點很清楚：

> 法律無法命令人作最好的選擇，在任何情況中都不能充分實現最正義的與最善的要求。人們與各種行為都在不斷變化中，因此沒有一門科學可以一勞永逸地定下簡單的規則，適用於各種情況。(*Statesman*, 294a)

即使法律不夠完美，我們的生活也少不了它。譬如，在運動競賽中，教練只能提出一般的規則，而不能針對個人詳加指示。醫生會提出他不在時的救治原則，但是他一回來就會依病人的情況而改變療法。他所憑藉的是他的知識，而不是由這種知識所定的一般規則。

因此，由知識統治的城邦是唯一正確統治的城邦，不論其政府形式是什麼。然而，若無知識，則其金律是：「無人膽敢冒著死刑處罰的危險，干犯法律。」理由是，如果我們無法相信醫生的目標是健康而不是私利，那麼外行人也有資格去制訂有關醫藥的法律。因此，我們未必不能這麼做，就是：由民眾選出代表，根據法律去統治，並且在任期結束時加以檢討。這種方式因為不尊重專家而在早期對話錄受到蘇格拉底的嚴厲批評，現在則是無法避免的選擇了，因為統治者並未擁有關於善惡的知識。

不過，如果一切以法律為準則，也會產生極大的問題。法律固然禁止人跨越界線，但是同時也不讓人進一步探討未必包含在法律中的真理。誰要是自行探討智慧，就會被說成「腐化青年」以及勸別人目無法紀，因為大家都相信「沒有比法律更明智的東西了」。在這樣的城邦中：

> 很明顯的，我們得不到任何技藝與知識，也不可能有任何機會，因為法律禁止探討。然後，生活像現在一般困難重重，根本就不值得我們去活了。(*Statesman*, 299e)

這句話提醒我們蘇格拉底在《自訴篇》說過的：沒有經過反省的人生是不值得活的。柏拉圖確實說過的是：

> 你們說哲學家君王不可能存在。依我在世界上所見的，我傾向於同意你們的說法。我還進一步同意：唯一的替代方案是一套絕對僵化的法律系統。但這算是什麼替代方案！(*Statesman*, 301c)

當時希臘人習慣以遵從法律為市民的至高美德與城邦中一切善行的原因，而柏拉圖竟提出逆耳之言，揭示法律的限制，認為它不如知識可以直接應用於個別案件上。柏氏明白任何一般的規則都不能充分照顧到個別案件。這一點是相當明顯的進展。柏氏在逐漸了解他的哲王理想不可能實現之後，在後期更深入研究法律系統，並且依照當時希臘人的政體三分法，提出新的見解。加上法律因素之後，最好的政體是立憲的君主制，其次是立憲的寡頭制，最後才是民主制。但是從政治可能腐化的情況來看，則民主制的危險最小。

《法律篇》同意法律是次佳選擇的說法，因為沒有人具備足夠的知識，可以不靠法律而施政。其中第一卷談到《政治家篇》最後強調的，節制與勇敢都是德行，但是如果趨於極端就變成惡行；政治家應該使這兩種性質在個人身上取得平衡，在城邦中也保持均衡。在本篇中，這種對比代表了雅典人與多利亞人 (Doris) 的法律觀的差異。來自克里特的克雷尼亞斯 (Cleinias) 吹噓說，他的城邦的法律以達成戰爭的效率為首要目標。他的理由是：戰爭是城邦與城邦之間的自然狀態，也是個人與個人之間的自然狀態，甚至是個人內在各種欲望之間的自然狀態。因此，勝利是一切狀況下的最高目標。雅典人則不然，聲稱他們的目標在於和平而不在於勝利。

一個人應該控制而不是壓抑他的激情，同樣的，政治家也應該致力於各階級之間的和諧而不是某一階級的勝利。在此，克里特人承認錯誤，認為自己混淆了手段與目的。雅典人乘機指出斯巴達人的法律也有問題，因為它只發展勇敢之德，而忽略了正義、節制與明智；即使就勇敢而言，也只是強調其中一種特定的形態，就是：受苦的能耐。因此，斯巴達人到了外邦就抵擋不住享樂的誘惑了。

有關偏重武力的多利亞人與偏重勸說的雅典人之間的討論，其意義在於引介一個重要原則，就是：法律必須在嘗試勸說無效之後，才能採取強制的手段。這項原則必須貫徹，並且每一條法律都有前言說明理由，訴諸理智反省，使市民不致心生排斥。法律條文必須簡短清晰，然後列出罰則。柏拉圖以明確的步驟，提示立法者要如何贏得市民的同意，而非使他們盲目順服。他說，法律應如父母，而非如暴君。

《法律篇》注意實際的應用，因為環境對個人與城邦都有明確的影響。這對於當時希臘城邦的殖民地計畫而言，是十分自然的考量。在本篇開始討論時，克雷尼亞斯就指出地形學左右了人們的作戰方式，進而左右了人們的整個生活。而雅典人則與海洋為鄰，使城邦愛好貿易與賺錢，人們不必經常備戰，結果變成了懦夫。他接著談到氣候對城邦中的人們也有深遠的影響。有一段話相當坦率：

> 我要說的是，沒有任何法律是人所制訂的。降臨在我們身上的各種不幸與災難，為我們制訂了法律。戰爭的威脅可能推翻憲法並變更法律條文，或者瘟疫強迫我們作許多改變，或者是發生一場黑死病，或者是一年中經常出現的不正常的氣候，都會帶來同樣的後果。考慮這一切之後，一個人就可能立即得到我現在所有的結論：會死的人從未制訂任何法律，人間所有的事務都是出自偶然碰巧而已。(*Laws*, 709a)

幸好，柏拉圖認為神明的指導依然存在，才使這種決定論稍見緩和，並且即使情況真是如此，也更顯示了知識的無上價值。譬如，如果一個人在海上遇到暴風雨，他無法防止風災發生，但是他會發現航海知識此時更為有用。無論如何，柏拉圖在任何地方都不放棄他的信念，就是：人們最為需要的即是知識。想要某些東西，是不夠的，我們必須知道想要的東西對我們有所助益，可以使我們為善。因此，只有明智之士才能受命負責照管城邦的工作；而立法者的目標一向都是要使城邦變得明智、和諧與自由。

歷史上的城邦之所以失敗，就是由於缺乏知識。雅典人說，許多城邦與文明毀於瘟疫或洪水。雅典自己的文明就是在一場洪水之後建立的。所有的知識與技藝都失傳了，只有少數山居百姓得以活命。我們的文明就是始自後者。最先是由小氏族首領主政的王朝時期。然後，部落在山腳下集結，聯合而成貴族政體或者選出一位君王。大家忘了洪水，並在平原上建立一座像特洛伊 (Troy) 的大城。特洛伊戰後，希臘由三大城邦統治，就是阿果斯 (Argos)、梅色尼 (Messene) 與斯巴達。存留的只有斯巴達，因為另外二個城邦既缺乏知識又無法合作。接著，雅典人描寫波斯帝國，說它雖在居魯士

(Cyrus) 手上成功，但是到了克塞色斯 (Xerxes)，則由於他缺少教育與自制，使波斯變成一個典型的獨裁政體。雅典人說完對古代雅典的理想回憶與對波斯戰爭的刻意批評之後，再責怪現在的雅典由於過度自由而墮落。我們由此看到兩個極端，一面是過度壓制，一面是過度放縱。

雅典人稱贊斯巴達的混合式憲法，他到殖民地時所關心的就是如何避免上述兩個極端，因此要採取君主制與民主制混合的憲法。完美的城邦形式不在考慮之列，因為它若是失敗，就可能出現最壞的後果。以混合憲法為最佳政體的觀念在柏拉圖是後來提出的，這種想法源自他對斯巴達的認識。

《法律篇》對殖民地有詳細的規定，人口以五〇四〇人為準，以便進一步分工合作。男女兩性接受平等的教育，享有平等的機會。專業特長仍要區分，但並未談及衛士或統治階級。宗教崇拜由阿波羅神與其他神諭負責。城邦分為四個階級，各有財產限制。

就財產而論，完全的共產主義是最佳選擇，但是准許市民擁有私產，其數量不得超過各人分得的土地價值的四倍。至於土地，則不許租借或讓售。財產檢查制度十分嚴格，任何不實的申報都會受到嚴懲。最後，外貿在政府管制下進行。就上述各項看來，殖民地相當接近理想的城邦了。

至於政府的組織，簡單說來，城邦主管由三十七名法律衛士組成，他們由市民軍隊提名，再經多數表決而定。他們的年齡須在五十歲至七十歲之間。這些衛士主管城邦重要事務，較小的事情則交由軍隊選出的將軍團來負責。另外設有三百六十人的議會，議員分為十二組，每月的例行開會輪流由三十人負責。各層官員分派處理市場、鄉村與城鎮的事務。分工時，為年輕人安排合作的機會，使他們嫻熟行政管理。最重要的官員是教育首長。他是由行政官與官員組成的特別委員會所選出，議會的成員不能參與投票。至於其他的選舉，則傾向於讓富裕階級承擔較大的責任，窮人可以不出席投票。

城邦對於司法業務特別審慎規畫。綜觀《法律篇》全文，其中一再強調正義絕不僅僅是為了懲罰，而是為了「矯正」。當然，這與蘇格拉底的信念，「沒有人故意犯錯」，是相符的。公平有兩種：一是給所有的人同樣的東西；二是根據每個人的所值，給他應得的東西。正義的目標應該是後者。鄰居之間的爭執應該設法化解；化解不成，還有私下及公開的起訴，由行政官的法庭去裁決。在審判公開的罪行時，議會必須參與，因為沒有參與司法行政的人不能算是真正的市民。

法律上的改變是有危險的，但是在必要時也可以這麼做，譬如准許老人到海外旅行。這些案件由行政官的夜間集會來討論，研究有無改變的需要。

就柏拉圖提出的法律條文而言，規定相當嚴格，處罰也很重。他的著眼點始終是道德上的勸戒而不是身體上的懲戒。他在《政治家篇》警告人們：法律是知識以外的唯一選擇，犯法者將處以死刑。但是，在《法律篇》的最後幾頁，他再度強調：負責掌管法律事務的夜間議會，最需要的就是知識。他的思想一以貫之，在此又得到了一個明證。

柏拉圖年表

公元前 427 年

柏拉圖生於雅典附近的 Aegina 島，後人以 5 月 7 日為其生日。父名亞里斯東 (Ariston)，母名培里克提安 (Perictione)。柏拉圖幼年喪父，母改嫁披里蘭佩斯 (Pyrilampes)。母系親戚多為政壇權貴。

公元前 420 年〔7 歲〕

按雅典制度，公民的男孩 7 歲入學，學習認字、聽課、朗誦、演說，以及廣義的藝術課程。

公元前 415 年〔12 歲〕

按雅典制度，在繆斯學校學習的少年，從 12 歲起，同時學習體育，鍛鍊身體，準備服兵役。

公元前 409 年〔18 歲〕

畢業後應該服兵役，柏氏的背景可能使他進入騎兵部隊。相傳在公元前 409–404 年間，柏氏參加過三次戰役。

公元前 407 年〔20 歲〕

柏拉圖參加悲劇競賽會，在劇場前聽到蘇格拉底的說教，心中震撼不已，遂將自己的作品燒掉。自此以蘇格拉底為學習對象，終身欽慕。

公元前 404 年〔23 歲〕

伯羅奔尼撒戰爭以雅典失敗而結束。柏拉圖在「三十僭主」當政時，曾想投入政界，但是看到權貴的作為，心生厭惡而保持距離。

公元前 403 年〔24 歲〕

雅典恢復民主政體，施政較為溫和，柏拉圖一度又燃起從政的念頭。

公元前 399 年〔28 歲〕

蘇格拉底被人誣告並判處死刑，柏拉圖與蘇氏其他弟子離開雅典。他們遊歷之處包括麥加拉、西勒尼、埃及等地。

公元前 398 年〔29 歲〕

大約自此時起，柏拉圖開始撰寫《對話錄》，內容見〈著作〉中所列的第一期與第二期。這些主要完成於他在公元前 387 年的第一次西西里島之旅。

公元前 387 年〔40 歲〕

柏拉圖第一次前往南義大利的西西里島。據說是應西拉古斯 (Syracus) 的君主狄歐尼修一世之邀。柏氏與一世的妻弟狄昂 (Dion) 一見如故，成為好友。不久，柏氏得罪一世，被販為奴，幸得西勒尼之友人為他贖身，才又回到雅典。回到雅典後，柏拉圖在雅典西北方兩公里、紀念英雄阿卡得牧斯 (Academus) 的神殿附近，建立了「學院」(Academy)，這是歐洲第一所大學。學院中廣泛研究數學、幾何、天文、音程、生物等，進而講授辯證法、理型論，希望培養「哲學家君王」。柏氏在二十年的安定生活中，撰寫了許多重要的對話錄。

公元前 367 年〔60 歲〕

柏拉圖應狄昂之邀，第二次前往西西里島，想為新繼位的狄歐尼修二世輔佐政事。

公元前 366 年〔61 歲〕

柏拉圖見二世無心學習哲學，卻忙於政治鬥爭。加以狄昂失勢，更使柏拉圖決心返回雅典。

公元前 361 年〔66 歲〕

柏氏應狄歐尼修二世之邀，第三次前往西西里島，希望化解二世與狄昂之間的糾紛。後來化解不成，又生新的誤會，柏氏失望而返。

公元前 354 年〔73 歲〕

狄昂被刺身亡，柏拉圖寫信給狄昂的親友，希望他們繼志述事。內容見《第七封信》。

公元前 347 年〔80 歲〕

柏拉圖與世長辭。一說是他在寫作中去世；另一說是他在參加婚宴時過世。死後，柏氏葬在學院內。學院由其外甥史伯西普斯 (Speusippus) 主持。亞里斯多德 (Aristotle, 384–321 B.C.) 曾於 367–347 B.C. 在學院中親炙柏拉圖二十年之久，為學院中最有成就的弟子。

參考書目

1. 有關柏拉圖全集的英譯本：

The Collected Dialogues of Plato (including the Letters), edited by Edith Hamilton and Huntington Cairns (New York: Bollingen Foundation, 1961).

2. 有關柏拉圖哲學的介紹：

Field, G. C., *The Philosophy of Plato* (London, 1949).

Friedländer, P., *Plato: An Introduction*, tr. by H. Meyerhoff (New York, 1958).

Grube, G. M. A., *Plato's Thought* (London, 1935).

Ross, W. D., *Plato's Theory of Ideas* (Oxford, 1951).

Shorey, P., *What Plato Said* (Chicago, 1965).

Taylor, A. E., *Plato* (London, 1937).

Vlastos, G., ed. *Plato* (2vols.) (New York, 1971).

3. 中文相關資料：

王宏文、宋潔人著，《柏拉圖研究》（山東：人民出版社，1991）。

朱光潛譯，《柏臘圖文藝對話集》（臺北：蒲公英出版社，1983）。

程石泉著，《柏拉圖三論》（臺北：東大圖書公司，1992）。

彭基相譯，狄更生著，《希臘的生活觀》（臺北：商務印書館，

1971)。

傅佩榮譯，柯普斯登著，《西洋哲學史》(一)(臺北：黎明文化事業股份有限公司，1986)。

鄺健行譯，《柏拉圖三書》(臺北：仲信出版社，1983)。

人名索引

四　劃

五　劃

六　劃

七　劃

八　劃

九　劃

十　劃

十一劃

十二劃

十三劃

十四劃

十五劃

十七劃

亞里斯多德

曾仰如　著

被視為「真理之化身」，被尊稱為「學問之父」、「智者之大師」的亞里斯多德，乃人類有史以來最傑出的思想家之一，為西方知識界的巨擘，其思想影響世人歷久不衰。本書針對其邏輯、宇宙、人類、存有者之為存有者、上帝、倫理、政治、教育及藝術各方面之言論，加以忠實介紹。

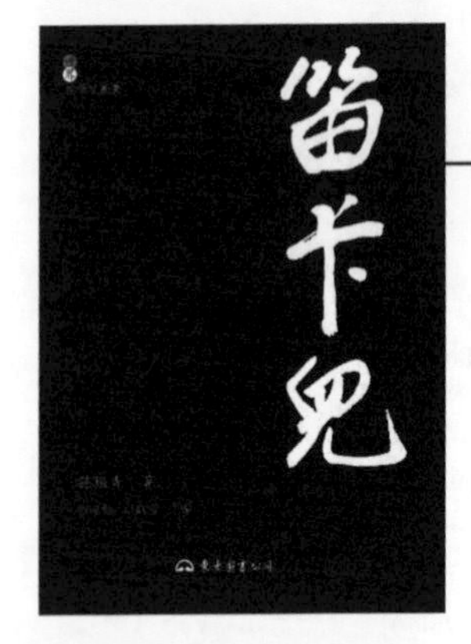

笛卡兒

孫振青　著

笛卡兒將西洋哲學帶入了一個嶄新的時代，他的科學研究精神也在其他學術領域內發揮得淋漓盡致，至今仍深深影響著我們。本書以簡單扼要的方式討論笛卡兒的哲學思想，包括方法論、知識論、倫理學等。了解了笛卡兒，讀者便能開啟近代哲學之門，進入精采可期的近代哲學世界。

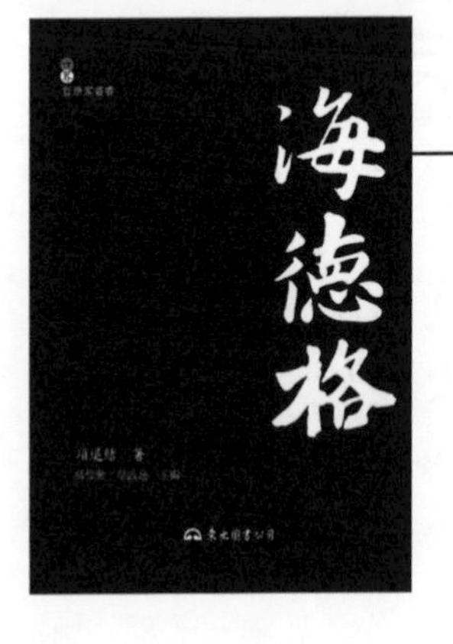

海德格

項退結　著

海德格對二十世紀思想的影響可謂希有其匹。哲學界以內，他啟發了法國存在主義巨子沙特，和執法國思想界牛耳的里格爾及戴里達，同時也直接引發了現代的詮釋學。哲學界以外，他影響到當代心理分析的一個學派、人文心理學、天主教與基督教的神學、歷史學與文藝批評理論。本書介紹海氏一生，繼而剖析他早期的經典著作，最後討論海氏對中國人及現代人的意義。

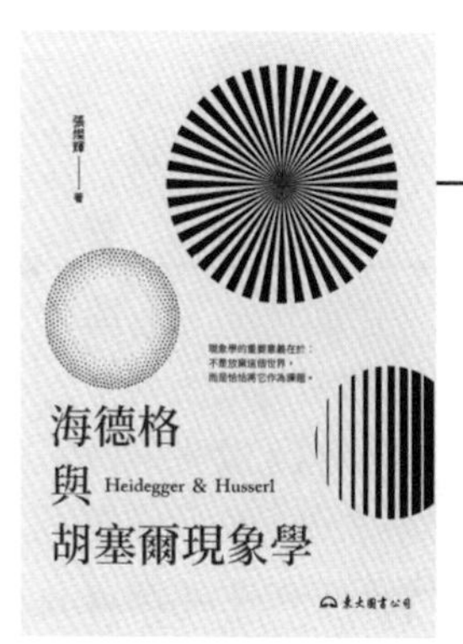

海德格與胡塞爾現象學　　張燦輝　著

海德格被公認為二十世紀最重要的哲學家，其《存在與時間》一書更是引領現象學開啟一個新的境界。想要了解海德格哲學，則不能不從他的老師胡塞爾開始講起。本書於一九九六年首次出版，對當時漢語世界剛剛起步的海德格研究，有重要的參考價值。作者層層剖析海德格與胡塞爾這對師生的關係，對於現象學的發展、變化乃至超越與困境，都有淋漓盡致的分析，為漢語世界讀者，開啟一道通往現象學的大門。

青春超哲學　　冀劍制　著

青春期是一個探索、發現自我的階段，如果在這特殊時期，能獲得多元的思考方向，將擁有更多自覺能力，逐步確立回應世界、看待自己的方式，自信地邁向未來。本書運用哲學觀點省思世界上正在發生的時事議題，提高一般大眾深度思考的能力，引領哲學進入我們的生活中。期望有一天，哲學能成為普羅大眾茶餘飯後的閒聊話題。

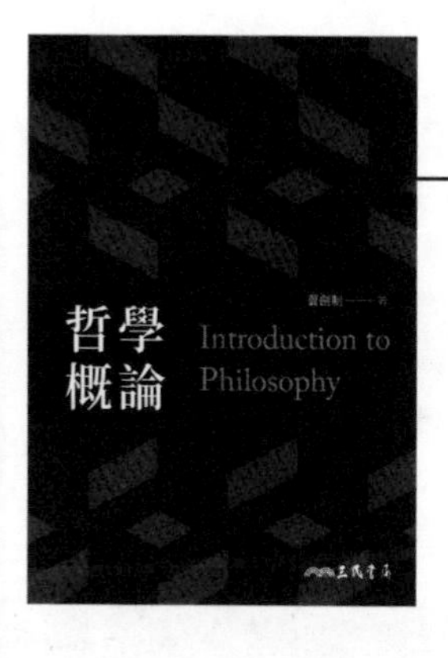

哲學概論　　冀劍制　著

本書為哲學入門教科書，著重在引發學生興趣與思考，希望透過與哲學的簡單接觸，就能吸收養分，轉換成生活的智慧。這本教材的目標，是要讓學生在學習的過程中，發現哲學思考的樂趣與應用價值，不拘泥於任何非學不可的理論與學派，每個人都能依照自己的思路，汲取智慧的活水，注入生活的世界，讓生命更有意義。